MÜZE DERSLERİ

YORUM VE DENEYİM

Koç Üniversitesi Yayınları: 68   SANAT | EĞİTİM

Müze Dersleri: Yorum ve Deneyim
Rika Burnham ve Elliot Kai-Kee

İngilizceden çeviren: Aylin Onacak
Redaksiyon: Ceren Yartan
Düzelti: Ziya Kaya
Kitap ve kapak tasarımı: Gökçen Ergüven

© 2011 J. Paul Getty Trust
First published in the United States of America as *Teaching in the Art Museum: Interpretation as Experience* by the J. Paul Getty Museum, Los Angeles.

Bu kitap ilk olarak *Teaching in the Art Museum: Interpretation as Experience* adıyla Amerika Birleşik Devletleri'nde, Lon Angeles'taki J. Paul Getty Museum tarafından yayımlanmıştır.

© Türkçe yayın hakları: Koç Üniversitesi Yayınları, 2012 Sertifika no: 18318

1. Baskı: İstanbul, Eylül 2015

Bu kitabın yazarları, eserin kendi orijinal yaratımları olduğunu ve eserde dile getirilen tüm görüşlerin kendilerine ait olduğunu, bunlardan dolayı kendilerinden başka kimsenin sorumlu tutulamayacağını; eserde üçüncü şahısların haklarını ihlal edebilecek kısımlar olmadığını kabul ederler.

Baskı: Yılmaz Ofset Sertifika no: 15878
Nato Caddesi 14/1 Seyrantepe Kâğıthane/İstanbul +90 212 284 0226
Koç Üniversitesi Yayınları
İstiklal Caddesi No:181 Merkez Han Beyoğlu/İstanbul +90 212 393 6000
kup@ku.edu.tr • www.kocuniversitypress.com • www.kocuniversitesiyayinlari.com

Koç University Suna Kıraç Library Cataloging-in-Publication Data
Burnham, Rika ve Elliot Kai-Kee
  Müze dersleri : yorum ve deneyim = Teaching in the art museum : interpretation as experience / Rika Burnham and Elliott Kai-Kee ; İngilizceden çeviren Aylin Onacak
  pages ; cm.
  Includes bibliographical references and index.
  ISBN 978-605-5250-55-3
  1. Art museums--Educational aspects. 2. Art--Study and teaching. I. Kai-Kee, Elliott. II. Onacak, Aylin. III. Yartan, Ceren. IV. Title.
  N430.B8620 2015

Müze Dersleri
Yorum ve Deneyim

RIKA BURNHAM ve ELLIOTT KAI-KEE

İngilizceden Çeviren: Aylin Onacak

İçindekiler

Teşekkür 11

Önsöz 17

Başlarken 21

Giriş 27
Rika Burnham

BİRİNCİ BÖLÜM 35
Müzede Ders Verme Sanatı
Rika Burnham ve Elliott Kai-Kee
Müzelerde ders vermek muazzam bir hazırlık, bilgi ve planlama gerektiren bir sanattır; müze eğitmenleri, zor kazanılmış anlayışlarını paylaşmak arzusuyla ziyaretçilerin yorumlarına açık olmak arasında bir denge kurmalıdır. Günümüzde müzelerimizde neyi, nasıl, neden öğretiyoruz?

İKİNCİ BÖLÜM 51
Sanat Müzesinde Eğitimin Kısa Bir Tarihi
Elliott Kai-Kee
İyi bir galeri eğitimi arayışı, 1900'lerde müzelerin halkla çalışacak müze öğretmenleri ve rehberlerini çalıştırmaya başlamasıyla ortaya çıktı. O gün bugündür müze eğitmenleri sürekli değişen fikirler, deneyler, tartışmalar ve metodolojilerle uğraşmak zorunda. Günümüzde, galeri eğitimi disiplininin kendi tarihini anlamadan ilerlemesi mümkün değil.

ÜÇÜNCÜ BÖLÜM 109
Galeri Dersi: Rehber Eşliğinde Yorumlama
Rika Burnham ve Elliott Kai-Kee
Tatminkâr galeri deneyimi, ziyaretçinin keşif sürecine aktif katılımına bağlıdır. Galeri eğitimini bir ortak yorumlama projesi olarak düşündüğümüzde, müze eğitimciliğini pek çok disiplini birleştiren, geniş bir literatürü ve tarihi olan daha kapsamlı bir yorumbilgisel pratiğin parçası olarak görme şansımız olur.

DÖRDÜNCÜ BÖLÜM 121
Derinlemesine Bakmak: Yalnızlık, Akademik Bilgi ve Bir Öğretmenin Dönüştürücü Deneyimi
Rika Burnham

Zorlayıcı sanat eserleriyle yaşanan derinlikli karşılaşmalar ve bu karşılaşmalar sonucunda ortaya çıkan yorumlama mücadelesi son derece sinir bozucu olabilir; fakat aynı zamanda eğitmen ve öğrenciler için son derece değerli olabilir. Uygun koşullarda, müze öğretmeninin bakışı, araştırması, meslektaşlarıyla sohbetleri ve galeri eğitimi, ortak bir sonuca ilerleyerek öğretmenin en zorlu sanat eserlerine bile yaklaşımını dönüştüren bir deneyim yaratabilir.

BEŞİNCİ BÖLÜM 139
Sohbet, Tartışma ve Diyalog
Rika Burnham ve Elliott Kai-Kee

Müze galerilerinde geçirdiğimiz zamanın büyük kısmı sanat eserlerine bakmak ve onlar hakkında konuşmakla geçer. Galeri dersinde konuşmayı nasıl tasavvur etmeliyiz? Sohbet, tartışma ve diyalog, ayırt edebildiğimiz üç konuşma şeklidir ve her birinin kendi amaçları ve yöntemleri vardır.

ALTINCI BÖLÜM 161
Soru Kullanımının Sorgulanması
Rika Burnham ve Elliott Kai-Kee

Soruların ziyaretçileri sanat eserlerine kilitlenmesini sağlamadaki yeri müze galerisi derslerinde belirsizdir. Galeri derslerinde soruların nasıl bir geçmişe sahip olduğunu incelemek, doğru ve yanlış kullanımlarını araştırmak, mevcut uygulanış şekliyle soruların yararının eleştirel bir şekilde sorgulanmasını beraberinde getirir.

YEDİNCİ BÖLÜM 187
Galeri Dersinde Bilgi: Charles Le Brun İmzalı Goblen: *Su*
Rika Burnham

Sanat tarihi, sanat eserlerini anlamada kullanılan temel araçlardandır. Peki, bilgi vermek ziyaretçinin deneyimlerini her zaman zenginleştirip geliştirir mi? Biz galeri öğretmenleri yönettiğimiz diyaloglara sanat tarihi bilgisini ne zaman ve nasıl katmalıyız?

SEKİZİNCİ BÖLÜM 205
Galeri Dersi: Bir Yorum Oyunu
Rika Burnham ve Elliott Kai-Kee

Yorum oyunu, pedagojik müze öğretmenliği pratiğinin çok önemli bir parçasıdır. Oyun kavramı, müze dersinde açıklık ve özgürlükle ne kastettiğimizi açıklamamıza yardım eder, çalışmalarımızdaki yaratıcılığı besler ve öğrencilerde beklenmedik kavrayışlar uyandırmamıza yardımcı olur.

DOKUZUNCU BÖLÜM 217
Bir Eğitim Yeri Olarak Barnes Vakfı
Rika Burnham
Albert Barnes, sanat eserlerini, benzersiz eğitim sisteminin gereklerine uygun şekilde toplayarak, sürekli yeniden düzenlenecek şekilde bir araya getirmiştir. Bu kısıtlayıcı bir yöntem gibi görünse de, Barnes Vakfı, düşünsel bir hayalin fiziksel olarak gerçekleşmesi, herkesin sanatı değerlendirip anlayabileceğini ileri süren o teorinin test edildiği bir yer olarak görülebilir.

ONUNCU BÖLÜM 231
En Büyük Günah: Zirve Deneyimler Yaratmak İçin Ders Vermek
Rika Burnham
Öğrencilerimizden galeri dersleri sırasında "bakmayı öğrenmek" gibi eşine az rastlanır, unutulmaz deneyimler edindiklerini duymak tatmin edici olsa da, bu tür deneyimleri amacımız haline getirme ve bu amaca yönelik dersler vermenin baştan çıkarıcılığı bizi yoldan çıkarabilir.

ON BİRİNCİ BÖLÜM 241
Sanat Müzesinde Eğitimin Geleceği
Rika Burnham ve Elliott Kai-Kee
Geleceğin sanat müzelerinde galeri öğretmeleri, eğitim departmanının en yetkin ve bu departmanın programlarını şekillendirip hayata geçirmeye en uygun üyeleridir. Eğitimin tarih boyunca hüküm süren tanımını altüst eder, onu çevresel, gönüllü ya da başlangıç düzeyinde bir etkinlik olmaktan çıkarırlar.

Yazarlar Hakkında 245

Dizin 247

Geleceğin müze eğitmenlerine...

Teşekkür

Bu kitap, iyi müze eğitiminin değerine duyulan inancın ve ortak deneylerin uzun yıllar içinde gelişen sonucudur. Sadece yazarlarının değil, yüreklerini, zihinlerini, işimizle ilgili fikirlerini ve perspektiflerini yıllardır bizimle paylaşan müze eğitmenlerinin ve rehberlerinin, küratörlerin, konservatörlerin, araştırmacıların, akademisyenlerin, öğrencilerin ve müze ziyaretçilerinin düşüncelerini de barındırmaktadır.

Elliott Kai-Kee de, ben de büyük kurumlarda çalışma onuruna ve ayrıcalığına sahip olduk, burada her birine teşekkür ediyoruz: The Metropolitan Museum of Art, Frick Koleksiyonu, J. Paul Getty Museum, Chicago Sanat Enstitüsü ve Chicago Sanat Enstitüsü Okulu. Bu kurumlar, müzeler dünyasında olağanüstü kaynaklara sahiptir ve ayırdıkları zaman ile gösterdikleri ilgi konusunda son derece cömert davranan meslektaşlarımız da öyle. Bu müzeleri yönetmiş ya da yönetmekte olan, kendini eğitime adamış ve yönetimleri altında müze eğitmenliği yapma zevkini tattığımız müze direktörleri Philippe de Montebello, Tom Campbell, Anne Poulet, John Walsh, Michael Brand ve Jim Cuno'yu minnetle anıyoruz.

Galerilerde ders verirken yaptığım şeyi henüz ben bilmezken anlayan ve bana inanan Maxine Greene ve Philip W. Jackson'a en derin şükranlarımı sunuyorum. Her ikisi de sevgi ve bilgileriyle yol gösterdiler ve ben de elimden geldiğince izlerinden gidiyorum. Lee Patterson'a özellikle teşekkür ederim. Yorumbilgisiyle ilgili aydınlatıcı sohbetlerimiz, bu teorinin müze dersini nasıl güçlü bir şekilde destekleyebileceğini ve yorumu anlamamı sağladı; ayrıca, Charles Le Brun'ın *Su* gobleninin incelenmesi ve yorumlanması konusunda cömertçe paylaştığı kavrayışların, eserin ikonografisini anlamama –ve başkalarının da anlamasına– büyük katkısı oldu. Patterson, Bellini'yle ilgili makaleyi tasarlamama da eşit derecede yardımcı oldu ve kitabın başlığıyla ilgili nazik önerilerde bulundu. Müze eğitiminde Dewey'in savunduğu tarzda sonuçlara ulaşma konusunda pratiğe dökülebilir hedefler önererek düşüncelerimin ve derslerimin seyrini değiştiren George Hein'e ve The Metropolitan Museum of Art'ın okul sonrası programı Qualities of Quality Study [Nitelik İncelemesinin Nitelikleri] ve Project Zero için lise öğrencileriyle yaptığı hassas ve derinlemesine görüşmelerle yine dönüştürücü bir etki yaratan Steve Siedel'e teşekkürlerimi sunarım.

Ayrıca, verdiğimiz dersler için birer laboratuvar olan programları bir bir anmamız ve bu programları destekleyen insanlara teşekkür etmemiz gerekiyor: Clark Sanat Enstitüsü'nde John Brooks'un başarılı liderliğinde yürütülen Müze Rehberleri için Yaz Çalışma Programı; Judy Burton'ın davetiyle Columbia Üniversitesi'nde sık sık verdiğim müzecilik dersleri; The Metropolitan Museum of Art'ta düzenlenen ve Patsy ve Jeff Tarr'ın mükemmel himayelerinin mümkün kıldığı The Observant Eye; Chicago Sanat Enstitüsü Okulu'ndan ileri görüşlü Phil Baranovsky'nin yarattığı TICA ve TIME. TIME'ye iki yıl boyunca ödenek sağlayan Tina Olsen'a en sıcak hislerimizle teşekkür ediyoruz. Ardından, (Frick'teki ve başka yerlerdeki pek çok yeni müze eğitimi girişimini desteklemenin yanı sıra) TIME'ye üç yıl daha ödenek sağlayan Max Marmor'a ve Samuel H. Kress Vakfı'na özellikle teşekkür ediyoruz.

Eğer insanların sanat müzesi galerilerimize gelmesini istiyorsak, onları galerilere çeken ve sanat eserleriyle yaşanan önemli deneyimleri mümkün kılan müze eğitmenlerini desteklememiz gerektiğine inandıkları için teşekkür ederiz. Ayrıca, TIME'nin bütün katılımcılarına, çalışmamıza yaptıkları çok özel katkılardan dolayı minnettarız. Sayıları, isimlerini tek tek sayamayacağımız kadar çok, ama biz her birine, diyalojik eğitimi kendi pratiklerinde denemeye gönüllü oldukları için, güçlü ve sağlam durdukları için teşekkür ediyoruz. Uzun zamandır yapılmayan, ama kendine paha biçilemez bir yer edinen Müze Eğitimi programına vermiş olduğu Rockefeller Bursu için Rockefeller Vakfı'na özel teşekkürlerimizi sunuyoruz.

Diane Brigham'ın beni Getty Araştırma Enstitüsü'nde (GRI) müze araştırmacılığı yapmaya davet etmesi, mesleki gelişimimde eşsiz öneme sahip. Getty'de beni hoşça karşılayan Peggy Fogelman'a, özellikle

TEŞEKKÜR | 13

çalışmalarımıza verdiği kesintisiz destekten ve bu kitaba inancından dolayı teşekkür ederim. Örnek dersleri ve programları her zaman büyük esin kaynağı olan Giles Waterfield'a ve yurt içindeki ve dışındaki müzelerde katılımcı eğitimin eşsiz önemini gören George Garber'a özel teşekkürlerimi sunuyorum. Frick'teki Narrative Medicine programına katılan öğrenciler ve Edie Langner, sonsuz bir esin kaynağı olageldiler.

Ve son olarak, Sabine Schlosser, Katja Zelljadt ve Charles Salas'a sonsuz teşekkürler; Getty Araştırma Enstitüsü'nde hep birlikte sağladıkları destek en başından beri bize olanak yarattı, devam etmemizi sağladı ve teşvik etti.

Bu kitap yayımlanmadan hayatını kaybeden Renee Darvin anısına özel bir teşekkür notu. Darvin, her koşulda yanımda oldu ve Teachers College'daki sınıflarını Metropolitan'da hep bana getirdi. Savunduğumuz diyalojik eğitim yaklaşımıyla ilgili öğrencilerine şunu söylemeyi severdi: "Kolay görünüyor. Ama bir deneyin. Ben denedim ve hiç de kolay olmadığını söyleyebilirim."

Taslaklarımızın hepsini ya da bazı bölümlerini okuyanlara özel teşekkürlerimizi sunmak isteriz: Denise Allen, Bob Eskridge, Peggy Fogelman, Maxine Greene, George Hein, Olivia Powell, Susannah Rutherglen, Toby Tannenbaum ve Victoria Vilk. 2010 ve 2011 yazında Frick'te staj yapan ve son taslaklarımızı büyük bir enerji ve titizlikle düzelten öğrencilere de teşekkür ediyoruz: Tess Alpern, Margaret Aldredge, Allegra Krasznekewicz, Nera Lerner, Robert Liles, Majken May, Shannon Mulshine, Jennifer Oleniczak, Rachel Ann Sisson ve Kristen Stevens.

Ülkenin dört yanından aydın müze rehberleri ve gönüllüler Lucinda Ballard, Edie Bernard, Janice Barnard, Jytte Brooks, Didi Burke, Libby Clay, Marge Considine, Paulette Cushman, Susan Eddy, Hope Emerling, Carolyn Friedlander, Alice Gordon, Gigi Jordan, Andrea Lackian, Eliot Nolen, Nina Patterson, Adele Rodbell, Eliot Stewart, Gin Watcher, Ann Wall ve Lyn Younes müze eğitimi çalışmamızın en önemli destekçileri arasında oldu. Sanat müzesi eğitmeni meslektaşlarımızdan Ellen Alvord, Bill Appleeton, Diane Arkin, Peggy Burchenal, Jenny Cuyne, Jessica de la Garza, Liz Diament, Kate Erza, Pam Franks, Brigid Globensky, Radiah Harper, Rebecca Hayes, Kim Kanatani, Lynn Russel, Jessica Sack, John Shields, Marla Shoemaker,

Troy Symthe, Jean Sousa, Toby Tannenbaum, Ray Williams, Scott Winterrowd ve Wendy Woon'a özellikle teşekkür ederiz. Ayrıca, Bank Street Museum Liderlik Programı'ndan Leslie Bedford, Bill Burback ve Claudine Brown'a; Bank Street College'dan Marian Howard ve Nina Jensen'a teşekkürler. Elliott Kai-Kee, galeri dersi anlayışını derinden etkilemiş ve şekillendirmiş olan, Getty'de görev yapmış ve yapan bütün galeri öğretmenlerine özellikle teşekkür etmek istiyor.

Yukarıda belirtilen araştırmacılara ek olarak, bize büyük yardımı dokunan iki kişiye daha, Judy Burton ve Pradeep Dhillon'a teşekkür ederiz. Bizi geniş düşünmeye yönlendirdiler ve pratiğimiz hakkında, pratiğimizden gelen bilgilerle yazmaya teşvik ettiler.

Denise Allen, Stijn Alsteens, Colin Bailey, Tom Campbell, Keith Christiansen, Helen Evans, Charlotte Eyerman, Susan Galassi, George Goldner, Mike Hearn, Ken Lapatin, Walter Liedtke, Jeff Munger, Nadine Orenstein, Jeff Rosenheim, Scott Schaefer, Charlotte Vignon ve Barbara Weinberg işimize dair anlayışımızın evrilmesine paha biçilmez katkılarda bulunan sayısız küratör arasında yer alıyor. Metropolitan'da düzenlenen *Pierre Bonnard: The Late Still Lifes and Interiors* sergisinin aynı adı taşıyan kataloğu için bir makale yazmamı rica eden Dita Amory'ye ayrıca teşekkür etmek isterim. Sergi kataloğuna makalesiyle katkıda bulunmasının istenmesi bir eğitmenin az karşılaştığı bir onurdur ve umarım Dita'nın cömert, paylaşımcı bakışı, gelecekteki küratör eğitmen işbirliklerine bir örnek olur. Ayrıca, beni küratörlerle eğitim konusunda aktif diyaloğa girmeye sevk eden ve bu kitaba desteği hiç azalmayan Teresa Lai'ye teşekkür ederim.

Orijinal sanat eserleriyle ders verme girişimine alışılmadık bir cömertlikle destek veren konservatörler Mecka Baumesiter, Brian Considine, Joe Godla ve Charlotte Hale'e çok teşekkürler.

Metropolitan'daki meslektaşlarım Chris Coulsen, Richard LeFante, Missy McHugh, Chris Noey, Irina Shifrin, Ken Soehner, Masha Turchinsky, Nancy Wu ve ayrıca Jackie Neale Chatwick, Paul Caro, Jessica Glass, Joseph Loh, Robin Schwalb, Dan Shields, Forence Umezaki ve John Welch'e uzun süredir verdikleri destek için bizzat teşekkür etmek isterim. Kariyerimin daha en başında beni geri dönülmez

TEŞEKKÜR | 15

şekilde etkileyen, yine Metropolitan'dan meslektaşlarım Marie-Thérése Brincard, Louise Condit, Howard Levy, Jane Norman, Harry S. Parker III, Danielle Rice, Melanie Snedcof, Edie Watts, Randy Williams ve Phil Yenawine'e de teşekkür etmek isterim.

Derinlemesine bakışlarıyla daha net görmemi sağlayan pek çok eski lise öğrencisine, özellikle Danielle Amodeo, Ariel Applebaum, Aygul Bagautdinova, Duane Bailey-Castro, Frankie Carriociola, Sewell Chan, Nancy DaSilva, Stanley Dellimore Jr., Katie Dubbs, Chris Dwyer, Barbra Ehlers, Brandon Eng, Abigail Fisch, Melanie Fraticelli, Jason Gaither, Sophie Goloff, Alexis Goodman, Jomur Islam, Crystal Kui, Nera Lerner, Alexandra Lotero, Katya Makovik, Margo Manocherian, Sinclaire Marber, Vincent Ng, Alara Ocal, Ryder O'Dell, Angelica Ortiz, Trisha Ramrup, Ariel Rivera, Dan Rosen, Nir Rosen, Ana Shepherd, Angelica Silva, Zeke Silverman, Nik Velasquez, Lyndon Wong, Jimmy Xu ve Nancy Zhong'a teşekkür etmek isterim. Adını unuttuğum herkesten beni bağışlamalarını rica ediyorum; onlar da bu kitap için vazgeçilmez birer esin kaynağı oldular.

Frick'teki asistanım Adrienne Lei'ye sonsuz yardımları için ve Anna Finley ile Liz Yohlin'e çok özel teşekkürlerimi sunuyorum.

Grefory M. Britton'ın başında olduğu Getty Publications'a en derin teşekkürler. Bu kitabı faydalı olduğu kadar çekici de kılan yapım koordinatörü Anita Keys ve tasarımcı Stuart Smith ile birlikte, yayınevinin genel sorumlusu Ann Lucke, basıma kadar kitabın yol göstericisi oldu.

En büyük teşekkürü, kahraman editörümüz ve yaklaşık on yıldır ilham perimiz olan Christopher Caines'e borçluyuz. *Gerçekten birer yazar olduğumuz* konusunda ısrar etti ve sonra da –hiçbir şeye aldırmadan– bizi *birer yazara dönüştürmek* için yola koyuldu. Sadece yazdığımız metinlere değil, kitabın düşünsel mimarisinin evrimine katkıları da ölçülemez. Onun savunu, beceri ve mizah anlayışı olmasa bu kitap da mümkün olmazdı.

R.B.
New York, Temmuz 2010

Önsöz

Bazı tablolarla ilk karşılaşmamızı hatırlayıp onlara nasıl baktığımızı soralım kendimize. Uygun bir mesafeden – önemli, değerli, o yüzden de doğru şekilde adlandırılması, tanınması ve hayranlık duyulması gereken nesneler olarak mı? Yoksa nesnel bir gerçekliğin temsilleri olarak mı? Yine belli bir mesafeden bakarak, renklere, çizgilere, fırça darbelerine, biçime odaklandık mı? Ressamın ünü ya da tanıdık olması görüşümüzü etkiledi mi? Kant bize objektif bir duruş benimsememizi, örneğin, dünyadaki konumlarımızı ve ilişkilerimizi bir kenara bırakmamızı ya da parantez içine almamızı söyler. Ama tablonun içine girmek bir hayal gücü edimi ister. Ve içine girmek demek, tabloyla meşgul olmak, ona katılmak, dikkatimiz, duygularımız ve algılayışımızla ona hayat vermektir.

Art as Experience [Deneyim Olarak Sanat] adlı eserinde John Dewey şöyle yazar: "Güzel sanatların aramızda geri kalmışlığının bir nedeni, estetik algının bir boş zaman işi olduğu fikridir. Gözler ve görsel aygıt sağlam olabilir: nesne fiziksel olarak orada bulunabilir: tıpkı Notre Dame Katedrali veya Rembrandt'ın *Hendrickje Stoffels* portresi gibi. Kabaca, nesne 'görülüyor' olabilir. Bakılabilir, muhtemelen tanınabilir ve üzerine doğru isim yazılmış olabilir. Ama organizmanın bütünü ile nesne arasında sürekli etkileşim olmadığından, algılanmazlar, hele estetik olarak hiç algılanmazlar." Sartre'ın yazdığı gibi, Venedik'in, "herkesin deneyimlediği" ama "kimsenin görmediği" resimleri vardır.

Yaratılmış eserin içine girmek için bir hayal gücü edimi, ayrı parçaları bir araya getirme yeteneği gerekir. Bir tabloya ilk baktığımızda ayrıntıları fark ederiz; sonra bir şekilde farklı parçaları "tanzim" eder ve esere katılırız. Bulunduğumuzu hayal ettiğimiz konuma, benimsediğimizi hayal ettiğimiz perspektife bağlı olarak mekânın farklı niteliklerini görebilir hale geliriz. Bunların hepsi, gördüklerimizi nasıl yorumladığımızla, yorumsama problemiyle fazlasıyla ilişkilidir. "Maddi gerçek" dediğimiz şey bile yorumun bir sonucudur. Fakat hayal gücü, akli olasılığa açılmadıkça, gerçeğin hiçbir anlamı yoktur. Picasso'nun *Ütü Yapan Kadın*'ının ya da Braque'ın kübist bir eserinin anlamını, algılayanlar olarak bizler oluşturur ve kurarız. Rengi, fırça darbelerini, şekli tarif etmenin ötesine geçip yorumladığımızda görürüz ki her biri farklı anlamlara gelir. Ya da Van Gogh'un tepelerini düşünün; o tepelerden birinin eteğinde durmuş yukarı baktığımızı hayal ettiğimizde, açıkça görülen fırça darbeleri daha da aşikâr hale gelir; hareket ediyor, kabarıyormuş gibi görünür.

Ben, bilinç edimlerine dikkat çekiyorum; bilinç edimleri her zaman bir şeyle ilgilidir. Merleau-Ponty, dünyayla yüz yüze insandan bahsederken, her zaman bir durum içinde olmaktan, uzağında değil, yanı başında olmaktan bahseder. Algıladığımızda, dünyanın içindeyizdir. Çevremizin, bizim dahil olup olmamamızdan bağımsız, nesnel olarak orada olduğunu görmemizi sağlayan, düşünce veya tefekkürdür. Mekânı belli bir mesafeden gözlemlemek yerine, mekânın içine dalmışızdır. Artık mekânı bir manzarayı yukarıdan izliyormuş gibi temaşa etmeyiz; manzaranın içindeyizdir. Anılarımız ve ruh halimiz, gördüklerimiz üzerinde oyunlar oynar. Dünya artık bizim deneyimimizden ya da bildiklerimizden bağımsız bir nesnel yapı değildir; görülen dünyadır, algılanan dünyadır. Rasyonel ya da mantıklı bir şekilde tanımlanan bir soyutlama değil, hayal gücümüzün, sezgimizin, duygumuzun, inancımızın, duyumumuzun ve idrakimizin anlamlı hale getirdiği gerçekliktir. Nietzsche'ye göre, "Estetik ruh durumu iletişim araçlarından aşırı bir zenginliğe sahiptir. Aynı zamanda tahrikler ve işaretler için aşırı bir alıcılıkla birliktedir. O iletişimliliğin ve canlı varlıklar arasındaki aktarılabilirliğin tepe noktasıdır" [Nietzsche, *Tragedyanın Doğuşu*, 398].

İşte bu yüzden bugün anlam bulmaktan ya da çıkarmaktan değil, anlam vermekten bahsediyoruz. Metinleri sadece tarif etmekten ya da analiz etmekten değil, yorumlamaktan bahsediyoruz; dışarıda olanın resimdeki temsillerini saptamak yerine, resmi okumaktan bahsediyoruz. Bilinç ve dilin biçim veren, üretici güçleri üzerine düşünüyoruz; insanların ortak "gerçeklikler"i olduğunu düşündükleri şeyleri açıkça ifade etmelerinin önemini inceliyoruz. Hakikatin, nesnel bir duruma tekabül ettiği fikrini kabul etmiyoruz. Nesnel şekilde anlamlı bir dünya nosyonunu da, kendi kendine yeten ve idealleştirilmiş bir "gerçek" tasavvurunu da reddediyoruz. İdrakimize yüzlerce yıldır musallat olmuş bildik düalizmlere de ya o/ya bu gibi ifadelere de meydan okuyoruz.

Bu kitabın yazarları, Rika Burnham ve Elliott Kai-Kee, uzun süredir sanat müzesi öğretmenliği yapıyorlar. Pratiklerini ve pratikleriyle ilgili düşüncelerini paylaşıyor, bizden hem eğitimin hem sanat eserlerine nasıl baktığımıza dair daha yüksek bir farkındalığın yollarını açmamızı istiyorlar. Sanat eserini deneyimlemeye giden yolun, merakla başladığını hatırlatıyorlar. Gelgelelim bu iyi niyetli gözlerin yeterli olduğu anlamına gelmiyor. Burada en önemli kavram, yorum: ziyaretçi grupları, Rika Burnham ve Elliott Kai-Kee gibi becerikli galeri öğretmenlerinin rehberliğindeki diyaloglara katıldığında ortaya çıkan türden eşsiz değerdeki yorumlar. Yazarlar, Kardinsky'nin sözcükleriyle, "resmin içine girmemize, resmin içinde yaşamamıza" –dünyayı sanat aracılığıyla, belki de daha önce hiç açılmadığı kadar açmamıza– yardım etmeyi amaçlıyorlar.

Maxine Greene
New York, Kasım 2010

Başlarken

Rika Burnham, 2002 sonbaharında Getty Araştırma Enstitüsü ve J. Paul Getty Museum'a araştırmacı olarak atandı. Bense 1996'dan beri Getty'de eğitim uzmanı olarak çalışıyordum. Getty'deki görev süresi boyunca Burnham, adına The Observant Eye[1] [Gören Gözler] dediği ve kendi başlattığı bir projeyle Cuma akşamları yetişkinler ve gençler için galeri diyalogları gerçekleştirdi. Bu seanslardan pek çoğuna girdim ve galeride ders vermenin ne anlama geldiği konusundaki fikirlerim bütünüyle değişmiş şekilde çıktım. Yıllardır müze öğretmenliği yapıyordum, ama Burnham'ın galerilerimizdeki akşam havasından çekip çıkardığı yoğun deneyimlere hiç hazırlıklı değildim. Ona soracağım çok soru vardı. Katılımcıları diyaloglarda böylesine büyük bir rol oynamaya nasıl yönlendiriyordu? Ortada bir yöntem ya da sistem varmış gibi görünmüyordu; diyaloglara katkıları çoğu zaman öyle mütevazıydı ki grubun sanat eserleriyle ilgili yorumları çoğu zaman sanki sihirle bütünleşiyordu. Bu sanat eserlerine dair kendi yorumları var mıydı? Katılımcıların yorumlarını kendi yorumlarıyla karşılaştırarak mı sınıyordu? Hedefi, grubun ulaştığı sonuçlar mıydı, yoksa araştırma sürecinin kendisi mi?

Getty'nin galeri dersi sorumlusu olarak, müzenin galeri öğretmenlerinden, Burnham'ın yönettiği seanslara katılmalarını ve deneyimlerini yorumlamalarını istedim. Çoğu, Burnham'ın derslerinin belirgin özelliklerini tarif etti: her sanat eseriyle ilgili kapsamlı hazırlık yapması, her diyalogdan önce derinlemesine bakma ve temaşa süresi vermesi,

---

[1] Rika Burnham'ın Getty'deki galeri diyalogları daha sonra gerçekleştirdiği başka galeri diyaloglarına da esin kaynağı olmuştur. Burnham, The Metropolitan Museum of Art'ta yardımcı müze eğitimcisi olduğu dönemde yarattığı bu diyaloglara, "Observant Eye" [Gören Göz] adını vermiştir. Patsy ve Jeff Tarr bu çalışmaya cömert bir mali destek sağladılar.

katılımcıların düşüncelerini ve gözlemlerini iletmelerini isteme şekli, katılımcıların yorumlarını farklı sözcüklerle özetlemesi ve fikirlerine tekrar tekrar geri dönmesi. Bazı öğretmenlerden gelen en derinlikli yorumlar ise kendi pratikleriyle ilgili sordukları sorular şeklinde ortaya çıktı: Bilgiyi nasıl kullanabilirim ve bilgi vermekle dinleyici katılımını sağlamak arasındaki dengeyi nasıl kurarım? Ne kadar gözlemliyor, ne kadar dinliyorum? Katılımcıların yanıtlarını nasıl kaynaştırır, nasıl onaylarım? Galeri dersinin anlamlı bir deneyim üretmesi nasıl sağlanır?

Anlaşıldı ki Burnham da aynı soruları incelemek için kendine birkaç ay ayırıp Getty'e gelmişti. Getty'e gelmesinin kâğıt üstündeki amacı, en başta The Metropolitan Museum of Art olmak üzere sanat müzelerinde öğretmen ve yurtiçi ve yurtdışındaki müzelerde misafir öğretmen olarak geçirdiği yirmi yılı aşkın sürede öğrendiklerini uygulamak, bunlar üzerine düşünmek ve bunları kâğıda dökmekti. Burnham'ın bana itiraf ettiği gibi, pratiğinin büyük kısmıyla ilgili anlayışı hâlâ sezgilere dayanıyordu ve iyi bir ders pratiğinin temelinde yatması gerektiğini düşündüğü ilkeleri nihayet tespit etmeye başlamayı umuyordu. İkimiz de sanat müzesi eğitimi metodolojilerinin tarihiyle ilgili kapsamlı bilgiye sahip olmamamıza rağmen, çok kısa sürede keşfettik ki böyle bir tarih üzerinde hiç çalışılmamıştı. Bu da bizi birilerinin bunu yazmasının vakti geldiğine ikna etti. Bununla birlikte, galeri eğitimiyle ilgili tek bir yaklaşım ya da evrensel bir yöntem getirmeye yönelik olan, bizim kariyerimiz döneminde yeşerip solmuş çeşitli önerilerden elbette haberdardık. Fakat kendi deneyimleri Burnham'a göstermişti ki tek bir müze eğitimi yöntemi ya da modeliyle müzelerimizde temsil edilen nesneleri ve sanatçıların muazzam ve muhtelif eserlerini onurlandırmak ve aydınlatmak mümkün değildi. Tek bir model, sanat müzesi eğitiminin amacına hizmet etmede yetersiz kalıyorsa Burnham ve benim aramakta olduğumuz şey ne türden bir felsefe olabilirdi?

Burnham'la sohbet etmeye başladık. Sohbetler hem onun yaklaşımıyla hem genel olarak galeri eğitimiyle ilgiliydi. Tutarlı şekilde iyi bir sanat müzesi eğitiminin, amaçlarını ve yöntemlerini belirleyen bir felsefenin desteğine fena halde ihtiyaç duyduğu konusunda hemfikirdik. Peki, bu benzersiz eğitim türüne uygun temel ilke ve standartları nerede arayacaktık? Amerikan müzelerinin galerilerinde sunulan çeşitli tur, konuşma ve derslerle ilgili yaptığımız izlenimsel tarama, geniş bir yaklaşım ve eşit derecede geniş bir ziyaretçi tepkisi yelpazesi ortaya çıkardıysa da öğretmen ve müze rehberlerimizin ortak inanç ve değerlerinin oluşturduğu tutarlı bir bütüne dair anlamlı bir sonuç ortaya koymadı. En başta sohbetlerimizden birbirini izleyen sorular türedi. Pratiğimizi doğru dürüst anlayacaksak sanat müzesi eğitiminin ihtiyaç duyduğu teori temelini inşa etmek için bu soruların ele alınmasının elzem olduğuna karar verdik. Sorular şunlardı: Derslerimizin içeriği ne olmalı? Ne tür bir bilgi üretmeyi hedeflemeliyiz? Sanat deneyiminde hakikati tayin eden nedir? Çalışma modellerimizde sanat tarihi ve sanat eleştirisi ne ölçüde kullanılmalı? Küratör ve eğitmenin yoruma yaklaşımları arasındaki farklar nelerdir? Sanata bakışta duygu, istem ve hayal gücünün yeri nedir? Akıldışılığın ve sürprizin yeri nedir? İkisi de çoğu zaman birbirinden ayrılmaz gözükürken, öğretme şeklimizle öğrettiğimiz şeyin ayrışmasını nasıl sağlarız? Müze eğitiminde otoritenin işlevi nedir? Bilginin işlevi nedir? Yoksa galeri eğitimini özünde demokratik, katılımcı bir süreç olarak mı tasavvur etmeliyiz? Galeri eğitiminin yıllar içinde aldığı, konu anlatımı ve tartışma gibi çeşitli formatların amacı ve farkı nedir? İşimizde sorulardan nasıl faydalanabiliriz? Sanat eserlerine bakarken gruplarımız zamanı nasıl deneyimler? Keşfin temposu kim tarafından, nasıl kontrol edilmeli? Öğretirken, bir şeyin olmasını beklememiz mi, sağlamamız mı gerekir? Tutarlı bir sanat eseri deneyimini oluşturan nedir? Bir grup için kolektif sanat deneyimi var mıdır? Varsa bireyin deneyiminden farkı nedir? Niçin gruplardan sanat eserlerine bakmalarını istiyoruz? Biz öğretmenler belli sonuçları elde etmeye mi yatırım yapmalıyız, yoksa dersimizin hedeflerini açık uçlu mu tutmalıyız? Araştırma ve keşif hissini besleyen bir atmosfer ya da yapıyı nasıl yaratırız? Dinleyicilerimize duyduğumuz ve duyulması gereken saygıyı nasıl ifade etmeliyiz? Ve son olarak, sanat müzelerinde neden ders veriyoruz ki?

Aklımızda bunca soru olunca sohbetlerimiz, Burnham, Los Angeles'tan ayrıldıktan sonra da uzun süre devam etti. Yazıştık ve birlikte yazmaya başladık. Sonuç, "Müzede Ders Verme Sanatı" idi. Bu makale, galeri eğitimi felsefemizin tutarlı bir beyanını oluşturma yönünde ilk girişimimizdi ve gözden geçirilmiş hali bu kitabın Birinci

Bölüm'ünü oluşturuyor. Bu makaleyi bugün tekrar okuduğumda, ilk yazıldığı zamandan beri zihnimizi meşgul etmeyi sürdüren konuları bir araya toplayan bir yapılacak işler listesi görüyorum. Ulusal Sanat Eğitimi Birliği'nin (National Art Education Association) yıllık konferanslarında birlikte yaptığımız sunumlarda bu konuların çoğunu ayrıntılı şekilde inceledik. Bu kitapta ele alınan fikirleri geliştirmemizde Chicago Sanat Enstitüsü ve Chicago Sanat Enstitüsü Okulu tarafından yürütülen Öğretmenler için Çağdaş Sanat Enstitüsü (Teacher Institute in Contemporary Art) ve Müze Eğitimi Enstitüsü'nde (Teaching Institute in Museum Education) birlikte ve ayrı ayrı verdiğimiz seminerler de belirleyici oldu.[2] Müze eğitmeni meslektaşlarımızın fikirlerimizi sıcak karşılaması ve başlatmayı amaçladığımız geniş diyaloğa katılmada gösterdikleri şevk, birlikte çalışmayı sürdürmemiz konusunda bizi cesaretlendiriyor.

Şu an elinizde tuttuğunuz kitap, şimdiye kadarki –geçici, üzerinde çalışılmaya devam eden– araştırmalarımızın sonucudur. Okurun kısa sürede keşfedeceği gibi, bu kitabı oluşturan makaleler nihayetinde müze eğitimine dair bir sistem ya da yöntemi oluşturmuyor; zaten böyle bir tasarı, çalışmamızın ruhundan uzak olurdu. Daha ziyade, profesyonel müze eğitmenlerine ve gönüllü müze rehberlerine türlü –tarihsel, teorik ve pratik– perspektifler sunuyor; pratiklerini derinleştirip, genişletip sorgulamaları için onları galeri eğitimi sanatını bu perspektiflerden düşünmeye davet ediyoruz. Müze eğitiminin bir uzmanlık olduğu açık ve bizce bazıları için aynı zamanda bir meslek; ama inanıyoruz ki bunların yanı sıra bir sanat ve bu yüzden bazı yönlerinin bir anlamda analize kapalı kalabileceğini kabul ediyoruz. Yine de daha iyi öğretmemiz gerektiğine, bunu yapabileceğimize ve bunu yapmanın tek yolunun, yaptığımız şey ve yapmayı amaçladığımız şeyle ilgili geçici de olsa, kolektif anlayışlara ulaşmak olduğuna inanıyoruz. Galeri diyaloglarının sonuçlarının hep tahmin edilemez ve açık uçlu olması gerektiğine inandığımız gibi, yaptığımız işin felsefesini deneyime açık, paylaşılan,

---

2 Rika Burnham ile birlikte, Chicago Sanat Enstitüsü Okulu'ndan Phil Baranowski'ye, o dönemde Getty Trust'ta çalışan Tina Olsen'a ve Samuel H. Kress Vakfı'ndan Max Marmor'a, bu programlara verdikleri cömert destekten dolayı minnetle teşekkür ederiz.

kolektif bir diyalog üzerinden düşünmeyi sürdürmemiz gerektiğini de iddia ediyoruz. Hiçbir şey bizi burada önerdiğimiz fikirleri inceleyen, genişleten, tartışan ve onlara karşı çıkan meslektaşlarla karşılaşmak kadar mutlu etmeyecek.

E.K.K.
Los Angeles, Mart 2010

Giriş

Rika Burnham

Akademiden gelen teorinin (ve daha kötüsü "ideoloji"nin) meydan okumasına karşı sanatın dönüştüren bir varlık olarak kutsallığını ilan eden uzmanlar gözüme çarpıyor. Sonra, kültürel bağlamdan bağımsız bütün objektif, estetik değerleri bezginlikle inkâr eden, bu değerleri açığa çıkarma görevini en güvenli şekilde (elbette) müzenin nesneyle sınırlı perspektifinin ötesindekilere emanet eden akademisyenleri fark ediyorum. Ve eğitmenleri görüyorum, müzenin küratöryel ruhuna olan uzaklıklarını hissediyor ve buna içerliyorlar, halkın sanatı küratörün tanımı ya da akademisyenin çetrefilleştirmesi aracılığıyla değil, ona erişerek ve onu deneyimleyerek anlayacağını savunuyorlar.

Stephen Deuchar, Tate Britanya Direktörü[1]

Elliott Kai-Kee ile bu kitabı yazmamızın sebebi, insanların müzelerdeki sanat eserleriyle deneyimlerinin dolu dolu yaşanmış bir hayatın olmazsa olmazı olduğuna inanmamızdır. Sık sık derin düşüncelere sevk eden, zaman zaman dönüştürücü olabilen bu deneyimler elbette tek başına gelen rehbersiz ziyaretçiye de her zaman açık. Ne var ki bu kitapta, ziyaretçi gruplarının günümüzde ABD'deki çoğu müzenin galerilerinde düzenlenen ortak yorum diyaloglarında ya da profesyonel müze eğitmenleri, küratörler ve vazgeçilmez olan gönüllü müze rehberlerinin —onlar olmasa Amerika'daki çoğu müze işlemez hale gelir— yönettiği programlarda edindiği sanat eseri deneyimlerini ele alıyoruz. İyi bir

---

1 Stephen Deuchar, "Whose Art History? Curators, Academics, and the Museum Visitor in Britain in the 1980s and 1990s," Charles W. Haxthausen, der., *The Two Art Histories: The Museum and the University* içinde, (New Haven: Yale UP, 2002), 3.

galeri eğitiminin sanat eserlerini derinlemesine görmek ve onlar hakkında beraber düşünmek açısından benzersiz fırsatlar sağladığını ve bu fırsatların, tek başına olan ziyaretçinin erişemeyeceği ortak anlayışlar üretebileceğini söylüyoruz.

Gerekli zaman, fırsat ve rehberlik sağlandığında müze ziyaretçilerinin sanat eserleriyle derin ve özel deneyimler yaşayacağına inanıyoruz. İyi bir müze eğitimi, sanat eserleriyle ilişki kurmanın ve onları anlamanın yollarını bulmaya yardım eder. Biz öğretmenler, ziyaretçilerimizden sanat eserlerini bizimle birlikte inceleyip zihinlerini ve hayal güçlerini esnetmelerini isteriz. Ziyaretçilerimizin, Chicago Sanat Enstitüsü Direktörü James Cuno'nun deyişiyle, "giderken, dünyayla farklı bir açıda olmaları"nı, The Metropolitan Museum of Art'ın eski direktörü Philippe de Montebello'nun deyişiyle, "öğrenmiş, hoşnut ve manen kuvvetlenmiş" olmalarını isteriz.[2] Bu amaçla, müze ziyaretçilerimizin olabilecek en iyi müze öğretmelerine sahip olmasını istiyor ve bu kitabı onlara ithaf ediyoruz.

Ziyaretçilerin müzelerimizdeki deneyimlerinde, galeri eğitiminin eşsiz ve vazgeçilmez bir rol oynadığına ve her zaman en üst düzeyde uygulanması gerektiğine inanıyoruz. Bu kitapta savunduğumuz eğitim, insanların sanat eserleriyle ilgili en önemli anlayışlardan bazılarını diğer ziyaretçilerle kurduğu, rehberli ama rehberin bilgisiyle sınırlı olmayan diyaloglardan edindiğini öne sürüyor. Sanat eseriyle ilgili edinilmiş herhangi bir bilgiyi vermeden, ortak bir bakma, görme, düşünme, hissetme ve konuşma deneyimi için gereken koşulları yaratmaya çalışıyoruz. Farkındayız ki öğrencilerimiz bizden ne kadar öğreniyorsa, biz de onlardan o kadar öğreniyoruz ve –aynı sanat eserleri üzerine tekrar tekrar ders verirken bile ve belki de bilhassa onlar söz konusu olduğunda– diyaloglarımızı yeni ve beklenmedik yorumlara açık tutmaya çalışıyoruz. Yaklaşımımız, Maxine Greene'in deyişiyle, sanat eserlerini incelemeye gelen ziyaretçilerimizin kendi "yaşanmışlıklar"ıyla geldikleri ve aslında yanıtlanmasına en acil ihtiyaç duydukları soruları sordukları öncülüne dayanıyor. Ziyaretçilerimizin sanat eserleriyle ilgili sohbete

---

2 James Cuno, "The Object of Art Museums," James Cuno, der., *Whose Muse? Art Museums and the Public Trust* içinde, (Princeton, N.J.: Princeton UP; Bambridge, Mass.: Harvard University Art Museums, 2004), 73.

katılmaları için açık uçlu bir davette bulunuruz. Umudumuz, diyaloglarımızın ziyaretçilerde gördükleriyle ilgili hep değerli kalacak, zengin ve kişisel düşünceler doğurmasıdır. Yaptığımız işi incelediğimiz bu kitapta, ziyaretçilerimizin deneyimlerinde en değerli ve kalıcı buldukları şeyi dikkate alıyor, "estetik", "nadir" ve "zirve" deneyimlerle ilgili yazmış sosyal bilimci ve düşünürlerden cesaret alıyoruz. Aynı zamanda bu kitabın Onuncu Bölüm'ü "En Büyük Günah"ta tartışıldığı gibi, derslerde böyle değerli anları yakalamayı amaç haline getirme tehlikesine karşı da tetikteyiz çünkü bu, ders verirken sanat eserinin kendisinden uzaklaşmamıza neden olabilir.

Bundan birkaç yıl önce kendimizi New York'taki Bank Street Museum Liderlik Programı'ndan meslektaşlarla galeri eğitimi hakkında konuşurken bulduk. Fırsat verildiğinde ziyaretçilerimizin sanatla ilgili son derece ilginç ve derinliği olan şeyler söylediği konusunda hemfikirdik. İçimizden biri, Claudine Brown'a "İnteraktif galeri eğitimini ben icat ettim sanıyordum!" dediğinde Brown hiç tereddütsüz şöyle cevap verdi, "Ben de ben icat ettim sanıyordum! O zamanlar herkes öyle sanıyordu. Ama biliyor musun?" diye devam etti, "Şimdi de öyle sanıyorlar." Gülüştük. Ama bu aynı zamanda uzmanlık alanımızın tarihi konusunda ne kadar az şey bildiğimizin acı verici bir hatırlatıcısıydı.

Bu kimse için sürpriz olmamalı. Çoğu sanat müzesi, kuruluş belgesinde eğitimi misyonunun ayrılmaz bir parçası olarak tanımlasa da kurumların kuruluş ve gelişim tarihini anlatan belgelerde tartışılan eğitim girişimi sayısı çok azdır. Araştırmamız sırasında, müze eğitiminin kendi tarihi olmayan yüz yıllık bir meslek olduğunu çok kısa sürede fark ettik. Bu tarih, yazılmayı hak ediyor.

Çoğu müze eğitimcisi gündelik kurumsal işler ve idari sorumluluklar altında eziliyor. Bazılarının ders vermeye çok az vakti kalıyor ve bu ayrıcalığı müze rehberlerine ve sözleşmeli öğretmenlere bırakıyor. Çoğunun araştırmaya ve tefekküre bundan da az vakti kalıyor. Ders vermeye ve araştırmaya yabancılaşmak yeterince büyük bir ödün, ama pratiğimizin tarihini bilmez, geçmişte denenenleri, kanıtlananları ve reddedilenleri bilmezsek, kendimizi, pratiğimizi sürekli yeniden icat etmeye mahkûm ederiz. Kai-Kee, bu kitabın İkinci Bölüm'ü olan "Sanat Müzesinde Eğitimin Kısa Bir Tarihi"ni galeri eğitimi geçmişimize bir şekil vermek için atılmış, hazırlık niteliğinde bir adım ve konuyu kapsamlı bir şekilde açıklamaya bir giriş olarak görse de, ben bu bölümün alanımıza emsalsiz ve paha biçilmez bir katkı yaptığına inanıyorum. Kai-Kee'nin makalesi, ülkenin dört bir yanındaki müzelerin arşivlerinde araştırma yapacaklar için bir prospektüs, diğerleri içinse geçmişimizin keşfine ve yorumlanmasına katılmaları için bir çağrıdır. Bu kitapla ilgili en büyük umutlarımızdan biri, müze eğitimcisi arkadaşlarımıza, özellikle genç meslektaşlarımıza, bu ülkenin dört bir yanındaki müzelerde tanışma ayrıcalığını bulduğum yükselen nesle, uzmanlığımızın tarihini derinlemesine soruşturmaları için bir esin kaynağı olmasıdır.

Müze eğitimi sadece bir tarihten değil, kendine ait bir teoriden de yoksun. Kai-Kee ile birlikte konferanslarda ve gündelik konuşmalarda çok sayıda eğitimci meslektaşımızın çalışmalarını teorik bir bağlama oturtma ihtiyacından bahsettiğini duyduk. Bu bizim de eşit derecede paylaştığımız bir ihtiyaç. Bununla birlikte, bu kitapta müze eğitimi için sistematik bir metodoloji önermiyor, hatta böyle bir projeyi savunmuyoruz çünkü diyalojik bir galeri eğitimi modeline inanıyoruz ve açıklık bu modelin vazgeçilmez bir bileşeni. Dahası, eğitim teorilerindeki gelip geçici modalarla ilgili kariyerimiz boyunca edindiğimiz deneyimler ile Kai-Kee'nin tarih araştırması, incelikli bir sanat olan galeri eğitimini basitleştirip sistematikleştirmek için geçmişte geliştirilmiş bütün büyük tasarıların kaçınılmaz olarak başarısız olduğuna bizi ikna etti. Bununla birlikte bu kitapta, galeri eğitimi pratiğinin içinden gelen teorik perspektifler öneriyoruz. Bu perspektiflerin, biz müze eğitimcilerinin yaptığımız işle ilgili derinlemesine düşünmemizi kolaylaştırıp ona dair bilgi, düşünce ve araştırma ürünü olan sohbetlere girmemizi mümkün kılacağına inanıyoruz. Kai-Kee'nin tarih araştırmasında uzmanlık alanımızda en başından beri kafaları meşgul ettiği ortaya çıkan önemli konuların teorik ve pratik yönleri, kitabın Üçüncü Bölüm'ünden Sekizinci Bölüm'üne kadarki kısmında ele alınıyor: öğretmenler nasıl eğitilmeli ve yapacakları çalışmaya nasıl hazırlanmalı; dinlenmenin ve konuşmanın rolü; soruların ve sanat tarihi bilgisinin kullanımı; sanat eseriyle ilgili maddi gerçeklerin mi, yoksa sanat eserini deneyimlemenin mi daha değerli olduğu; başkalarıyla birlikte öğrenmede oyunun rolü.

Bu makale dizisinin ardından gelen Dokuzuncu Bölüm Merion, Pensilvanya'daki Barnes Vakfı'nı müze eğitiminde özel bir vaka olarak inceliyor; zira bu vakıf kendini bir müze değil, birincil amacı her zaman eğitim olan bir kurum olarak tanımlıyor. Bu makalenin arka planı üzerine bir iki şey söylemek uygun olabilir. 2003 yılında Barnes'ta misafir öğretmen olarak ders vermek üzere davet edilmiştim. Bu, genellikle "Barnes yöntemi"yle eğitilmiş öğretmenlerin aldığı az bulunur bir davetti. Albert Barnes'ın sanat eserlerini nasıl topladığını ve öğretmenler tarafından sürekli yeniden düzenlenecek şekilde nasıl bir araya getirdiğini anlamaya başladım. Böylelikle öğretmenler sürekli evrilen bir sanat ve fikirler evrenini gözler önüne serebiliyordu. Her ne kadar Barnes Vakfı bazen modası geçmiş bir pedagojik sistemin kalıntısı olmakla eleştirilse de, vakfın misyonunda eğitimciye verilen merkezi rolün, Barnes'ın tasavvur ettiği şekliyle, uzmanlığımızın geleceği için bir model olarak zengin olasılıklar sunduğuna inanıyorum.

Kitabın son makalesi, kapsam ve amacını başlığında mükemmel şekilde ifade ediyor sanırım; sanat müzesi eğitiminin geçmişini araştırırken de geleceğini analiz ederken de daima göz önünde tuttuğumuz şey uzmanlığımızın geleceğiydi ve eğer yazdıklarımızın arkasında ağır basan bir motivasyon varsa o da alanımızın gelişeceğine duyduğumuz güven ve umudu dile getirme ve bu gelişime katkıda bulunma arzusudur.

Her ne kadar bu makaleleri bizce mantıksal bir akış sağlayan ve merkezi argümanlarımızın tutarlığını artıran bir sırayla sunuyor olsak da, bölümlerin diziliş sırasıyla okunması şart değil. Kitabı başından sonuna kadar okuyan biri, umuyoruz ki, Dewey'in bahsettiği anlamda tam ve doyurucu bir deneyim hissi yaşayacaktır, ki biz bunun iyi müze eğitiminin amaçlarından biri olduğunu ileri sürüyoruz. Gelgelelim müze araştırmaları, müze eğitimi programları, kurum içi profesyonel müze eğitmeni gelişimi, müze rehberi eğitimi gibi farklı bağlamları dikkate alarak –kitabın bütün bu bağlamlarda bir yer bulacağını umut ediyoruz– her bölümü bağımsız ve diğerlerinden ayrı kullanılabilir bir makale olacak şekilde yazdık. Bu yüzden, kilit kavram ve argümanlar farklı makalelerde zaman zaman tekrarlanıyor; önemli bir fikrin kitapta en geniş şekilde ele alındığı bölüm dipnotla belirtiliyor.

Buradaki makalelerin çoğu, yönettiğimiz ya da tanık olduğumuz galeri derslerinden alınan geniş alıntı ve açıklamalara dayanıyor ve bunlar makalenin argümanına paralel bir anlatı hattı oluşturuyor. (Galeri diyaloglarından aktarılan konuşmalar bazı bölümlerde bu ikili retorik yapısını vurgulamak amacıyla farklı dizgiyle gösteriliyor.) Burada atıfta bulunulan diyaloglar, akılda kaldığı haliyle kağıda döküldü, dolayısıyla kelimesi kelimesine aktarılan sohbetler olarak alınmamalı. Bununla birlikte, her bir konuşmacının sesinin ve her bir sohbetin içeriğinin özgünlüğünü korumak ve öğrencilerimizin sözcüklerini olabildiğince doğru kaydetmek adına elimizden gelen çabayı gösterdik.

Umarız okurlar doğrudan analizlerimize geçme amacıyla bu öyküleri aceleyle atlama ya da üstünkörü okumanın cazibesine kapılmaz. Bu makalelerin kökleri pratiğin derinlerinden geliyor ve ziyaretçilerin eserlerle kurduğu ve diyaloglarda tarif edilen ilişkiler bu pratiğin tam da kalbini oluşturuyor. Ele alınan belli başlı sanat eserlerinin resimlerini görmenin okurlara büyük yarar sağlayacağını da söylemek isteriz. Bu resimler s. 17-26 arasında, kitaptaki numarası makale içinde veriliyor. Bu yolla okurlar katılımcıların sanat eserleriyle ilgili etkileşimlerini ve yorumlarını takip edebilecek ve belki de kendi zihinlerinde bu diyaloglara katılacaklar. Sanat eserlerinin yanı sıra katılımcıların yorumlarına da okurların kendi tepkilerini vermelerini bekliyor ve umuyoruz.

Sanat müzelerinde yüz küsur yıldır eğitim veriliyor olmasına rağmen, geleceğin eğitmen ve müze rehberlerini galeride ders vermeye hazırlayacak merkezi bir müfredat arayışımız sürüyor. Müze eğitmenleri olarak –sanat stüdyosu, sanat tarihi, eğitim ve yönetim gibi– farklı arka planlardan geliyoruz. Çok azımız, misyonumuzun merkezindeki gündelik pratiğimiz olan galeri eğitimi için formel bir hazırlık gördü. Esasen sadece işimizin en basit, en pragmatik yönlerine odaklanan bir eğitim aldık ve işimizi yaparak öğrendik. Bize ziyaretçilerimizi sıcak bir şekilde karşılamamız, dik durmamız, yüksek sesle konuşmamız ve konuşurken tabloların önünde durmamamız söylendi. Çoğumuz tarih araştırması yapmak ya da teoriye kafa yormak için çok az vakit ayırabiliyor. Her yaştan insandan oluşan gruplar için günlük turlar düzenlemek ve daha da çok ziyaretçi için daha fazla sayıda galeri programı gerçekleştirmek bugünün müzelerinde bir zorunluluk. İşte bu zorunluluk, en çok değer

GİRİŞ | 33

verdiğimiz türden deneyimleri uyandırmada vazgeçilmez olan derinlemesine odaklanmış bakışı öğretmen için de öğrenciler için de erişilmesi güç kılıyor. Burada önerdiğimiz ideal galeri dersi, zaman, sessizlik ve herkesin birlikte görüp, dinleyip düşünebileceği kadar küçük gruplar gerektiriyor. Bazen ders vermeyi imkânsız hale getirecek şekilde yapılandırılmış işlerin üstesinden nasıl gelebiliriz? Küratörümüzün kataloglarını okuyarak hazırlanıyoruz. Birbirimizi gözlemleyerek öğreniyoruz. Ders verme konusundaki sezgisel yaklaşımlarımızla deneyler yaparak, okuduğumuz ya da konferans ve seminerlerde karşılaştığımız yeni fikirleri sınayarak el yordamıyla iş yapıyoruz. Bütün bunlar vasıtasıyla, her birimiz kendi yolumuzu buluyoruz. Ve birbirinden ayrılan görüş açılarımız ve ders yapma tarzlarımız, pek çok açıdan ortak gücümüzü oluşturuyor. Umuyoruz ki bu kitap, okurlarımıza kendi derslerinin farklı yönlerini yeniden gözden geçirme azmi ve isteği verecek, çoğu zaman güçlükle kazandıkları anlayışların kıymetini bilip bunları yakındaki ve uzaktaki meslektaşlarıyla paylaşmaya teşvik edecektir.

Çoğu zaman düşük ücretler alan ya da hiç ücret almayan galeri öğretmenlerinin bazen hak ettiği değeri görmeyen veya yeterince dile getirilmeyen, ama vazgeçilmez olan bir işlevi yerine getirmeleri beklenir.[3] Sanat eserlerine, internet üzerinden düzenlenen sanal turların ya da galeri içinde kullanılan el cihazlarının asla sağlayamayacağı bir erişim sağlıyoruz. Kurumun, ziyaretçilerin en sık karşılaştığı yüzü olmaktan çok daha fazlasını yapıyoruz. Galeri öğretmenleri olarak bizler, ziyaretçilerimizin sanat eseriyle bütün bir insan olarak –bedeni, hayal gücü, zekâsı, anıları, yüreği ve ruhuyla– karşılaşmalarını modellemekten sorumluyuz. İdeal olarak her gün her şeyimizle işimizin başında olmak zorundayız.

Galeri eğitimi müze ziyaretçilerinin anlayışını zenginleştirmeye adanmıştır, ama müze öğretmenlerinin aldığı entelektüel ödüller de çok

---

3 Pek çok farklı meslek grubundan insan müzelerde öğretmenlik yapar: Profesyonel müze eğitmenleri, gönüllü müze rehberleri ve bazen, küratör ve konservatör gibi, diğer müze çalışanları. Galeride eğitimle uğraşan herkes kitapta öğretmen olarak anılıyor. Galeri öğretmenlerinin liderlik ettiği gruplar da çok çeşitlidir: Ücretli olsun olmasın bütün programlarda ilkokuldan üniversiteye kadar her yaştan öğrenci ve yetişkin ziyaretçi bulunur. Galeri programlarına katılanlar öğrenci ya da ziyaretçi olarak anılıyor.

büyük olabilir. Önerdiğimiz diyalojik galeri eğitimi, öğrencilerimizin gözleri ve zihinleriyle sürekli zenginleşmeyi, sanat eserleri etrafında inşa etmelerine yardımcı olduğumuz anlamları toplayıp geliştirmeyi içeriyor. Galeri öğretmenliği ciddi, düşünerek ve araştırarak uygulanması gereken bir uzmanlık, müze kültürü içinde arzulanan ve saygı gören bir iş olmalı. Biz galeri öğretmenleri, müzelerimizdeki sanat eserlerine hayat veriyor, medeniyet projesinin hayatına ve devamlılığına katkıda bulunuyoruz.

Takip eden bölümler, Elliott Kai-Kee ile birlikte bulduğumuz yolları tarif ediyor. Bu kitapta toplanan, kimi daha önce yayımlanmış, çoğu bu kitap için kaleme alınmış makaleler, daha önce de ifade edildiği gibi bir metodoloji oluşturmuyor. Daha ziyade, sanat müzesi eğitiminin özünü anlama ve bazı sorulara yanıt bulma çabalarımızın meyvelerini temsil ediyor. Yanıt aradığımız sorularsa şunlar: Müze galerilerinde verdiğimiz derslerde insanları ve sanat eserlerini bir araya getirdiğimizde ne oluyor? Ne olmasını istiyoruz? Bunun olmasını sağlamanın ya da olmasına izin vermenin en etkili yolları neler? Bu sorulara verdiğimiz yanıtlar, umuyoruz ki, kendi başlarına da değerli olacak; ama bunların yarattığı asıl değer, alanımızda başlatmayı umduğumuz diyalogda ve en önemlisi, fikirlerimizi kendi galeri derslerinde sınayan, sorgulayan, kullanan ve geliştiren okurlarımızın deneyimlerinde yatacak.

BİRİNCİ BÖLÜM
Müzede Ders Verme Sanatı
Rika Burnham ve Elliott Kai-Kee

Los Angeles'taki J. Paul Getty Museum'un galerilerinde bir sınıf, Rembrandt'ın küçük bir tablosunu inceliyor. Müze eğitmeni, toplanan ziyaretçileri daha yakından bakmaya davet ediyor, sınıfı hem tablonun kendisini hem de onu inceleme sebebimizi anlamaya yönlendiriyor. Sınıf pasif olmaktan çok uzak, gerçekten de hayat dolu. İncelenen resim, *Europa'nın Kaçırılışı* (1632), Yunan mitolojisinden bir öyküyü, beyaz bir boğa kılığındaki Zeus'un Fenikeli prenses Europa'yı kaçırışını ince ayrıntılarla anlatıyor. Ziyaretçiler, gözlemlerini, tahminlerini ve fikirlerini paylaşıyor. Ders sona ermek üzereyken müze eğitimcisi katılımcıları resmin daha geniş anlamı üzerine tahminde bulunmaya, ayrıntılı incelemeleri sonucunda bu eserin ne hakkında olduğuna dair düşüncelerini söylemeye davet ediyor. Grubun deneyimi tek bir hikâyenin anlatılmasının açıkça ötesine geçiyor. Bir katılımcı, Rembrandt'ın eserinin, bilinmeyene yolculuk yapmadaki korkusuzlukla ilgili olduğunu söylüyor. Bir diğeri, ruhun cennete gitmek için dünyadan ayrılışının hikâyesiyle ilgili olduğunu söylüyor. Ders sona erdiğinde insanlar resme daha da yaklaşıyor ve sohbet etmeye devam ediyor.

Aynı müzede başka bir müze eğitmeni de bir öğrenci grubuna galeriler arasında öncülük ediyor. Bir Roma Heykeli olan *Venüs*'le başlayıp, Madam Récamier'in 18. yüzyılda Joseph Chinard tarafından pişmiş topraktan yapılmış Fransız büstüne geçiyor. Öğrencilerden her iki heykelde de tek bir ayrıntıya, ellere odaklanmasını istiyor. Öğrencileri, heykel figürlerinin jestlerini sanki bir insanı inceler gibi gözlemlemeye ve incelemeye teşvik ediyor. Algı keskinleştikçe zaman adeta yavaşlıyor. Öğrenciler ellerin anlamlılığı üzerinden heykellerin bütününü "okumaya" başladığında eğitmen sabırla dinliyor. Grup, Millet tarafından resmedilmiş gizemli bir portreye geçiyor ve öğrenciler burada aşkın doğasından bahsediyor; daha sonra Winterhalter'in bir Rus prensesini resmettiği tabloya odaklanıyor. Tablodaki ayrıntıların oyunu aniden teatral, göz kamaştırıcı ve keyif verici hale geliyor. Sonunda kimse ayrılmak istemiyor.

Biz müze eğitmenleri birçok farklı programda, birçok farklı şekilde eğitim veriyoruz. Her müze eğitimcisi, sanat eserleri aracılığıyla öğretme sanatına eşsiz katkılarda bulunuyor. Yukarıda tarif edilen iki sınıf ilk bakışta birbirinden çok farklı görünebilir. İlk müze eğitmeni, bütün seans boyunca tek bir sanat eseriyle ilgileniyor, dersi öğrencilerin gözlem ve fikirleri etrafında inşa ediyor ve kolektif deneyimleri sayesinde daha geniş bir anlamın ortaya çıkacağına güveniyor. İkinci eğitmense, öğrencilerinin birçok eserde yer alan ortak bir özellikle ilgili gözlemlerini yönlendirerek onlara güven aşılıyor ve sonra temel bir fikrin ortaya çıkmasını sağlıyor. Gelgelelim iki sınıfın bazı temel benzerlikleri var. Her ikisinde de öğrenciler ve öğretmen istekli, yoğunlaşmış, odaklanmış ve aktif durumda. İki soruşturma da esere yoğun bir şekilde odaklanıyor ve iki grup da sanat eserlerinin bütünü için geçerli bir anlama ulaşmaya çalışıyor. En sonunda, keşfetme deneyimini sürdürmek isteyen katılımcılar eserler etrafında toplandığında, öğretmenler öğrencilerinin, bir sanat eseriyle ilişki kurmanın bir son değil, bir başlangıç olduğunu anladıklarını biliyor.

Çalıştığımız kurumların himayesindeki nesnelerden oluşan koleksiyonlar ve bu nesneleri değerlendirmeleri için çağırdığımız öğrenci ve ziyaretçiler, biz müze öğretmenlerine öğrenme ve öğretme fırsatı verir. Ancak bu sanat eserleri bize büyük bir sorumluluk da yükler: Onları, galerilerde rehberlik ettiğimiz insanlar için canlı kılmamız gerekir. Nihayetinde sanat eserlerini nesiller boyunca canlı tutan şey, bizim sadık dikkatimizdir.

Bu makalenin tohumları, kendimizi, profesyonel ve gönüllü müze rehberi meslektaşlarımızı müzelerimizde tutarlı ve ilkeli bir eğitim vermeye yönlendirmek için neler yapabileceğimiz ve iyi eğitimin unsurlarının neler olduğuyla ilgili bir sohbette atıldı; ve müze eğitmenleri olarak yaptığımız işin sonucunda ortaya çıktı. Öğretmenlik yapmak, müze eğitmenleri olarak işimizin merkezinde yer alsa da, çoğumuzun

MÜZEDE DERS VERME SANATI | 37

buna gereğince kafa yorma ve hazırlanma vakti olmuyor. ABD'deki ve dünyadaki müzelere baktığımızda, yolunu kaybetmiş, mekanikleşmiş, katılaşmış ya da artık amacından emin değilmiş gibi görünen bir eğitim görüyoruz. Fakat biliyoruz ki ziyaretçileri sanat eserleriyle ilgili daha büyük bir anlayış düzeyine ulaştırmak her zaman mümkün ve bu tür deneyimler dönüştürücü olabiliyor. Ders verme pratiğimizin temelleri, hem işimizin gündelik gerçeklikleri hem paylaştığımız sınırsız olasılıklar ve idealizm duygusu üzerine kurulu.

Müzelerimizde yıllardır her yaştan öğrenciye ders veriyoruz; kimine de müzede ders vermeyi öğretiyoruz. En etkili eğitimin, açık hedefler ve ilkelerle yönlendirilmiş bir eğitim olduğu inancını paylaşıyoruz. Burada, iyi eğitimin kaynağını tanımlamayı ve her türden müze eğitimi pratiğini kapsayacak, farklı eğitim programlarında kullanılabilecek ve farklı dinleyici gruplarının faydalanabileceği bir eğitim yaklaşımını tarif etmeyi umuyoruz. Sanatımızın diğer uygulayıcılarını da düşünmeye sevk etmeyi yine eşit derecede umut ediyoruz. Çünkü müze eğitiminin aslında bir sanat, yaratıcı bir eylem olduğuna inanıyoruz.

Bizim inandığımız eğitim, sanat nesneleriyle yaşanacak belirli türden bir deneyimi olası kılmaya çalışır. İyi müze eğitimi, öğretmenlerin, ziyaretçileri sanat eserlerine yakından bakmaya ve onları anlamaya sevk etmesini ve ziyaretçilerin eserlerle ilişki kurmalarını mümkün kılan pek çok beceriyi içerir. Hitap ettiğimiz kitleyi ve derste konu aldığımız nesnelerin ait olduğu koleksiyonları iyi bilmemiz hayati önem taşır. Sanat tarihi ve bağlamla ilgili doğru ve uygun bilgileri her zaman verebilmemiz gerekir. Ancak bu tür bilgileri edinmeyi kendi içinde bir amaç olarak değil, daha genel bir amaca yönelik, her bir ziyaretçinin belirli sanat eserleriyle ilgili derin ve özel deneyimler edinmesini sağlayan bir araç olarak görmemiz gerekir. Her ziyaretçinin her galeri sohbetinde dönüştürücü bir deneyim edinmesini kolaylaştırabilme idealine hiçbirimiz ulaşamayız. Yine de bu tür deneyimlerin olası olduğunu aklımızdan çıkarmamak işimize tutarlılık ve yön verecektir. Bu, yaptığımız her şeyin can damarı olabilir. (Ancak eğitimi, özellikle zirvedeki bir deneyimi elde etme amacıyla yönlendirme tuzağına karşı uyanık olmak gerekir. Bu konunun bir değerlendirmesi için bkz. Onuncu Bölüm.)

John Dewey, *Art as Experience*'ta sanat deneyiminin bir bütünlük ve birlik hissi verdiğini, bu özelliğiyle sıradan deneyimlerden ayrılabileceğini ve bitiminde keyif ve doyum hissi verme özelliği taşıdığını tartışır.[1] Bu tür deneyimler, Dewey'in sıradan deneyim akışından ayrı olarak "bir deneyim" dediği şeydir. Dewey aslında "bir deneyim" edinmenin ne anlama geldiğini en iyi gösteren şeyin sanat deneyimi olduğunu söyler. Dewey'in bahsettiği türden deneyimler, onları bir arada tutan içsel bir bütünlüğe –bir odağa– sahiptir. Bu tür deneyimler, "sonunda tamama eren bir beklenti ve doruk haraketini" içerir.[2]

Dewey'in teorisi, müzelerimize gelen ziyaretçiler için mümkün kılmayı istediğimiz türden deneyimleri gayet güzel tarif ediyor. Galerilerde bizimle birlikte geçirdikleri zamanın, bildikleri her şeyden farklı, ayrı, özel deneyimlere yol açtığını hissetmelerini umarız. Bir ya da daha çok sanat eserini derin ve tatmin edici bir şekilde anlamış olarak ayrılmalarını umarız. Yukarıda tarif edilen sınıflarda ziyaretçiler, onları gündelik yaşamlarının dışına çıkaran "bir deneyim"le, eserle ilişki kurduklarını ve ona odaklandıklarını hissettiler.

Dewey aynı zamanda sanat deneyiminin zamanla geliştiğini gözlemler. Bütün estetik karşılaşmalarda önemli olan zaman öğesi, müze bağlamında açıkça öne çıkar. Görmek, bakmaktan fazlasıdır; bakmaksa göz atmaktan fazlasıdır. Biz, gören gözleri teşvik etmeye çalışırız. Derinlemesine, odaklanmış bakışla edinilen "bir deneyim" öylece "son" bulmaz; tatmin edici bir sonuca doğru gelişir. Dewey'in "doruk" dediği şey, bizi coşkulu bir hayranlık içinde bırakır.

Benzer şekilde, galerilerimize davet ettiğimiz ziyaretçilerin keşifler yapmasını, özgür ve yaratıcı düşünmesini ve odaklandıkları sanat eserlerini uzun süre görsel bir incelemeye tabi tutarak sonunda anlam vermeye çalışmalarını umarız. Gözlem, düşünce ve duyguları (geçici, değişebilir bile olsa) bütünleştiren bir sorgulamanın bıraktığı mutlu-

---

1 Bkz. 3. bölüm (Having an Experience) John Dewey, *Art as Experience* içinde. (New York: Milton, Balch, 1934; yeniden basım, New York: Perigree, 1980, 2005) ve 1. Bölüm (Experience and the Arts) Philip W. Jackson, *John Dewey and the Lessons of Art* içinde (New Haven ve Londra: Yale UP, 1998).

2 Dewey, *Art as Experience*, 39.

MÜZEDE DERS VERME SANATI | 39

lukla, bir bilgi ve anlayışa ulaştıkları hissiyle, bir başarı duygusuyla ayrılmalarını umarız. Ve aynı zamanda, sanat yapıtlarını nasıl anlayabilecekleri konusunda bir görüş kazanmalarını umarız.

Müze eğitmenleri, insanları sanat yapıtları etrafında toplanmaya davet eden programlar yaratır. Amaç, sanat eserine uzun süre dikkatle bakmaktır. Ziyaretçinin dikkatini çekmek ilk görevimizdir.[3] Sanat yapıtları kaideler üzerine yerleştirilmiş, süslü çerçeveler içinde asılı ya da metin panolarıyla çevrelenmiş olsalar da –ki bütün bunlar dikkatleri sanat eserine yönlendirmek için yapılır– sıradan ziyaretçi bir eserle ancak üç beş saniye geçirir. Müzelerin çevresi neredeyse her zaman güzel, ama aynı zamanda çoğunlukla gürültülü ve dikkat dağıtıcıdır. İnsanlar farklı nedenlerle müzeye gelir. Neden durup nesnelere dikkatle baksınlar?[4]

Biz müze eğitmenleri olarak ilişkilenmeyi sağlayacak bir yapıyı yaratmak ve insanları büyük eserleri değerlendirme ve anlamaya davet etmenin bir yolunu bulmak zorundayız. Ziyaretçilere örtük şekilde, bilgimizin bakışlarına rehberlik edeceği ve aynı zamanda, sınıfa taşıdıkları bilgi ve yaşam deneyimine saygı duyacağımız sözünü veririz. Kendimiz de hep daha fazlasını öğrenmenin peşindeyizdir. Paylaşılan bu görme girişimine bağlılığımızı, sanata birlikte bakmanın ve hep birlikte onunla ilgili konuşmanın bizim için de değerli ve önemli bir deneyim olduğuna inancımızı anlatmamız gerekir. Tavrımız, koleksiyonlarımızdaki sanat eserleriyle ilgili bilgili ve insanlarla sanat eserlerini anlamlı şekillerde bir araya getirmek konusunda becerili olduğumuzun güvencesini vermelidir. Öğretmen ve öğrenciler yan yana sanat yapıtlarını inceleyecektir. İki taraf da daha en başından bu deneyim sonucunda kavrayışlarının artacağına güven duymalıdır.

---

3 Bkz. Maxine Greene, "Being Fully Present at Works of Art," *Variations on a Blue Guitar* içinde (New York ve Londra: Teachers College Press, 2001), 57-66.

4 Bkz. Rika Burnham, "If You Don't Stop, You Don't See Anything," *Teachers College Record* 95, sayı 4 (Yaz 1994): 520-5. Daha erken tarihli bu makale, kitapta incelenen konuların çoğunu, bugünkü düşüncelerimizle son derece tutarlı bir bakış açısıyla ele alıyor. Ancak dikkatli okurlar bazı konularda odağın daha farklı noktalara kaydığını ve yaklaşımımızın birkaç noktada dikkate değer değişiklikler içerdiğini fark edecektir.

Ziyaretçilerden bir nesne etrafında toplanmalarını isteyerek deneyimin başlayacağı bir tür kapalı alan yaratırız. Bir nesneyi incelemek için bir saat ya da en fazla birkaç saat ayırmalarını isteriz. Müze içindeki genel ziyaretçi akışından fiziksel olarak ayrılmak grubun yoğunlaşmasına ve odaklanmasına yardım eder. Konuşmanın bir yeri olduğu kadar, sessizliğin de yeri vardır. Önce ziyaretçileri bir dakika bakmaya davet ederiz. İçine gömülmüş oldukları gündelik sorunlara sırtlarını dönüp nesnenin dünyasına girmelerini isteriz. Sessizlikle başlarız. Bu, hiç bir yönlendirme olmadan eseri kendi bütünlüğü içinde dikkatle incelemenin bir yoludur. Her katılımcı, kendi ilk izlenimlerini ve fikirlerini oluşturma şansına sahiptir. Kolektif deneyim, bireysel deneyimlerden doğacaktır. Sanat eserlerinin temaşasıyla geçirilen sessiz düşünme anları, devam ettiğimiz sürece, kolektif deneyime temel oluşturacaktır. Sessizliği bozup ziyaretçilerden ilk gözlemlerini duymak istediğimizde, onlardan istenmediği halde, sanat yapıtı dışında edindikleri bir deneyimden hatırladıkları bir şeye duydukları duygusal ya da düşünsel tepkileri aktarabilirler. Grubun odağı evrilerek genişleyebilir ya da daralabilir. Biz, ziyaretçilerden sadece önlerindeki sanat yapıtına bakmak için biraz vakit ayırmalarını, onun hakkında düşünmelerini ve onu incelemelerini isteriz.

Rembrandt'ın tablosunu inceleyen sınıftan sessizce tabloya bakması isteniyor. Galeriye bir gözlemci girse, bir oyun izlediklerini düşündürecek kadar dikkatli bakan yirmi insan görür. Bakışlar aşama aşama yer değiştiriyor; önce galerinin bütününden tek bir duvara, sonra tartışacağımız eserin çerçevesine ve etiketine, sonunda resmin kendisine odaklanıyorlar. Tablo, birdenbire sanki odadaki tek nesneymişçesine belirgin bir şekilde odağa yerleşiveriyor. Sessizlikle geçen birkaç dakikadan sonra öğretmen, düşünce ve gözlemlerini aktarmalarını rica ediyor.

İkinci grup belirli bir şeye, bir ayrıntıya, Roma *Venüs* heykelinin ellerine odaklanarak başlıyor. Figürün duruşu akla iffetliliği mi getiriyor? Belki de sadece beklenmedik bir gözlemciyle karşılaşmanın şaşkınlığını... Öğretmen, herkesi heykel figürünü sanki odadaki bir insanmış gibi yorumlamaya teşvik ediyor. Öğretmen, o an, dünyada yaşıyor olmamızı, gözlemlerimiz ve tanıdığımız insanlarla etkileşimlerimizden ötürü bu heykeli, sonraki sanat yapıtını ve

MÜZEDE DERS VERME SANATI | 41

başkalarını okumamız için gereken temel bilginin içimizde olduğunu ima ediyor.

Her iki örnekte de sıradan bir sohbet gibi görünebilen şey aslında temelde birbiriyle bağlantılı bir gözlemler dizisi, bir tür sorgulama olarak kendini yapılandırır. Düşünce ve gözlemlerin paylaşılması için yapılan açık uçlu bir davetle başlar. Katılımcılar gördüklerini ve gördüklerine ne anlam verdiklerini söyler. Diyalog, alıp vermek demektir; herkes, öğretmen de, öğrenci de katkıda bulunur. Müze öğretmeni, insanların sanat eserinin bıraktığı etkilerle ve eserlerin en ilginç yanlarıyla ilgili konuşma arzusundan yola çıkarak ziyaretçilerin gözlemlerini aynı ya da farklı sözcüklerle yineler. Herkes fikirlerini paylaşmaya davet edilir; bazıları bir şeyleri görecek, bazıları görmeyecektir. Ama herkesin bir fikri vardır. Çok ses, tek sesten iyidir. Herkes bu alışverişe katılabileceğini hissetmelidir, ama öğretmen ille de herkesin aktif katılımını amaçlamak zorunda değildir. Öğretmen de katılımcılar da soru sorabilir, yorum isteyebilir, açıklama yapabilir, bilgi verebilir. Katılımcılar sessizce uzun uzun da düşünebilir. Grup ortak bir kelime dağarcığı edinir. İnsanlar birbirlerinin fikirlerine yanıt verip yorum yapabilirler. Diyalog, insanların nesnelerle deneyimini genişletir, açar; bunu teşvik eden de keşif duygusudur. (Galeri dersinde konuşmanın ve sessizliğin rolünün daha ayrıntılı bir değerlendirmesi için bkz. Beşinci Bölüm.)

Müze öğretmeni, yeni gözlemleri ve kavrayışları teşvik edip özetleyerek grubun deneyimini dikkatle ayakta tutar. Gözlemlerin rastgele görünen bir sırayla geldiğini belirtmek önemli. Yazılı bir metin, hazır soru grupları yoktur. Hiç kimse başkasıyla tam olarak aynı şekilde görmez ve hiçbir grup bir sanat yapıtını başka bir grupla aynı şekilde açıklamaz.

Bir kavrayış paylaşıldığında öğretmen bunu takdir eder ya da düşünce dünyalarında açılan yeni, elverişli patikaları izlemeleri için katılımcılara ısrar eder. Bazen bir gözlem başka bir gözlemi getirir ya da bakılacak yeni bir alan açar. Bazen öğretmen, katılımcıların bir düşünceyi ya da soruyu bekletmelerini ister çünkü grup o sırada bir başka öneri ya da gözlemin ne anlamlara gelebileceğinin peşindedir. Ortaya atılan çok sayıda fikir elde çevrilen toplara benzer. Bu toplar, hızlı ve kararlı bir şekilde hareket eden öğretmenin jonglörlüğüyle olabildiğince uzun süre havada ve hareketli tutulmaya çalışılır. Amaç, gözlemlerin peşinden gitmek, oyuna betimleyici cümleler katmak, düşünce zincirleri yaratmak, sorulara ve yorumlara her zaman yanıt vermek ve bazı fikirleri ilerletip bazılarını bekleterek daha sonra ele almaktır. Öğretmen, genişleyen bir diyaloğun karmaşık ve farklı parçalarını izler, aklında tutar. Bazen sanat yapıtıyla ya da sanatla ilgili daha geniş bir argüman inşa etmek için ifade edilen gözlemleri alır ve onları, kendisininki de dahil olmak üzere başka insanların (akademisyenler, küratörler, önceki ziyaretçiler) benzer fikirleriyle destekler. Sahici bir diyaloğun ortaya çıkmasını sağlayan öğretmenin duyularının ve algısının keskinliğidir. Bu, aynı zamanda öğretmenin ortaya çıkan fikirleri anlamasını ve diyaloğu ilerletmesini sağlayan bir hazırlık çalışmasını, pratiği ve beceriyi gerektirir. Her sanat yapıtıyla anlam değişir; her sınıfta farklı bir diyalog vardır. Düzen ve şekil oracıkta belirir: bu anlamın oluşturulmasıdır.

Öğretmen hazırlanmak için ne yapar? Sanat eseriyle zaman geçirmek, ona uzun süreler boyunca yakından bakmak öğretmenin hazırlığının değişmez bir parçasıdır. Rembrandt'ın resmini işleyen bir öğretmen galeride saatler harcayarak tabloya yakından, uzaktan, her açıdan bakar. Önce onu hep görmüş olduğu gibi, yıllardır The Metropolitan Museum of Art galerilerinde asılı duran küçük bir yapıt olarak görür. Getty Museum'da tablo farklı görünür; yeni temizlenmiş ve parlamaktadır. Daha sonra öğretmen kendine şöyle der: Resme ilk kez görüyormuş gibi, dersteki bir katılımcının bakacağı gibi bak. Olayla ilgili kafasının karıştığını görür. Son derece ayrıntılı resmedilen karakterleri bu şekilde bir araya getirenin ne olduğunu merak eder. Yüzlerdeki ifade ve ellerin duruşu, hepsi bir öyküye işaret eder. Öğretmen, aynı zamanda, Rembrandt'ın ana renkleri düzenleyiş tarzını, hayaletimsi gri arka planı, ışığı kullanarak eylemi karanlığın içinden alıp öne çektiğini fark eder. Resmin kompozisyonunu enine boyuna düşünmek için bir eskiz çizer. İmge, eserin öyküsü ve öyküyü anlatan öğeler, zihnine kazınır.

Ahenkle düzenlenmiş küçük ayrıntılar, parıldayan ışıklar, gölgeli karanlıklar, gizemli manzaraya hassasiyetle dağıtılmış ana renklerle Rembrandt'ın onları görmeye yönlendirdiği şeyi gören katılımcılar, onun bir öykü anlattığını daha en başında anlar. Öğretmen, başlangıçta resmin adından ya da Europa'nın kaçırılış öyküsünden bahsetmez. Onun yerine, katılımcıların Rembrandt'ın resminin dünyasına girerek, yalnızca gözlem sonucu gördüklerine ve anladıklarına güvenerek öyküye anlam vermelerini ister. Anlatının sorgulanması esnasında gözden kaçan bütün ayrıntıları ve yapıtla ilgili sanat tarihi bilgisini sonra vereceği konusunda onlara güvence verir ve sorar, bir süreliğine Rembrandt'a ve kendi gözlerine güvenmeleri mümkün değil midir?

Öğretmenin hazırlık çalışması araştırmayla devam eder. Müzenin küratör dosyalarını okur; makalelere, kataloglara ve başvuru kaynaklarına bakar; meslektaşlarıyla konuşur. Sanat yapıtlarına dair derin bilgi sahibi olmak, iyi bir galeri eğitiminde esastır. Bilgi ve onunla birlikte görme, fikirlerin kaynağıdır. Müze eğitmeni, bilimsel araştırmalarla yönlendirilen bir deneyimde nesneleri ve ziyaretçileri bir araya getirerek her ikisine de özen gösterir.

Öğretmen, sanat tarihi araştırmasında edindiği bilgiyi nasıl kullanır? Bu bilgiyi, öğrencilerine kesin yorumlar dayatmak için değil, olasılıklar önerebilmek için kullanır. Eserle eserin yaratıldığı ve alımlandığı koşullar arasındaki ilişkilerden bahseder ve böylelikle ziyaretçilere eserin nasıl ve neden var olduğunu, nasıl yapıldığını, yaratıldığı toplumsal ve sanatsal bağlamda nasıl görüldüğünü ve zaman içinde anlamının izleyicileri için nasıl değiştiğini gösteren bilgiler verir.

Venüs heykelini değerlendiren sınıf, kısa süre sonra Venüs'ün bedenini yarı örter, yarı gösterir şekilde duran elleri konusunda birkaç açıklama önerir. Venüs'ün bu hareketinin iffetlilikten kaynaklanabileceği veya iffetliliği ifade edebileceği önerisine yanıt olarak öğretmen yüksek sesle sorar: "Aşk ve güzellik tanrıçası Venüs neden iffetli olsun ki?" Soru öğrencilerin merakını ateşler ve daha bir şevkle incelenmeye başlanan olası açıklamalar giderek karmaşıklaşır. Bu noktada öğretmen öğrencilere bu heykelin, Yunan Praksiteles tarafından MS 4. yüzyılda yontulan ve yaratıldığı dönemde Afrodit'i çıplak tasvir eden ilk büyük ölçekli heykel olmasıyla ünlü olan orijinal eserin Roma döneminde yapılmış bir kopyası olduğu bilgisini verir. Acaba Praksiteles kadının hayâ duygusuyla ilgili şaşırtıcı bir mesaj veriyor olabilir mi? Bu bildik insani duygunun, tanrıçalara, hatta aşk tanrıçasına bile uzanacak kadar güçlü olduğunu iddia ediyor olabilir mi? Öğretmen başka bir olasılığı daha öne sürer: Belki Praksiteles ölümlülerin tanrıları çıplak görmesinin tehlikeli olduğu şeklindeki Yunan inanışına işaret ediyordur. Sonra, heykelin belki de sadece bir miti betimlediğini söyler. Bu mite göre, Kıbrıs'tan Yunanistan'a giderken Afrodit vücudundan köpükleri temizlemek için Knidos adasında –Praksiteles'in orijinal heykeli buradadır– durur. Grup bu fikirlerle boğuşurken, bunu izleyen fikir alışverişi de hayat doludur. Hangi anlamları kucaklayacaklarına öğrenciler, kendileri karar verecektir. Öğretmen, değerlendirmeyi kendi sorusuyla bitirir: Tanrıçanın ellerini hem güzel hem görülmesi tehlikeli bir bedeni stratejik olarak örtecek şekilde yerleştirmeye karar verirken heykeltıraşın aklında bu öykü ve fikirlerin hepsi birden bulunuyor olabilir miydi?

Öğretmen, ziyaretçilerin eserle deneyimini derinleştirip zenginleştirmek için sanat tarihinden bilgiler verir. Bildiği her şeyi en baştan söylemez, çünkü grubun heykeli daha başından bir tarihi eser olarak görmesini istemez; izleyicilerin bütün dikkatini sanat eserinin şimdive-buradaki fiziksel mevcudiyetine vermesini ister. Sanat tarihi bilgisi verirken olası yorumların çeşitliliğini artırmasını amaçlar ve bu bilgiler gerçekten de diyaloğun kapsamını genişletir. Öğrencilerini heykele kendi gözleriyle dikkatle bakmaya davet eder ve sonra öğrenciler ayrıntılara işaret edip sorular sordukça ya da muğlaklığın köklerine takılıp kaldıklarında, kendi gözlemlerini aktararak veya öğrencilerin daha fazlasını, daha farklı bir şekilde görmesini sağlayacak bilgiler vererek deneyimlerini ileri taşır. Amaç, diyaloğun kapsamını genişletmek ve eserle ilgili anlayışı derinleştirmektir. Bunun yolu kısmen, öğrencilerin eseri tarihsel bağlamı içinde kavramalarını ve ona yakınlaştıklarını hissetmelerini sağlamaktır. Fakat tarih bilgisi, rakip yorumlardan birini seçmek –diyaloğu sonlandırmak– için değildir. Oysa öğretmen tek bir tarihsel koşul verse ya da bir şeyin ne anlama geldiğiyle ilgili bir soruyu bilgisinin otoritesine dayanarak, "Burada Praksiteles'in demek istediği..." diye yanıtlasa, diyalog sonlanabilecektir. Onun yerine, öğretmen, bilgiyi ustaca konuşlandırarak öğrencilerin muğlaklığın farkına varmasını sağlar; nihayetinde öğrencilerin deneyimini zenginleştiren de bu farkındalık ve beraberinde getirdiği karmaşıklıkların kabullenilmesidir.

Sanat tarihi bazen sanat eserlerini anlama ve anlamı keşfetme yeteneğimizi tıpkı yukarıda tarif edildiği gibi artırır. Ama bazen de bir eser adeta bizimle doğrudan konuşur. Rembrandt bizi kaçırılma deneyimine böylesine yaklaştırmayı nasıl başarır? Europa'nın kaçırılması öyküsüne biçim verirken içimizdeki hangi kaynaklardan faydalanır? Sahip olduğumuz bilgi, eserin anlamına ilişkin bir hipotez üretebilir, ama resimdeki mevcut aciliyet duygusu akla Rembrandt'ın ruhun deneyim ve tutkularının sınırlarını aradığı gibi şiirsel bir fikir de getirebilir.

Sonunda birisi dönüm noktası niteliğinde bir soru sorar: "Bu kadın ne diye bir boğanın sırtına binmiş?" Öğretmen, bu sorunun anlayışımızın kapılarını açabilecek bir anahtar olduğunu söyler ve o anda, Romalı şair Ovidius'un anlattığı bir öyküyü aktarır. Öykü, Zeus'un güzel Europa'ya nasıl âşık olduğunu, sahilde kasıla kasıla yürüyen bir boğaya dönüşerek onu nasıl baştan çıkardığını, kaçırıp götürmek için sırtına çıkmaya nasıl ikna ettiğiyle ilgilidir. Grup, sorularının odak noktasını değiştirir ve hem öyküyü açımlayan hem de tablonun bu öyküyü ne kadar karmaşık bir şekilde anlattığını gözler önüne seren daha fazla ayrıntıyı görmeye başlar. Sınıf, Europa'nın yüzünü inceler ve korkmuş görünmemesini tuhaf bulur. Europa, sanki olanların önemini anladığını gösterircesine arkasına dönmüş, sahile bakmaktadır. Bir öğrenci, bunun bir uyarı anı olduğunu gözlemler. Sınıf, tablonun öykü anlatmanın çok ötesine geçen çok sayıda fikri barındırdığını fark eder. Öyküyü bilmek önemlidir, ama öyküyü bilmek ne tablonun anlamını tüketir ne de tablo sadece öyküyü anlatmakla kalır.

Müze eğitiminde öğretmenin yaptığı araştırmanın değeri, farklı yorumların ortaya çıkmasını sağlama potansiyelinde yatar.[5] Öğretmen, esere −neyin önemli, neyin alışılmadık olduğuna, eserin neyle ilgili olduğuna− dair fikirler geliştirmeye başlar. Kendi araştırmasından ve deneyiminden faydalanarak eserin olası anlamı ya da anlamlarıyla ilgili bir görüş geliştirir. Bu olasılıklardan bir tür plan, sanat eserini incelerken dayanak oluşturacak bir fikir yapısı kurar. Yapının ne kadar ayrıntılı olacağı, sınıfın bakacağı sanat eserlerinin kaç tane ve hangileri olduğuna bağlıdır. Yapı, incelemenin ilk başta yönleneceği yeri ve diyaloğu belirli yönlere ilerletebilecek fikirleri içerebilir. Bunu deneysel

---

5 Müzelerdeki yorum pratiğindeki değişimlerle ilgili bir tartışma için bkz. Lisa C. Roberts, *From Knowledge to Narrative: Educators and the Changing Museum* (Washington DC: Smithsonian Institution Press, 1997), 60-79.

ve esnek bir plan olarak gören öğretmen, fikirlerini önerirken değişime açık bir ruh hali içindedir.

Öğretmenin, bir eserin olası yorumlarına dair görüşü, galeride verilen eğitimin esas bileşenlerinden biridir çünkü ziyaretçilerin yaptığı incelemenin yönünü görünür bir biçimde olmasa da, kaçınılmaz olarak etkileyecektir. Grup, incelemesi derinleştikçe ve kapsamı genişledikçe, ortaya çıkan hipotezleri yeni gözlemlerle sınamayı sürdürür. Çalışmanın en hassas kısmı budur. Müze öğretmenleri her zaman bir yön duygusuna, bir grubun belirli bir sanat eseriyle karşılaşmasının olası sonuçlarına dair bir görüşe sahip olmalı, fakat dinlemeye ve diyalog içinde gelişen bir fikre teslim olmaya da gönüllü olmalıdır. Biz öğretmenler kendimizi grubun bir parçası olarak görür, onlarla birlikte öğreniriz. Grubun deneyimine rehberlik etmek amacıyla eserin anlamıyla ilgili hipotezimizden faydalanırız. Derinlemesine bir bakış ve derin konsantrasyon, her izleyicinin sanat yapıtının çizdiği sınırlar içinde kendi anlamını inşa etmesini mümkün kılar.

Tablo üzerinde yaptığı inceleme sonucunda öğretmen, *Europa'nın Kaçırılışı*'nın ana temasının, tanrıların genel tasarımları içine sıkışmış insan yaşamları, tanrıların istek ve hevesleriyle ölümlülerin kaderinin iç içeliği olduğu sonucuna varmıştır. Ama bir ziyaretçinin "Bu kadın niçin bir boğanın sırtında gidiyor?" diye sormasıyla diyalog beklenmedik şekilde yön değiştirir. Öğrenciler tabloya yeniden odaklanır; artık Europa'yı belirsiz kaderini cesaret ve metanetle karşılayan bir kahraman olarak görmektedirler. Onun yerinde biz olsaydık, korkardık, derler. Ama o korkmamaktadır. Ve böylelikle diyaloğun odağı, Zeus ve yaptıklarından, böylesine tuhaf bir yolculuğun evrensel anlamına kayar: Europa yaşamdan ölüme giden gizemli bir yolda mı ilerlemektedir? Rembrandt, bilinmeyen yerlere, tanrılar alemine bir yolculuğu mu incelemektedir? Europa, bu yoldaki herkesi mi temsil etmektedir? Öğretmenin kendi hipotezi, ki bunu hiçbir zaman doğrudan ifade etmez, bu spekülasyonlar matrisi içinde erir; grubun yeni yorumlarına ve önerilere teslim olur.

Müze eğitmeninin görevi hassastır. Hedefimiz bir yandan insanların belirli bir eserle ilgili daha çok bilgi edinmesi ve anlayış kazanması, diğer yandan o eserle kişisel ve doğrudan bağlantı kurmasıdır. Sanat eserleriyle yaşanan karşılaşmanın hem bir yürek hem de akıl işi olduğunu biliriz çünkü sanat eserleriyle ilgili bir şeyler öğrenmeyi zekâ ne kadar sağlıyor ve sağlamlaştırıyorsa, bunda duyguların da bir o kadar payı vardır. Eserle duygusal bir ilişki kurmak, onun şiirsel olasılıklarına uyanmanın zorunlu bir önkoşuludur. Galerideki diyaloglarımız sırasında yorumlama ve anlama anlarının ardından genellikle duygusal dışavurum anları gelir. Dewey, duyguların deneyimin öğelerini nasıl bir arada tuttuğunu tartışır ve şu sonuca varır: "Duygu, hareket ettiren ve sağlamlaştıran güçtür."[6] Dahası, dinleyicilerimizin ilgisini çekmemizi sağlayan da kısmen duygulardır; sanat yapıtıyla karşılaşma anına damgasını vuran duygunun –ilgi, beğeni, hoşnutsuzluk, şaşkınlık, merak, tutku– şiddetini dizginler ve eserleri incelemeye devam ederken duyguların sağladığı devinirliği korumaya çabalarız. Baktığımız sanat eserleri güçlü, büyüleyici, heyecan verici, korkutucu, yabancılaştırıcı, üzücü, güzel olabilir. Resmedilen sahnelerdeki karakterler ve yerler her bir grubun gören gözlerinin bakışıyla canlanır ve bakan kişi bir süre o sahnenin içinde yaşayabilir; etkilenebilir, hatta kendinden geçebilir.

Millet'nin nispeten sade ve basit *Louise-Antoinette Feuardent* portresini tartışırken öğrenciler Millet'nin sol eli nasıl çizdiğine bakmak için duraklar (kollarını kavuşturmuş şekilde duran kadının sağ eli görünmez); kadının orta parmağındaki yüzüğü, korsesinin üzerinde dinlenen kolları, altından eteğin kabarışını ve yüzündeki anlaşılmaz ifadeyi –zıtlaşan?, kaçınan?, içten?, melankolik?– şaşkınlıkla izler. Birisi, "Kadın çok güzel," der. Bir an için, söylenecek başka hiçbir şey yokmuş gibi gelir.

Bir sanat yapıtına bakmak bir dizi eylem içerir; yüzeyi taramak, bütüne bakmak, ayrıntılara odaklanmak, ayrıntılar üzerine düşünmek ve daha çok düşünmek, durup tekrar bakmak, bütünü parçalarla ilişkili olarak yeniden değerlendirmek vesaire. Sonunda, genişlemiş bir bütün içinde birleşen sanat eseri deneyimlenirken, her şey bir araya gelmelidir. Bir sanat yapıtıyla her karşılaşma farklı, önceden kestirilemez şekilde sonuçlanır. Dewey'in yazdığı gibi, "deneyimlenen malzeme seyrini tamamladığında bir deneyim edinmiş oluruz."[7] Bir sanat eserine

---

6 Dewey, *Art as Experience*, 44 (bkz. dipnot 1).

7 Agy., 36.

dair "bir deneyim" bir bakıma hiçbir zaman sona ermez, ama müze eğitmenleri olarak bir grupla birlikte geçirdiğimiz o yaklaşık bir saat içinde, bir doruk anına, grubun gözlem ve düşüncelerinin birleştiği bir noktaya ulaşan bir deneyim sağlamayı amaçlarız. Bunun gerçekleştiği zamanı hissetmemiz gerekir. Sanatçının belirli bir etkiyi yaratmak için kullandığı bütün kaynaklara dair bir anlayışın yavaşça gelişmesiyle birlikte deneyim kademeli olarak sonlanabilir. Perde açılmış ve eserin son katmanı olan anlam gözler önüne serilmişcesine yaşanan bir keşif anıyla birdenbire son bulabilir; yüksek sesle söylenen bir cümleyle ya da sessizlik ve merakla sonlanabilir.

Sanatçının yaratım süreci gibi, bir sanat eserini deneyimlemek de düzensiz ve önceden kestirilemeyen bir süreçtir. Burada anlatılan iki sınıfta da katılımcılar sanat eserlerine odaklandı ve eserleri kafalarında evirip çevirdiler. Zihinlerinin merak etmesine ve yorumlar üretmesine izin verdiler; bir mola yerine ulaştılar ve sonra yeniden başladılar, böylelikle eser zaman içinde kendini kademe kademe açığa vurdu. Farklı açılardan bakarak deneyler yaptılar; ilk izlenimlerinden, diğer öğrencilerin yorumlarından ya da bir akademisyenin tezinden çıkan izleri takip ettiler. Nesnenin yaşamından kendi içsel yaşamlarına geçip sonra geri döndüler; birinin parçalarını diğerine yerleştirdiler. Bu yaratıcı diyalojik süreçte birlikte çalıştılar. Müzeden, sanat eseriyle ilgili başlangıçta sahip olmadıkları bir anlayışla ayrılacakları yönündeki örtük bir vaat ve inanç tarafından bir arada tutuldular. Her iki grubun da üyeleri, eseri herkesin daha iyi anlamasını ve takdir etmesini sağlayan kolektif bir deneyime, değerlendirmeleri ve bilgileriyle katkıda bulundu.

Bir süredir ders veren her müze öğretmeni, izleyicilerimizin çoğunlukla "bir sanat eserinin anlamını" keşfetme, sağlam ve kesin görünen tek bir yorum bulma umudu ya da beklentisiyle müzeye geldiğini bilir. Burada incelediğimiz diyalojik sürecin, çok sayıdaki yorum olasılığını deneyimlemenin de eşit derecede, hatta daha tatmin edici olabileceğine ziyaretçileri ikna edebileceğini umuyoruz. Derslerimizde sürekli işlediğimiz eserlere her geri dönüşümüzde biliyoruz ki her baktığımızda farklı bir anlayışa ulaşmak mümkün. İzleyicilerin anlamın mümkün olduğuna duyduğu güveni sağlamlaştırıyor ve bu güvene bel bağlıyoruz, ama aynı zamanda onlara, sanat yapıtlarını yorumlamanın nihayetinde

MÜZEDE DERS VERME SANATI | 49

kaçınılmaz olarak karmaşıklık ve muğlaklıkla yüz yüze gelmek demek olduğunu öğretiyoruz. Galerideki diyaloglarımız sırasında ziyaretçilerimizle birlikte ilerlerken gözlemleri bilgiyle destekliyor ve olası anlamlara dair bir algıyı geliştiriyoruz. İncelemekte olduğumuz sanat yapıtına dair bir senteze ve olası bir anlayışa ulaşıyoruz. Ama aynı zamanda, sanat eserlerinin, anlamları değiştiği için, yaşadığı ve önemini koruduğu fikrine varıyoruz. Sanat eserleri geçmiş yorumları biriktirir ve spekülasyonlarımız her yeni izleyicinin getirdiği anlayıştan etkilenir. İşe hep nesneden başlarız, ama müzedeki sanat eserlerini incelemek nesneleri yeni bir şeye dönüştüren yaratıcı bir süreçtir. Dewey, bir bakıma, sanat eserlerinin, onu gören kişinin deneyiminde canlanana kadar var olmadığını söyleyecek kadar ileri gitmiştir.[8] Eklemeliyiz ki bu makalenin başında yazdığımız gibi, sanat eselerini canlı tutan tek şey onlarla süregiden ilişkimizdir.

Bazen galeride verdiğimiz derslerin sadece belli dinleyiciler için mi işe yaradığı sorulur. Biz, odaklanmış bakışa yönelik diyalojik bir yaklaşımın hemen herkese uygun olduğuna inanıyoruz: yetişkinler ve öğrenciler, sanatı inceleme konusunda engin deneyimi olan ve hiç deneyimi olmayan ziyaretçiler; küçük çocuklardan lise ve üniversite öğrencilerine kadar her yaşta insandan, meslek sahibi gençlerden, yetişkinlerden, müze rehberlerinden ve eğitmenlerden oluşan gruplar. Üçüncü sınıfa giden ve daha küçük yaştaki öğrenciler için bazı değişiklikler yapmak gerekebilir çünkü küçük çocuklardan oluşan bir gruba ders vermek ayrı, özel bir iştir. Ama en genç ziyaretçimiz bile bakmaya, görmeye ve gördükleriyle ilgili düşüncelerini yüksek sesle paylaşmaya teşvik edilebilir. Ziyaretçinin kapasitesini yaş grubuna göre önceden belirleyen gelişimsel öğrenme kategorilerine sığmayan kavrayış ve keşifler sürekli karşımıza çıkmakta ve bizi şaşırtmaktadır. Büyük sanat eserleri bu tip ayrımları silme gücüne sahiptir. Pek çoğumuz üçüncü sınıf öğrencilerinin, yetişkinlerin ve hatta uzmanların ilgilendiği konulara yakın felsefi yorumlar yapıp anlamlı sorular sorduğunu veya tam tersi, yetişkinlerin çocuklarınkine benzer masumane bir kavrayış yeteneğiyle yepyeni şeyler söylediğini duyarız. Sanat eserleri beklenmeyene açılır.

8 Agy., 113.

Benzer şekilde, yaklaşımımızın sadece belirli öğretmenlerle mi işe yaradığı da soruluyor. Bu endişenin ardında "Sadece profesyonel eğitmenler mi bu şekilde ders verebilir?" ve "Gönüllü müze rehberlerine de işlerine bu şekilde yaklaşmaları öğretilebilir mi?" soruları yatmaktadır. Indianapolis Museum of Art'ta çalışmış eski bir eğitmen olan Troy Smythe'in bu konuda söylediklerini aktarmak isteriz. Smythe her zaman, müze rehberlerinden en iyi verimi almak isteyen her müzenin ilk öncelikle değer sistemini sanat eserlerini anlatmakdan sanat eserlerini deneyimlemeye çevirmesi gerektiğini söyler. Müze rehberleri yaptıkları şeyin derin ve anlamlı bir iş olduğuna ikna olduğunda ve eğitmenler inandıkları türden bir eğitimin örneklerini müze rehberlerine sunduğunda, doğal olarak müze rehberleri de pratiklerinde olumlu değişiklikler yapacaktır. Hatta açık bir eğitimciliği kucaklayıp galerilerinde bunun örneklerini sunan ve bu yolla kurumun değerlerini standartlardan ve senaryolardan, öğrenme sonuçları ve beceri edinmekden başka yere taşıyanlar müze rehberlerinin kendileri de olabilir.[9]

Müzeler olasılıklarla dolu yerlerdir. Ama olasılıklar ancak eğitmenler müzelerindeki nesnelerle ilgili geniş bilgi ve anlayışlarını ustaca kullanıp insanları bu nesnelerle düşlemeye ve sanat eserlerini sahiplenmeye sevk ve teşvik ettiklerinde gerçekleşir. Öğrettiğimiz şey "nasıl baktığımız" ya da "ne aradığımız" değil, nihayetinde, sanat deneyiminin barındırdığı olasılıklardır.

Müzede ders vermek hassas ve karmaşık bir sanattır. Olağanüstü hazırlık, bilgi ve planlama gerektirir. Temelinde, sanat eserlerini sevmek ve onları bilmek, ama aynı zamanda sanat eserleri etrafında biriken sonsuz anlam olasılığını takdir etmek yatar. En iyi galeri dersi hem esneklik hem zor kazanılmış anlayışlarımızı paylaşma arzusu ile bambaşka yorumlara açık olmayı dengeleme becerisi gerektirir. Galeri dersi, ilişki kurma, ikna etme, dinleme, en başından sonuna kadar (bilgi, yorum ve gözlemleri) toplayarak, geliştirerek, bir bakış açısından diğerine geçme becerisi ister. Ziyaretçilerin deneyimini geliştirmeye ve zenginleştirmeye yürekten adanmış bir sanattır.

---

9   2009'da Phoenix Art Museum'da olan tam da budur.

İKİNCİ BÖLÜM
Sanat Müzesinde Eğitimin Kısa Bir Tarihi
Elliott Kai-Kee

Sanat müzeleri sıradan ziyaretçiler için 20. yüzyıl başlarında hâlâ yeni ve hayret vericiydi; insanların "odalarda amaçsızca dolanıp nasıl inceleyeceğini bilmediği koleksiyonlara baktığı" açıkça gözlemlenebilirdi.[1] 1892'de mimar J. Radolph Coolidge Jr. bir arkadaşına yazdığı mektupta, müzelerin galerilerde bir tür rehberlik sistemi sağlamasını önerdi.[2] Coolidge, 1906'da Boston'daki Museum of Fine Arts'ın (MFA) geçici direktörü olduğunda fikirlerini deneme şansı buldu. Aynı yılın Haziran ayında yayımlanan *MFA Bulletin*'de [MFA Bülteni] yer alan "The Educational Work of the Museum: Retrospect and Prospect" [Müzenin Eğitim Çalışmaları: Geçmiş ve Gelecek] başlıklı makale, müze rehberi teriminin ilk kullanıldığı yerlerden biriydi:

> Küratörlerle galerilerimizdeyken iyi yetişmiş bir eğitmenden faydalanmaktan mutlu olacak pek çok insan arasında aracılık yapacak zeki ve eğitimli bir ya da iki kişinin daimi olarak atanması önerisi mütevelli heyetinin dikkatine sunuldu. Bölüm başkanları müze rehberi olarak adlandırılması önerilen bu görevliler vasıtasıyla galerilerde eşlik edemeyecekleri kadar fazla sayıda insana eğitim verebilir.

Sonraki yıl, üniversitede sanat tarihi dersleri de vermiş olan ve MFA sekreter yardımcılığı yapan Garrick M. Borden, ilk müze rehberi olarak

---

1 Walter Scott Perry (Direktör, Uygulamalı Güzel Sanatlar Bölümü, Pratt Enstitüsü), "Trained Attendants in the Art Galleries," *American Art Annual Art Bulletin* 6, sayı 16 (16 Şubat 1907): 257.

2 Walter Muir Whitehill, *Museum of Fine Arts Boston: A Centennial History* (Cambridge: The Belknap Press of Harvard UP, 1970), 293.

atandı ve "galerilerde ziyaretçilere herhangi bir koleksiyon ya da bütün koleksiyonlarla ilgili bilgi vermek"le görevlendirildi. Mısır Bölümü'nde asistan olan Earle Rowe ikinci MFA rehberi oldu. Borden ve Rowe ücretli çalışıyor, Massachusetts Institute of Technology (MIT) İngilizce Bölümü'nden iki profesör ise cumartesi ve pazar öğleden sonraları gönüllü rehberlik yapıyordu. Bu yeni hizmetten faydalanan insanların sayısına bakılırsa, ki müze bu sayıları düzenli olarak rapor etmeye başlamıştı, galeri eğitimi hızla başarıya ulaşmıştı ve ileride, hemen bütün Amerikan sanat müzelerinin halka sunduğu hizmetlerin bir parçası haline gelecekti.

Boston'daki yeni müze rehberliği görevinin hedef ve yöntemleri pek çok tartışmaya neden oldu. Bu tartışmalar o dönemde müze içinde cereyan eden güncel felsefi ve politik meseleleri yansıtıyordu. 1907'de açılan müze rehberi pozisyonu aslında canlı eğitime dair yapılan ilk deney değildi. MFA, 1896'da, kısa bir deneme yaparak müzenin sahip olduğu geniş alçı kalıp koleksiyonu hakkında bilgi vermeleri için gönüllüleri kullanmıştı. Deney uzun sürmedi, ancak bunun nedeni gönüllü müze rehberlerinin revaçta olmaması değil, müze yönetiminin yeni bir binanın planlarıyla meşgul olmasıydı. Yeni binada alçı kalıplarının kaderinin ne olacağıyla ilgili şiddetli bir savaş başladı. Bu savaş, müzenin eğitimdeki rolüyle ve akabinde, müze rehberinin rolüyle ilgili karşıt fikirleri yansıtıyordu. MFA'nın direktörü ve klasik antik dönem eserleri küratörü Edward Robinson, kalıp koleksiyonunun genişletilmesini önerdi. Müzenin eğitimdeki rolünü vurguluyor, önerisini desteklemek için de kalıp ve replikalardan öğrenciler kadar yetişkinlerin de giderek daha fazla faydalandığını söylüyordu. Ama yardımcısı Mathew S. Prichard, müzenin "gerçek olan"ı öne çıkarıp kalıpları "alt kattaki" bir araştırma koleksiyonuna eklemesi gerektiğini söyleyerek karşılık veriyordu. Prichard iddiasını savunurken, müzelerin, "en başta eğitimleye değil, müzenin hazineleriyle ömür boyu dostluk kurmak ve onları kendi güzellik standartları haline getirmek için gelenlere adanmış" olduğunu öne sürüyordu.[3] Sonunda Prichard'ın

---

3   Agy., 201.

görüşü kazandı ve MFA, 1910 yılında yeni binasına geçtikten kısa süre sonra kalıp koleksiyonu eski önemini kaybetti.[4] Prichard'ın argümanları orijinal kültünün yükselişini yansıtıyordu. 1870 ile 1910 arasındaki dönemde, eski büyük ressamların tablolarına, Rönesans heykellerine, Yunan ve Roma antik dönem eserlerine sonsuz görünen bir iştah duyan Amerikalı zengin sanayiciler, Avrupa sanat pazarına girdiler. Bu eserler müzelere girdikçe, müzenin harikulade güzellikteki orijinal eserler için bir tapınak olduğu fikri, "eğitim sisteminin baş tacı" olduğu fikrinin yanında yer almaya başladı. Prichard, Walter Pater'in yazılarında özetlenen Estetik Hareket anlayışını yankılıyordu. *The Renaissance*'ın [Rönesans] son bölümünde kaleme aldığı ünlü sözlerinde Pater, sanat "geçirdiğin anlara en yüksek kaliteyi vermeyi ve bunu sırf o anlar aşkına yapmayı içtenlikle önererek gelir sana,"[5] der. Böylelikle, müze rehberliği pozisyonu 1907 yılında ikiz amaçlar olan estetik haz ve eğitimin huzursuzca bir arada var olduğu bir anda ortaya çıktı. İki fikir arasındaki bu diyalektik, müze eğitimi yaklaşımlarıyla ilgili daha sonra yapılacak tartışmalar içinde eriyip gidecekti.

MFA'nın sekreteri Benjamin Ives Gilman, müze ve yeni müze rehberi pozisyonu üzerine enine boyuna yazdı. Müzenin estetik misyonunun önceliği üzerinde tekrar tekrar ısrar etti. Gilman'ın zihninde sanatsal olan ile öğretici olan, "kapsam açısından birbirini dışlayan, değer açısından birbirinden farklı" kategorilerdi.[6] Eğitim, insanın yaşamı boyunca kullanacağı bilgi ve becerileri geliştirirdi. Sanat eserinin değeriyse aracısızdı: "Sanat bir amaçtır, eğitim bir amaç için kullanılan bir

---

4   Allan Wallach, "The American Cast Museum: An Episode in the History of the Institutional Definition of Art," *Exhibiting Contradiction: Essays on the Art Museum in the United States* içinde (Boston: University of Massachusetts Press, 1998), 49-51.

5   Walter Pater, *The Renaissance*. (New York: Modern Library, 1973), 199.

6   Benjamin Ives Gilman, "On the Distinctive Pupose of Museums of Art," *Museums Journal* 3, sayı 7 (Ocak 1904); yeniden basım: Benjamin Ives Gilman, *Museum Ideals of Purpose and Method* (Cambridge, MA: Riverside Press and the Museum of Fine Arts, Boston, 1918), 92. Bu faydalı kitap, Barnes ve Noble'ın Nabu Press'i tarafından 2010 yılında karton kapakla yeniden basılmıştır.

araç."[7] Yine de Gilman insanların bir sanat eserini değerlendirmesine yardım etmeyi amaçlayan "özel bir eğitim çalışması türü" uygulamanın müzelerin "görev"i olduğu sonucuna varmıştı.[8] Müze rehberinin rolü konusunda kararsızdı. Bazı durumlarda müzedeki sanat eserlerinin açıklanmaya ihtiyacı olmadığını, müze rehberinin işinin insanları onlara götürmekten ibaret olduğunu iddia etti. Gilman, "Müzelerde yapılan sözlü yorumların bütün işlevi, ziyaretçiyi ihtişamın huzuruna çıkaracak yolu göstermesiyle sona erer," diyordu.[9] Ama başka bir yerde, heyecanı ve bilgisiyle müze rehberinin "öğrencilerin zevk almasını sağlayabileceğini" savunuyordu.[10] "Bir tabloya ya da heykele, onu değerlendirebilen bir arkadaş eşliğinde bakmış herkes," diye yazıyordu, "bir başkasının ilgisini ve bilgisini paylaşmanın o eseri anlamaya ne kadar yardımcı olabileceğini bilir."[11] Ziyaretçiler ile müze rehberleri arasındaki sohbetler, diye ekliyordu, öğrenci ile öğretmen arasındaki gibi değil, daha çok arkadaşlar arasındaki sohbet gibi, "mecburen değil, özgür bir ilişki içinde; iş yapar gibi değil, oyun oynar gibi olmalı."[12] Gilman'ın tarifiyle müze rehberliği rehberlik değil, arkadaşlıktı.[13]

Bu yüzden, MFA'nın rehberlerinden ziyaretçileri etkilemeyecek şekilde ders vermeleri istenirdi. Gilman, müze rehberlerinin kendi ilgi alanlarından değil, ortak ilgi alanlarından yola çıkmasını öneriyordu. Aslında bu ziyaretçilerin neye ilgi duyduğunu soruşturmak demekti. Louis Earle Rowe (yukarıda da bahsedildiği gibi Boston'a ilk kez atanan iki müze rehberinden biriydi) "Her grup ya da bireyin ilgi alanının farklı olması ve onlara farklı şekilde davranılması gerektiği

---

7   Agy., 93.
8   Agy., 98.
9   Agy., 97-8.
10 Gilman, "The Museum Docent," *Proceedings of the American Association of Museums* 9 (1915); yeniden basım: Gilman, *Museum Ideals of Purpose and Method*, 287 (bkz. dipnot 6).
11 Gilman, "Docent Service at the Boston Art Museum," *The Nation* (1 Eylül 1910); yeniden basım: Gilman, *Museum Ideals of Purpose and Method*, 287 (bkz. dipnot 6).
12 Gilman, "The Museum Docent," 292 (bkz. dipnot 6 ve 10).
13 Boston Museum of Fine Arts, *Annual Report of the Secretary*, (Boston, 1912), 82.

SANAT MÜZESİNDE EĞİTİMİN KISA BİR TARİHİ | 55

gerçeği nedeniyle, sabit bir plan izlenmez," demişti. Rowe'un sözleri, izleyiciler ve ihtiyaçları konusunda daha ilk dönemden bir hassasiyet gösterildiğine işaret ediyor. Rowe, müze rehberi arkadaşlarına, kendi "kişisel eleştirileri"ni vurgulamanın "tehlikeli ve gizli" bir tuzak olduğunu söyleyerek devam ediyordu. Müze rehberinin kendini mümkün olduğunca geri planda tutmasını, ziyaretçinin kendi değerlendirme ve eleştirisini ortaya çıkarmaya çalışmasını tavsiye ediyordu.[14] Bu yaklaşımın doğal bir sonucu, izlenecek nesneleri ziyaretçilerin seçmesini istemekti ve 1916'da Boston MFA, pazar akşamları en fazla altı kişiden oluşan küçük gruplar için, "nesnelerin çoğunluğun isteği doğrultusunda belirlenip incelendiği" turlar düzenledi. Her akşam iki ya da üç grup toplanıyordu.[15] 1907'de Henry W. Kent'in, Boston MFA'nın ilk eğitim bölümü denetmeni olarak atanmasından kısa süre sonra, The Metropolitan Museum of Art da ilk ücretli "müze eğitmeni"ni atadı. Müzenin ikinci başkan yardımcısı Robert W. de Forest'ın ifadesiyle bu, "Boston'da müze rehberi dedikleri şeyin" New Yorkçasıydı.[16] Eğitmenin yaptığı işe New York'ta "uzman rehberlik" deniyordu ve terminolojideki farklılıklar ortak bir amacı maskeliyordu: Halka "bitip tükenmez bir canlılık membaı ve gerçek haz verecek bir sanat ve güzellik aşkı" aşılamak.[17] İki müzenin rehberlerinin çalışma şekilleri arasında küçük farklılıklar olabiliyordu. MFA'da rehber kendini arka planda tutarken, Metropolitan'da "rehberin eylemliliğini örtmek için hiçbir çaba gösterilmedi." "Öyle rahat ve kasıtsızdır ki onunla yakın bir arkadaşla gezinir gibi gezer, omuzlarındaki yorum yükünü nadiren fark edersin. Onun öne çıkarmak istediklerini (sana gösterildiğinde) görürsün ama işini öyle zarafetle yapar ki senin fikirlerini

---

14 Louis Earle Rowe, "Docent Service at the Museum of Fine Arts," *Proceedings of the American Association of Museums* 5, (1911): 10-4.

15 Huger Elliot, "Sunday Docent Service: The Guidance of Small Groups," *Museum of Fine Arts Bulletin* 15, sayı 87, (Şubat, 1917).

16 Robert W. de Forest, "Expert Guidance to the Museum," *Bulletin of the Metropolitan Museum of Art* 5, sayı 9, (Eylül 1910): 202.

17 Robert W. de Forest ve M. G. Van Rensselaer, "The Art Museum and the Public," *Bulletin of The Metropolitan Museum of Art* 12, sayı 3, (Mart 1917): 62.

sana yansıtmadığını nadiren fark edersin."[18] Ancak görev, Boston'da da New York'ta da hiç kimsenin bunun tam olarak nasıl yapılacağını bilemeyeceği kadar yeniydi henüz.

Başka kurumlardan yetkililer de çok geçmeden tartışmaya katıldılar. 1915'te Metropolitan, ABD'nin doğusundan müze öğretmenlerini, ortak amaçlarını ve sorunlarını konu alan bir konferansa davet etti. New York, Brooklyn, Long Island, Elmira ve Newark'ın yanı sıra Boston, Chicago, Detroit, Indianapolis, Philadelphia ve Worcester'daki müzelerden, ayrıca üniversitelerdeki ve diğer eğitim kurumlarındaki meslektaşlardan oluşan toplam otuz sekiz kişi katıldı.[19] Bir meslek birliği oluşturulmasını değerlendirmek üzere bir komite atandı. Bu birlik konferanslar yoluyla "eğitim metotlarını geliştirme, yapılan işin hedeflerini yükseltme, hangi çizgilerde ilerleneceğini belirleme ve mesleğin genel önemini vurgulama" amacı taşıyacaktı.[20] Meslek birliği kurulamadıysa da Amerika Müzeler Birliği (American Association of Museums - AAM) ihtiyacı karşıladı ve öğretmenlere her kongrenin bir oturumunda mesleki meselelerini tartışma sözü verdi. 20 Mayıs 1918'deki AAM kongresinde düzenlenen özel bir oturumda öğretmenler, sanat uygulamaları eğitimi ya da pedagoji, psikoloji, duruş ve ses konusunda tiyatro eğitimi almalarının gerekip gerekmediğini tartıştılar.[21] Eğitim, merkezi öneme sahip bir konuydu; çünkü henüz kurumsal bir eğitim yoktu ve çoğu öğretmen işi iş üstünde öğreniyordu. Rowe, "Eğitimimizi elimizden geldiğince sağlamlaştırmak zorundaydık ve çoğumuz bunu büyük ölçüde müze rehberliği görevimizi yaparken gerçekleştirdik," diyordu.[22] Chicago

---

18 Mary Bronson Hartt, aktaran de Forest, "Expert Guidance to the Museum," 203-4.

19 Winifred Eva Howe ve Henry Watson Kent, *A History of The Metropolitan Museum of Art* (New York: The Metropolitan Museum of Art, 1913), cilt 2, 166.

20 *Bulletin of The Metropolitan Museum of Art* 10, sayı 9 (Eylül 1915): 183.

21 *Museum Work* 1, sayı 4 (Ocak, 1919): 114-22 ve sayı 5 (Şubat 1919): 144-52. *Museum Work*, 20 Mayıs 1918'de düzenlenen Amerikan Müzeler Birliği yıllık toplantısının müze eğitmenleri oturumunda yapılan tartışmaların makale ve raporlarını içeriyordu; belgeler, derginin bu iki sayısı arasında paylaştırılmıştı.

22 Louis Earle Rowe, "Practical Training of Museum Instructors," *Museum Work 1*, sayı 4 (Ocak 1919): 122.

SANAT MÜZESİNDE EĞİTİMİN KISA BİR TARİHİ | 57

Sanat Enstitüsü eğitmen olarak sanatçıları kullanıyor, bu sanatçıların çoğunu, bağlı olduğu Chicago Sanat Enstitüsü Okulu'ndan alıyordu.[23] Galeri eğitiminin merkezi amacı ne olmalı sorusu, mesleğin tarihi boyunca sürekli yinelenmiştir. Ziyaretçilerine bir sanat ve güzellik aşkı – "bitip tükenmez bir canlılık membaı ve gerçek haz"– aşılamayı amaçlayan ilk müze eğitmenleri, belli bir estetik deneyim türünü müze dersinin merkezi hedefi haline getiriyordu. Estetik deneyim, tarifi güç bir fikirdir; 18. yüzyıldan günümüze düşünürler bu fikri inceliyor ve tartışıyor. Belki en çok taraftar bulan, estetik deneyimin bir temaşa biçimi olduğu teorisiydi ve 19. yüzyıl başında Arthur Schopenhauer tarafından klasik bir açıklaması yapılmıştı.[24] Schopenhauer'a göre estetik deneyim şöyle bir durumdu:

> Şeylerin nerede, ne zaman, niçin olduğunu, onların nereye gittiğini bırakır. Yalın biçimde, baksa baksa onların ne olduklarına bakar. [...] Kişi kendini nesnede yitirir. Açıkçası kendi bireyliğini, isteğini unutur; salt, saf özne olarak; nesnenin tertemiz bir aynası olarak varolmayı sürdürür. [...] Bütün bilincini, gerçekten varolan doğal bir nesnenin sessizce, derin derin düşünülmesiyle doldurur.[25]

Temaşa nesneleri olarak sanat eserleri gündelik dünyanın kargaşasından ayrı görülüyordu; sanat deneyimi, aşkınlık ve maneviyat için bir araç haline geldi. Gilman'ın üzerinde ısrar ettiği gibi, sanat, deneyimi için vardı.

Bağlamsal bilginin sanat eserlerinin estetik deneyimiyle olan ilişkisi daha en başından anlaşmazlığa neden oldu. Worcester Museum of Art eski rehberi Elizabeth Whitmore bunu basit bir dille ifade ediyordu: "Müze rehberi nesneyle ilgili bilgi vermeyi mi, ziyaretçinin nesnenin

---

23 Sylvia Rhor, "Every Walk of Life and Every Degree of Education: Museum Instruction at the Art Institute of Chicago, 1879-1955," *Art Institute of Chicago Museum Studies* 29, sayı 1 (2003): 34.

24 Wladyslaw Tatarkiewicz, *A History of Six Ideas: An Essay of Aesthatics* (Lahey: Marinus Nijhoff, 1980), 329.

25 Arthur Schopenhauer, *The World as Will and Representation*, çev. E.F.J. Payne, Mineoloa (NY: Dover Pubilcations, 1969), cilt 1, 178-9. [*İsteme ve Tasarım Olarak Dünya*, çev. Levent Özşar, (Biblos Kitapevi Yayınları, 2009, 2. Basım); 125.]

niteliklerini değerlendirme becerisini geliştirmeyi mi amaçlamalı?"[26] Whitmore, bilgi için de değerlendirme becerisi için de haklı gerekçeler olduğu yanıtını veriyordu, ama bilginin kullanımı konusunda hassas olunmasını tembihliyordu. Eğitmen, misafirlerini koleksiyonlardaki arkadaşlarıyla tanıştıran, "yeni ahbaplarıyla yakınlaşmalarını sağlayacak bilgileri onlara fark ettirmeden veren" bir ev sahibi gibi görmelidir kendini.[27] Müze rehberi rolünü muhakkak hassasiyetle yerine getirmeli, ziyaretçilere bu "yeni ahbaplar" hakkında gereğinden fazla bilgi vermemelidir.

Müze rehberinin ne kadar bilgi vermesi gerektiği epeyce tartışmaya neden oldu. 1918 yılındaki AAM oturumunda Indianapolis'ten bir müze öğretmeni, "Makul derecede maddi gerçek bilgisine sahip olmak, değerlendirme becerisini her zaman değilse de çoğu zaman artırır," demişti. Metropolitan'da müze öğretmeni olan Agnes Vaughn, "bilgilendirici" ve "yorumlayıcı" öğretmenlik arasında bir ayrım yapıyordu. Tarih, edebiyat ya da sanat tarihiyle bağlantılı bir inceleme yapmak için müzelere gelen sınıflar "bilgilendirici" öğretmenlik istiyordu. Fakat diğerleri geldiklerinde "nesnelerdeki güzelliği bulmayı arzuluyordu" ve öğretmenin onlar için yaptığı, "bakacakları şeylerdeki güzelliğin ilkeleriyle o kişiler arasındaki temas noktalarını" bulmayı amaçlayan "yorumlayıcı" öğretmenlikti. Eğitmen, değerlendirmeyi öğretirken izleyicileri sadece nesneye odaklardı. Aslında, "Sanatı değerlendirmeyi öğretmenin en temel ilkesi, zihni, eserle ilişkili maddi gerçeklerden yalıtmaktır."[28]

Çok geçmeden bu mesele, daha genel bir tartışmanın kapsamı içine girdi. Tartışma, sanat tarihinin müzedeki yeriyle ilgiliydi. 20. yüzyıl başında sanat tarihi ABD'de genç bir disiplindi. İlk sanat tarihi bölümü Princeton'da henüz 1883 yılında kurulmuştu. Tanınmış sanat tarihçisi Erwin Panofsky, yeni disiplinin ilk yıllarında uygulamalı sanat eğitimi,

---

26 Elizabeth Whitmore, *Bulletin of The Metropolitan Museum of Art 11*, sayı 9 (Eylül 1916): 198.

27 Agy., 200.

28 Agnes Vaughn, "Do Museum Instructors Teach Appreciation of Merely Facts?" *Museum Work 1*, sayı 5 (Şubat 1919):145.

SANAT MÜZESİNDE EĞİTİMİN KISA BİR TARİHİ | 59

sanat değerlendirme eğitimi ve genel eğitimle arasındaki bağların dolaşıklığından kurtulmak için savaştığı ve "savaşı 1920'lerin başlarında kazandığı" gözleminde bulunmuştu.[29] Sanatı değerlendirmeyi bir sanat tarihi çalışmasından çok, estetik deneyim meselesi olarak gören Gilman'a göre, bu ayrım memnuniyet vericiydi. Gilman, Rembrandt uzmanı Carl Neuman'ın sözlerini onaylayarak aktarıyordu: "Çok sorulan bir sorudur: 'Sanata dair bir anlayış uyandırmak için hangi sanat tarihi önerilir?' Ama buna tek bir yanıt verilebilir: 'Hiçbiri. Sanata giden yol, sanatçıdan geçer'."[30] Metropolitan'daki müze yetkilileri de müze rehberlerinin sanat tarihi öğretmesi konusunda hevesli değildi. Biraz önemsemez bir tavırla, bu "bir fotoğraf koleksiyonu üzerinden de yapılabilir," dediler.[31] Onlara göre, sanat tarihi meseleleri müzeyi amacından uzaklaştırıyordu. "Akla, göze, duygulara ve ruha aynı anda hitap eden" güzelliğin hakiki takdiri, "en kapsamlı ve en akili bile olsa, tarih ve eleştiri bilgisinden daha büyük bir şeye dayanmalıdır."[32]

Gelgelelim sanat tarihinden ve güzellik ve haz kültüne adanmışlıktan geri durulması müze eğitimine şüpheli bir temel verdi. Müze rehberi "sanat tapınağı"nda ziyaretçilerin "arkadaş"ı olacaktı; peki ama aynı zamanda estetik deneyimi de "öğretmesi" istenmeli miydi ve

---

29 Erwin Panofsky, "Three Decades of Art History in the United States: Impressions of a Transplanted European," W. R. Crawford, der., *The Cultural Migration: The European Scholar in America* (Philadelphia: University of Pennsylvania Press, 1953); yeniden basım: Erwin Panofsky, *Meaning in the Visusal Arts* (Garden City, NY: Doubleday Abchor, 1955), 324-6.

30 Gilman, *Museum Ideals of Purpose and Method*, 64-5 (bkz. dipnot 6).

31 Hartt, aktaran de Forest, "Expert Guidance to Museum," 206. Sanat tarihi eğitiminin ilk zamanlarında eğitimlerde en çok reprodüksiyonlar, taş baskılar, ahşap oymalar ve elektrotipler kullanılıyordu. Princeton Sanat Tarihi Bölümü ilk kez 1890-1'de çok sayıda fotoğrafı bir arada edindi. Bkz. Marilyn Aronberg Lavin, *The Eye of the Tiger: The Founding and Development of the Departmnet of Art and Archaeology, 1883-1923* (Princeton, NJ: Department of Art and Archaeology and the Art Museum, Princeton University, 1983), 13; ayrıca bkz. Ivan Gaskell'in "Copies," ve "Photographs" başlıklı yazıları, *Vermeer's Wager: Speculations of Art History, Theory and Art Museums* içinde (Londra: Reaktion Books, 2000).

32 De Forest ve Van Rensselaer, "The Art Museum and the Public," 57 (bkz. dipnot 17).

istenmeliyse, nasıl öğretecekti? Açıktı ki ziyaretçilere sanat eserlerinin ihtişamına çıkan yolu göstermekten daha fazlasını yapmak gerekiyordu. 19. yüzyıl sonu, 20. yüzyıl başında İngiltere'deki Estetik Hareket çevrelerinde ortaya çıkan formalizm, buna bir cevap sağlıyordu. Formalist eleştirmenler, estetik deneyimin sanat eserinin biçimsel niteliklerince harekete geçirildiğini öne sürüyorlardı. Örneğin eleştirmen Clive Bell'e göre, saf estetik duygular hisseden insanlar "sadece çizgilerle ve renklerle, bunların birbiriyle ilişkileriyle, nicelikleriyle ve nitelikleriyle ilgilenir; ama bunlardan, maddi gerçeklerin tarifinin ve fikirlerin verebileceğinden daha derin ve çok daha yüce bir duygu kazanırlar."[33] Nesnelerin eksiksiz şekilde incelenmesiyle elde edilen derin deneyim aynı zamanda gerçek yorum değerine de sahipti; sanatçının sadece amaçlarına değil, dönemini yorumlayışına da ışık tutuyordu.[34] Amerika'daki Columbia Üniversitesi Eğitim Fakültesi'nde 1904-22 yılları arasında güzel sanatlar direktörlüğü yapan sanatçı ve sanat eğitmeni Arthur Wesley Dow ve eleştirmen Denmann Ross, Bell ve meslektaşı Roger Fry'ın biraz ağdalı bir dili olan estetik teorisini daha anlaşılır bir dile tercüme ettiler. Dow'un 1899'da yayımlanan ve 1940'larda yeniden basılan kitabı *Composition* [Kompozisyon], Amerikan sanat eğitiminde son derece etkili oldu.[35] Örneğin 1917'de Metropolitan, insanlara "iyi rengi, iyi çizgiyi ve sanata değer katan diğer nitelikleri nasıl tanıyacakları"nı göstermek için söyleşiler başlattığını açıkladı. Açıklamada, Profesör Dow tarafından geliştirilen ve müze eğitimine uyarlanan yeni bir yöntemin kullanılacağı; ayrıca bu yöntemin koleksiyonlarda örneklenen ve piyasadaki ticari ürünlerde örnekleri görülen renk ve desen ilkelerini öne çıkaracağı belirtiliyor-

---

33 Clive Bell, *Art*, (1913; yeniden basım: New York: Capricorn Books, 1958), 30.

34 Jarzombek'in "estetik deneyimcilik" nitelendirmesi ve bunun formalizmle ilişkisi üzerine kapsamlı bir değerlendirme için bkz. Mark Jarzombek, "De-Scribing the Language of Looking: Wölfflin and the History of Aesthetic Experientialism," *Assemblage: A Critical Journal of Architecture and Design Culture* 23 (Yaz 1994): 28-69.

35 Bkz. Nanyoung Kim, "A History of Design Theory in Art Education," *Journal of Aesthetic Education* 40, sayı 2 (Yaz 2006).

SANAT MÜZESİNDE EĞİTİMİN KISA BİR TARİHİ | 61

du.[36] Albert Barnes, sanatla ilgili dersler veren yeni vakfında, kendi tasarladığı sınıflarda öğretilmek üzere kendi formalizm yorumunu geliştirmişti.[37] (Barnes yönteminin derinlemesine bir tartışması için bkz. Dokuzuncu Bölüm.) Bu formalist yöntemlerin ortak noktası, gözlemcinin sadece nesnenin kendisine odaklanmasının gerekliliğine duyulan inançtı. Formalist yaklaşımlar, uzun bir ömre sahip olacak, 20. yüzyılın ileriki zamanlarına kadar yaşayacak, Joshua Taylor (*Learning to Look: A Handbook of Visual Arts*, 1957 [Bakmayı Öğrenmek: Bir Görsel Sanatlar Rehberi]) ve Bates Lowry'nin (*The Visual Experience*, 1967 [Görsel Deneyim]) kitaplarının 1950 ve 1960'lardaki popülerliğinin de gösterdiği gibi, hem müzede hem sanat eğitiminde etkili olmayı sürdürecekti.[38]

Sanatın izleyicileriyle doğrudan –izleyicinin nesneyi algılaması yoluyla– konuşabilme gücünü temel alan yaklaşım ile nesnenin bağlamını temel alan tarihsel yaklaşım arasındaki potansiyel gerilim, yaygın şekilde paylaşılan bir fikirle azaltılmıştı: Sanatçının amaçları sanat eseri içinde keşfedilebilirdi. Formalistlerle tarihe önem veren teorisyenlerin bir sanatçının amaçlarını belirleme işini tarif etme şekilleri arasındaki fark, işin doğasından kaynaklanan güçlükleri yansıtır. Sanat eserlerini yorumlamayı kitap okumakla kıyaslayan Benjamin Ives Gilman, sanat müzesinin, "yazarlarının söylemek istediği şeyi keşfetmemize yardım etmeyi" amaçladığını iddia ediyordu.[39] Metropolitan'ın 1918 tarihli "Eğitim Öğretisi"ne göre müze, "sanatçının mesajını ziyaretçinin anlayabileceği sözcüklere tercüme" etmeye çalışır.[40] Barnes'ın yoruma

---

36 Eisner'in "Dow, Ross ve Hambridge'in katışıksız formalizmi"nden bahsettiği kaynak: Elliot W. Eisner ve Michael D. Day, der., *Handbook of Research and Policy in Art Education* (Mahwah, NJ: Lawrence Erlbaum Associates, 2004), 59.

37 H.J. McWhinnie, "Clive Bell, the Doctrine of Signicant Form and Visual Arts Communication," bildiri, Annual History of Art Education Konferansı, College Station, PA, Ekim 1969.

38 Joshua Taylor, *Learning to Look: A Handbook of the Visual Arts* (1957; 2. yeniden basım: Chicago: University of Chicago Press, 1981); Bates Lowry, *The Visual Experience* (Englewood Cliffs, NJ: Prentice-Hall, 1967).

39 Gilman, "The Museum Docent," 281 (bkz. dipnot 6 ve 10).

40 *Bulletin of the Metropolitan Museum of Art 13*, sayı 9, (Eylül 1918).

yaklaşımı şu fikre dayanır: "Sanat gözlemciye yaşamın sanatçı tarafından deneyimlenmiş bir yönünü sunmalı ve bunu, o deneyimdeki duyguları gözlemciye iletecek şekilde yapmalıdır."[41]

Amerikan galeri eğitiminin ilk on yılı, eğitimin amaçları ve yöntemleri konusunda yanıtlanmamış pek çok soruyla kapandı. Sanat ve güzellik aşkı gibi şeyler üretebilecek bir eğitim türü var mıydı? Böyle bir eğitim neye benzerdi? Temaşa biçiminde mi olurdu? Sanat algısı sadece bir duygu meselesi miydi, yoksa sanat eserleri ve yaratıcılarıyla ilgili bilgi sahibi olmak da gerekiyor muydu? Bir müzenin eğitimle ilgili amaçları ve eğitim yöntemleri halkın talepleri ya da müze duvarları dışındaki güçler tarafından nasıl şekillendirilirdi?

1920'ler ve 1930'lar: İlericilik ve Programların Yayılması

1920'ler ve 1930'larda müzeleri ve müze eğitimi programlarını federal hükümet kadar özel vakıflar da desteklemeye başladı. Carnegie Vakfı 1920'lerin sonlarından başlayarak müzelerdeki eğitim deneylerini finanse etti ve üniversite öğrencilerinin müzeleri anlamasına yardımcı olmak için sanat değerlendirme kitleri (slaytlar, reprodüksiyonlar ve kitaplar) dağıttı.[42] Federal hükümetin WPA Müze Projeleri (1934-42) işsiz sanatçılara, fotoğrafçılara, marangozlara, bilim insanlarına, öğretmenlere maaş ödedi ve müze personelini desteklemek için stenograflar tutuldu. Bazı durumlarda para, müze rehberliği hizmetini desteklemek için kullanıldı.[43]

Uygulama müzeler arasında yayıldıkça, müze derslerine katılanların sayısı da arttı. Laurence Vail Coleman, 1939 tarihli *The Museum in America* [Amerika'da Müze] başlıklı kitabında yarı zamanlı ders veren pek çok insan ve yaklaşık üç yüz müze eğitmeni bulunduğu hesabını yaptı. Bütün dikkatini eğitmenliğe veren insan sayısının bir ya da ikiyi

---

41 Mary Mullen, *An Approach to Art* (Merion, PA: The Barnes Foundation, 1923), 24.

42 Daniel M. Fox, *Engines of Culture: Philantrophy and Art Museums* (New Brunswick ve Londra: Transaction, 1963), 65.

43 Bkz. Jim Findlay, "The Works Progress Administration (WPA) and Its Sub-Agency, the Museum Extension Project," http://digilab.browardlibrary.org/wpa/aboutwpa.html.

geçtiği birkaç müze olduğunu belirtti. Boston MFA'da on altı, New York Metropolitan'da dokuz eğitmen vardı.[44] Müzelerdeki eğitim çalışmaları dengesiz ve çoğu zaman bir plan, proje olmaksızın büyüdü. Müze eğitimi çalışmaları yeni ve emsalsizdi; uzun vadeli ve bilinçli planlama ya da teorinin değil, halkın taleplerinin adım adım karşılanmasının bir sonucuydu. Belirli bir kurumdaki müze eğitimi programları genellikle bazı tipik hizmetlerin sunulmasıyla başlıyordu. Bu hizmetler galeri rehberliğiyle başlıyor, belli sergilerde gerçekleştirilen galeri sohbetleriyle ve ardından genellikle üye ziyaretçilerin katıldığı, seri şeklinde düzenlenen sohbetlerle devam ediyor ve belirli bir sanat dalı ya da tarihsel dönemi konu alan sistematik derslerle son buluyordu. Eğitim programları çok geçmeden derslerde gördükleri sanat eseri türlerini göstermek için öğrencilerini müzeye götüren okul öğretmenlerine de destek vermeye başladı.[45]

Konferanslar ve galeri sohbetleri yetişkin ziyaretçiler için en çok karşılaşılan eğitim hizmetleri haline geldi: "Belli noktalarda Eğitim Bölümü, halkın neler sorabileceğini tahmin etmek ve yanıtları konferanslar ve müfredat programları biçiminde önceden hazırlamak zorundadır."[46] Örneğin Philedalphia Museum of Art, 28 Kasım 1938 haftasında günde en az bir sohbet düzenlemişti. "Gainsborough – Portre Ressamı," "Modern Sanatın Anlamı: Courbet'den Cézanne'a" ve "Sanatçının Bakış Açısı" bu sohbet konularından bazılarıdır.[47] The Metropolitan Museum of Art, bu tür galeri sohbetlerinden oluşan kapsamlı bir program geliştirdi. Örneğin 1937 sonbaharında Pazar günleri saat ikide, kırk beş dakikalık bir galeri sohbeti düzenleniyor, saat üçü çeyrek geçe bu sohbetin tekrarı yapılıyordu. Bu sohbetlerde,

---

44 Laurence Vail Coleman, *The Museum in America* (Washington, DC: American Association of Museums, 1939), cilt 2, 412.

45 Thomas Munro, "The Educational Functions of an Art Museum," *Bulletin of the Cleveland Museum of Art* 20, sayı 9 (Kasım 1933): 141-6; yeniden basım: Thomas Munro, *Art Education: Its Philosophy and Psychology*, Selected Essays, (New York: Liberal Arts Press, 1956), 332-3.

46 Rossiter Howard, "Interpreting the Museum," *Pennsylvania Museum Bulletin* 27, sayı 143 (Kasım 1931): 3.

47 *Philadelphia Museum Bulletin* 34, sayı 179 (Kasım 1938), sayfa numarası yok.

Metropolitan'ın koleksiyonlarında temsil edilen farklı dönemlerden ve ülkelerden heykel, resim ve süsleme sanatları inceleniyordu. İki buçukta, "Sanatçı ve Toplum" konulu sohbet dizisine katılabilir ya da bir film izleyebilirdiniz. Saat üçte, müze renk tasarımı konusunda bir konferans sunuyordu. Bu, Amerikan Tarzı Küçük Evler'i konu alan beş konferanstan biriydi. Ve saat dörtte, müze koleksiyonlarıyla ilişkili pek çok konuda özel Pazar konferansları veriliyordu. Konuşmalar, bir ay içinde pek çok farklı koleksiyonu gösterecek çeşitlilikteydi. Böylelikle, tekrar gelen ziyaretçiler yıl boyunca müzeyi kapsamlı şekilde inceleyebiliyordu. Boston MFA da benzer bir plan izliyordu.[48]

Yukarıda anlatılanların da gösterdiği gibi, sunulan çoğu hizmet bilgilendirme amaçlı dersler şeklindeydi. Bununla birlikte, bazı müzeler, yetişkin eğitimindeki ilerici akımlardan etkilenmeye başlamıştı. John Dewey'in yazılarından etkilenen eğitimci Eduard C. Lindeman, *The Meaning of Adult Education*'ın [Yetişkin Eğitiminin Anlamı] 1926'da yayımlanmasıyla yeni bir düşünce dalgası başlattı. Lindeman yetişkin eğitimini "otoriter olmayan, enformel öğrenimi hedefleyen bir ortak girişim" olarak görüyordu.[49] ABD müzelerindeki eğitim çalışmalarıyla ilgili 1938 tarihli kitabında Grace Fisher Ramsey, "az çok müze koleksiyonlarını konu alan ve dinleyicinin pasif konumda olduğu konferanslardan uzaklaşıp yetişkin ziyaretçilerin daha fazla etkinlik ve katılım gösterdiği söyleşilere doğru belirgin bir eğilim" olduğunu daha o zamandan yazıyordu. Örnek olarak da enformel tartışma grupları başlatan Brooklyn Museum'u gösteriyordu. Ramsey'e göre bu, "yetişkin eğitimindeki son gelişmelerle ayak uydurma çabasını gösteriyor"du.[50]

Genç yetişkin ve çocuk programları, büyük oranda yetişkinlere sunulanlarla paralel şekilde gelişti. Yüzyıl başında tereddütle başlayan şey, okullara sunulan dikkate değer bir taahhüt haline gelecekti. Birkaç müze 1901'de okul öğrencilerini ve öğretmenlerini sergilerle ilgili soh-

---

48 Grace Fisher Ramsey, *Educational Work in Museums of the United States: Development, Methods and Trends* (New York: H. W. Wilson, 1938), 31.
49 Aktaran, Malcolm Knowles, *The Adult Learner: A Neglected Species* (Houston: Gulf Publishing, 1990), 30.
50 Ramsey, *Educational Work in Museums*, 43 (bkz. dipnot 48).

SANAT MÜZESİNDE EĞİTİMİN KISA BİR TARİHİ | 65

betleri dinlemeye davet etmeye başlamıştı.[51] Yeni kurulmuş olan müze rehberliği/eğitmenliği makamının küçük çocuklara hizmet vermesi konusunda ilk başlarda biraz fikir ayrılığı yaşandı. Kuzeydoğudaki müzelerle ilgili 1934'te yapılan bir tarama, "özellikle bazı muhafazakâr New England kurumlarında ve eğitimini buralarda almış erkeklerce yönetilen diğer müzelerde" bazı direktörlerin "çocukların müzelerdeki varlığını istenmeyen, ama kaçınılmaz bir şey olarak gördüğü"nü tespit ediyordu.[52] Bu gerçekten de belirgin bir azınlığın görüşü haline geldi.

1903 kadar erken bir tarihte, Toledo Museum of Art, dünyada çocukları merkez alan ilk müzeye dönüştüğünü gururla ilan etti. Bu, "temas kurulacak en önemli kişiler olarak çocukları görmesi açısıdan, zamanın kabul gören müze politikalarını kökten değiştiren" bir yenilikti.[53] New York Metropolitan'da okul çocuklarıyla yapılan çalışmalar 1907'de Henry W. Kent'in müze eğitimi denetmeni olarak göreve başlamasıyla bir öncelik haline geldi.[54] Kent'in yönetiminde Metropolitan, ilkokul, ortaokul ve liselerdeki öğretmenler ve sanat direktörleriyle kapsamlı bir işbirliği başlattı. 1911'de dört binden fazla insan "uzman rehberlik" hizmetinden faydalandı ve daha o zamandan bunların üç bin yedi yüzü öğretmenlerden ve sınıflardan oluşuyordu.[55] Metropolitan, ABD'deki

---

51 Pittsburgh'daki Carnegie Enstitüsü'nün Güzel Sanatlar Direktörü John W. Beatty, bunu ilk yapan müzenin kendisininki olduğunu iddia eder. Kaynak: "The Museum of Art in Its Relation to the Public Schools," *Museum Work* 2, sayı 2 (Kasım 1919): 45. Bununla birlikte, Grace Fisher Ramsey, bu onuru Syracuse, New York'taki Museum of Fine Arts'a verir. Bkz. Ramsey, *Educational Work in Museums*, 13 (bkz. dipnot 28).

52 Rupert Peters, "Free Services Offered Children by Museums and Art Galleries," *Elementary School Journal 35*, sayı 1 (Eylül 1934): 41.

53 Molly Ohl Godwin, *The Museum Educates* (Toledo, OH: Toledo Museum of Art, 1936), sayfa numarası yok.

54 Henry Watson Kent, *What I Am Pleased to Call My Education*, (New York: Grolier Club, 1949), 145.

55 Winifred E. Howe, "Educational Work in the Museum: A Review," *Bulletin of the Metropolitan Museum of Art* 7, sayı 9, (Eylül 1912): 160; ayrıca bkz. Florence N. Levy, "Educational Work of the Art Museums," James Parton Haney, *Art Education in the Public Schools of the United States: A Symposium Prepared Under the Auspices of the American Committee of the Third International Congress for the Development of Drawing and Art Teaching* içinde (NY: American Art Annual, 1908).

ilerici eğitim hareketinin inançlarını yansıtarak –bu hareket eğitimi toplumsal ilerlemeyi sağlayacak temel araç olarak görüyordu– "müzelerin en belirgin modern eğitim etkinliği, devlet okullarıyla yaptıkları işbirliğinde yatar" iddiasında bulunmuştu.[56] "Uzman rehberlik," "her birinde beslenmeyi ve geliştirilmeyi bekleyen bir estetik duygu kapasitesi bulunan" küçük çocuklar da dahil herkese açıktı.[57]

1930'ların sonlarına gelindiğinde belli başlı müzelerin eğitim bölümleri, çalışmalarında çocukları giderek daha fazla merkez almaya başlamıştı.[58] Daha 1934'te, orta ABD'nin kuzey ve kuzeydoğusundaki müzelerde yapılan taramalar bu kurumlardan sadece ikisinin, ziyaretçi sınıflara yardımcı olacak müze çalışanı bulundurmadığını gösteriyordu. Yapılan taramada, Metropolitan'da öğretim yılı boyunca neredeyse sadece okul gruplarıyla çalışan sekiz müze rehberi bulunduğu görüldü. Newark Museum'da çalışanların hepsi sırayla müze rehberliği yapıyordu.[59] Taramada, en yaygın yöntemin, müzenin konferans salonunda slaytlar eşliğinde verilen hazırlayıcı bir konferansın ardından galerilerde gezinti yapmak olduğu görüldü.[60]

Okul öğretmeni ve yöneticilerinin her biri, eğitimde müzelerden faydalanmanın yolları konusunda kendi beklentilerine sahipti. Estetik hedefleriyle eğitim hedeflerinin yolları ayrıldı ve müze öğretmenlerinden, öğrencilerin okulda öğrendiklerini örneklerle açıklama ve destekleme yönünde, daha faydacı yönde ilerlemeleri istendi. Henry W. Kent'in yorumladığı gibi, "öğretmen ve öğrencileri kendi müfredatlarıyla meşgul olan ve bizdeki sanatı gerçekte önemsiz gören" New York okullarıyla yapılan çalışmalar kolay olacağa benzemiyordu.[61] Cleveland Museum

---

56 *Bulletin of The Metropolitan Museum of Art* 9, sayı 9 (Eylül 1914): 188.

57 Anna Curtis Chandler'ın (öğretmen, The Metropolitan Museum of Art) Mayıs 1924 tarihinde, başkent Washington'daki Amerikan Sanat Federasyonu Sempozyumu'nda yaptığı konuşmadan alınmıştır. Konuşma metni, *American Maganize of Art* 15, (Ekim 1924): 508'de yayımlanmıştır.

58 T. R. Adam, *The Civic Value of Museums* (New York: American Association of Adult Education, 1937), 88.

59 Peters, "Free Services Offered Children," 33 (bkz. dipnot 52).

60 Agy., 40.

61 Kent, *What I Am Pleased to Call My Education*, 146 (bkz. dipnot 54).

SANAT MÜZESİNDE EĞİTİMİN KISA BİR TARİHİ | 67

of Art Eğitim Bölümü Başkanı Rossiter Howard, müze koleksiyonlarıyla okul dersleri arsında bağlantı kurmanın, çalışanlarının görevi olduğuna inanıyor, ama aynı zamanda estetik amaçların öneminden de bahsediyordu. Howard, okul programlarında bile, "Bilgi vermektense çocukların net ve zengin bir bakış açısına sahip olmalarını sağlamak çok daha önemli," diyordu.[62] Okul programlarında da yetişkin programlarında da müzeler ilerici fikirler yansıtmaya başladı. Dönemin İlerici Eğitim ve Çocuk Araştırmaları hareketlerine göre sanat, "yaratıcı gelişim" için bereketli topraklar sunuyordu. Van Dearing Perrine'in kitabının başlığı *Let the Child Draw* [Bırakın Çocuk Çizsin] (1936)[63], çocuğun doğallığının muhafaza edildiği, gelişimsel eğilimlerin dikkate alındığı, sanatın nasıl olması gerektiğiyle ilgili yetişkin standartlarından korunduğu ve beraberinde yaratıcılığın sanat eğitiminde ana hedef haline geldiği bir dönemi özetlemektedir. Pek çok öğretmen, büyük sanatçıların eserlerine bakmanın öğrencileri, yaratmaktan ve kendi başlarına deneyler yapmaktan ziyade gördüklerini kopyalayacakları için yaratıcılıktan alıkoyduğunu ileri sürüyordu. Öğretmenlerin sanat değerlendirme derslerinin çocukların kendini ifade etmesini engellediğini iddia etmesi, bu derslerin pek çok okuldan silinip gitmesine yol açtı.[64] Bunu müze eğitimciliğiyle ilgili canlı bir tartışma takip etti. Philedelphia Museum of Art 1928'de açılmasının hemen ardından liseler için sanat derslerine başladı. Ara sıra slaytlarla örnek resimlerin gösterildiği sohbetler düzenlense de, birincil çalışma yöntemi çizim yapmaktı. Çizim, "müze koleksiyonlarındaki nesneleri analitik bir biçimde incelemede yaygın şekilde kullanıldı."[65] Thomas Muro, "eski yöntem"in yerini alacak yeni bir yaklaşım önerdi. Eski yöntem, "söz dinleyen bir sınıfın yorucu ve sersemletici galerilerde hızla gezdirilmesiyle"

---

62 Howard, "Interpreting the Museum," 5 (bkz. dipnot 46).

63 Van Dearing Perrine, *Let the Cild Draw* (New York: Frederick A. Stokes, 1936).

64 Manuel Barkan, "Transition in Art Education: Changing Conceptions of Curriculum Content and Teaching," *Art Education* 15, sayı 7, (Ekim 1962), 15.

65 Theodore M. Dillaway (Sanat Eğitimi Direktörü, Philadelphia Halk Eğitim Kurulu) "Co-operation of the Public School System with the Pennsylvania Museum of Art," *Pennsylvania Museum Bulletin* 27, sayı 143 (Kasım 1931): 20.

bütün binada atılan hızlı, genel bir turun, "isimler, tarihler, soyut ilkeler ve dogmatik değerlendirmelerle dolu" bilgilendirici konferanslarla desteklenmesiydi. Munro, bu tür ziyaretlerin çocuğun sanattan aldığı zevki öldürebileceğinden korkuyordu ve müze rehberlerinin çocukların ziyaretinde incelenen nesne sayısını iyice azaltılmasını önerdi. Aynı zamanda not almak ve çizmek gibi "aktif faaliyetler"in savunuculuğunu yaptı.[66]

Toledo Museum of Art eğitmenleri, çokça tartışmaya konu olan bir deneyde öğrencilere soru sorma ve hakkında bilgi edinmek istedikleri tabloları seçme izni vererek aktif katılımı destekledi. "Eğitmenrehberlerini galerilerde bir yürüyüş-sohbete çıkaran çocuklar, girişkenliklerini serbest bırakırlar. Bir eğitmenin sessiz bir sınıfa konuştuğu ya da kendi sorularını sorarak sınıfı yönlendirdiği eski alışılmış yöntemden kurtulmak için deney gerekir."[67] Saint Louis Art Museum çalışanları da deneyler yapmayı ve esnekliği vurguluyordu. Müzenin rehberlerinin çoğu, öğrencilerin eğitimi kendileri yönettiğinde –yani, "yetişkinlerin akılcı yönlendirmesi eşliğinde" ama kendileri konuştuğunda– daha çok ilgi gösterdiğini bildirdi.[68]

1930'lar, müze eğitiminin geleceğine dair bir iyimserlikle açıldı: "Kişisel izlenimlerin yerini kesin bilgi aldıkça müzedeki uygulamaların daha etkili hale geleceğinden eminiz."[69] 1930'ların sonlarında müzelerin genç, yaşlı bütün halkı koleksiyonlarıyla ilgili eğitme görevi neredeyse herkesçe kabul edilmişti, ancak bu eğitimin tekniği ve felsefesi hâlâ tartışma konusuydu.[70] Çocuk ve yetişkin eğitimindeki ilerici hareketler, henüz biçimlenmemiş bir mesleğe pek çok yeni fikir sağladı. 1946 yılından 1930'ları değerlendiren Winifred Howe'a göre, "yöntemler

---

66 Thomas Munro, "Art Museum Work with Children," *Western Arts Association Bulletin* 20, sayı 4 (1 Eylül 1936): 89-97; yeniden basım: *Art Education*, 356-60 (bkz. dipnot 45).

67 Godwin, *The Museum Educates* (bkz. dipnot 53).

68 Eleanor Moore, *Youth in Museums* (Philedelphia: University of Pennsylvania Press, 1941), 59-60.

69 Howard, "Interpreting the Museum," 7 (bkz. dipnot 46).

70 Fiske Kimball, *Philadelphia Museum Bulletin* 37, sayı 179 (Kasım 1938), sayfa numarası yok.

SANAT MÜZESİNDE EĞİTİMİN KISA BİR TARİHİ | 69

ve teknikler zorunlu olarak, ama aynı zamanda bereket versin ki, deneyseldi. Her fırsata kucak açılıyor, her makul istek yerine getiriliyor, mümkün görülen her yöntem deneniyor, hepsi de macera ruhuyla ve yararlı olmak adına yapılıyordu."[71] Ancak başkaları alanın durumunu "kaotik" olarak tarif ediyordu.[72]

1940'lar ve 1950'ler: Gönüllülük ve Planlama Deneyleri

Müze eğitimcisi olarak çalışacak insanların eğitimiyle ilgili problemler 1940'ların sonlarında da hareketli bir tartışma konusu olmayı sürdürdü. "Benim gördüğüm şekliyle," dedi Albright Galerisi Direktörü Andrew C. Ritchie, "iyi bir müze rehberi için gerekenler, bir araştırmacı ya da yüksek okul öğretmeni için gerekenler kadar katıdır,"[73] diye yazıyordu. Amerika Müzeler Birliği'nin 1940 yılında yaptırdığı bir çalışmada Theodore Low şu sözleri sarf ediyordu: "Bildiğim kadarıyla ülkede müze eğitiminin kendine has özellikleriyle ilgili tatmin edici bir eğitim sunan bir müze çalışmaları dersi yok."[74] New York Şehri Okul Müzeleri Programı Koordinatörü Charles Slatkin, 1947'de, eğer Harvard, müze küratörü ve idarecisi yetiştirseydi, bazı liseler de sanat değerlendirme uzmanları yetiştirmek zorunda kalırdı, yorumunda bulunuyordu. Slatkin, "Şu anda müze rehberleri ve öğretmenleri dağınık, birbirleriyle irtibatları yok; uygulamalı sanatlarla ilgili okul dergileri, yetişkin eğitimi dergileri, estetik üzerine yayımlanan süreli yayınlar, bilimsel dergiler ve sanat tarihi üzerine ve sanat meraklıları için üç

---

71 Howe ve Kent, *A History of The Metropolitan Museum of Art*, cilt 2, 178 (bkz. dipnot 19).

72 T. R. Adam, *The Museum and Popular Culture* (New York: American Association for Adult Education, 1939), 53.

73 Andrew C. Ritchie, "The Museum as an Educational Institution," *College Art Journal* 8, sayı 3 (Bahar 1949): 179. Ayrıca bkz. Esther I. Seaver, "The Training in Colleges and Graduate Schools for Educational Work in Museums," *College Art Journal* 8, sayı 3 (Bahar 1949): 182-7.

74 Theodore L. Low, *The Museum as a Social Instrument, A Study Undertaken for the Committee on Education of the Amrican Association of Museums* (New York: The Metropolitan Museum of Art for the American Association of Museums, 1942), 39.

ayda bir yayımlanan dergiler arasında kaybolmuş durumda, okunacak uygun bir şeyler arıyorlar,"[75] diyordu.

Sanat tarihi disiplini ise gelişiyordu. Panafsky, 1923 ile 1933 arasındaki on yılı Amerika'da sanat tarihinin altın çağı olarak tarif ediyordu.[76] Panafsky, 1930'larda ABD'ye göç eden ve sonunda Amerikan üniversitelerini ilk kez sanat tarihi çalışmalarında dünya lideri haline getirecek gruptaki birkaç Alman sanat tarihçisinden biriydi.[77] 1943'te elli edebiyat fakültesinde yapılan bir tarama, 1900'de 140 olan sanat tarihi dersi sayısının 1949'da 795'e çıktığını gösterdi.[78] Sanat tarihi gelişirken, müze eğitimi üzerindeki etkisi de büyüdü. 1942'de yazan Theodore Low, incelediği müzelerin, üniversitelerdeki sanat tarihi derslerinin sulandırılmış ve "ortalama" ziyaretçi gruplarına uygun hale getirilmiş bir yorumunu verdiğini, ayrıca çoğu müze öğretmeninin sanat tarihi eğitimi almış olduğunu belirliyordu.[79] Ama müze öğretmenleri, Thomas Munro'nun uyardığı gibi, fakülteden kalma sanat tarihi dersi notlarını galerilerde okumanın makbul bir şey olmadığını çok geçmeden görecekti.[80] Rhode Island Tasarım Okulu Sanat Müzesi'nde bir süre eğitim direktörü vekilliği yapan Katherine B. Neilson, okul ve galeri eğitimi arasındaki zıtlığı yakalıyordu. Neilson, eğitim bölümündeki asistanların "akademik bilgilerinin onda dokuzunu ağzına almaması, kalan onda birini de altıncı sınıf, yerel Anneler Kulübü veya Kadınlar

---

75 Charles E. Slatkin, "Aims and Methods in Museum Education," *College Art Journal* 7, sayı 1 (Sonbahar 1947): 28-9.

76 Erwin Panofsky, "Three Decades of Art History in the United States"; yeniden basım, Panofsky, *Meaning in the Visual Arts*, 326 (bkz. dipnot 29).

77 Vernon Hyde Minor, *Art History's History* (Upper Saddle River, NJ: Prentice Hall, 2001), 23.

78 Robert J. Goldwater, "The Teaching of Art in the Colleges of the United States," *College Art Journal* 2, sayı 4, kısım 2, ek, (Mayıs 1943): tablo 1.

79 Low, *The Museum as a Social Instrument*, 41-42, 45 (bkz. dipnot 74); Theodore L. Low, *The Educational Philosophy and Practice of Art Museums in the United States* (New York: Teachers College, Columbia University, 1948), 57.

80 Thomas Munro, "The Relation of Educational Programs in Museums to Colleges, Universities, and Technical Schools in the Community," *College Art Journal* 8, sayı 3 (Bahar 1949): 192.

Birliği (genellikle bu daha da zor bir işti) düzeyine indirgeyerek yeniden düzenlemesi" gerektiğini söylemişti.[81] Müzeler, kendilerini ziyaret eden her türden dinleyiciye ders vermenin güçlüklerinin farkında olsa da, bu dersleri çoğu zaman en genç ve en az deneyimli çalışanlarının sorumluluğuna veriyordu.[82] Aynı zamanda bazı müzeler de gönüllülerden yararlanmaya başlamıştı. Missouri, Kansas'taki Atkins Museum'da Nelson Gallery'nin açıldığı 1934 yılında, Direktör Paul Gardner tesadüf eseri Junior League'in Sanat ve Hobi Komitesi Başkanı Jane Hemingway Gordon'ın yanına oturmuştu. Gardner'ın çocuk eğitimiyle ilgilendiğini öğrenince, Junior League üyelerinin müze turları düzenlemekle ilgilenip ilgilenmeyeceğini sordu. Gardner, vakıf yöneticilerini, gönüllülerle yürütülecek bir programı koordine edecek bir çocuk eğitimi direktörü tutmaya ikna etti. Junior League sanat komitesi başkanı, Kansas şehrindeki okulların sanat eğitimi danışmanı ve okul müfredatını hazırlayan kurulun başkanıyla birlikte çalışan direktör, Kansas şehrindeki öğrenciler için eğitim kursları ve turlar hazırladı. İlk yıl müze rehberleri galeriye iki yüz öğrenci getirdi. 1953'te bu sayı şaşırtıcı bir rakama, kırk altı bine ulaştı.[83] Diğer müzeler de bu programı örnek almaya başladı. Otto Whitmann, Kansas şehrinde üç yıl (1934'ten 1937'ye kadar) çalıştıktan sonra 1946'da Toledo Museum of Art direktör yardımcısı oldu ve

---

81 Katherine B. Neilson, "Interns in Art Museum Education Departments," *College Art Journal* 8, sayı 3 (Bahar 1949): 188.

82 Minnie G. Levenson, "Methods of Dealing with Public School Systems – Worcester: Worcester Art Museum," *Circular on Museum Education*, sayı 1 (Haziran 1951): 29. *Circular on Museum Education*, Baltimore'daki Walters Sanat Galerisi tarafından derlenmiş, teksir makinesinde çoğaltılarak dağıtılmıştır. İlk sayıyı tanıtan "Word of Explanation"ın açıkladığı gibi, doğu eyaletlerindeki on dokuz sanat müzesinin müze eğitimi alanındaki sorunlara getirdikleri çözümleri paylaşma isteğinden doğmuştur. 1951, 1957 arasında, biri Haziran, diğeri Ocak olmak üzere yılda iki sayı yayımlanmıştır. Bugün *Circular*'ın kopyaları nispeten nadir bulunmakta ve ABD'de sadece altı kütüphanede yer almaktadır. Ayrıca bkz. Katherine B. Giltinan, "The Early History of Docents in American Art Museums: 1890-1930," *Museum History Journal* 1, sayı 1 (Ocak 2008): 103-28.

83 Bkz. Kristie C. Wolferman, *The Nelson-Atkins Museum of Art: Culture Comes to Kansas City* (Columbia, MO ve Londra: University of Missouri Press, 1993), 151-2.

geldikten kısa süre sonra müzenin, eğitim programlarını genişletmek için gönüllülerden yararlanmasını önerdi. Kansas şehrindekine benzer bir program düzenlemek için yerel Junior League'in başkanına gitti ve galeri sohbetleri için ilk eğitim programını ve ilk talimatnameleri kendisi hazırladı.[84] Junior League modelinin yayılması, "en iyi gönüllü" tarifinin kâğıda dökülmesiyle sonuçlandı:

> Okul çağında bir ya da iki çocuğu olan, kocası yönetici konumunda, evli, otuz ile kırk beş yaşları arasında bir kadındır. Sergilere birkaç yıldır düzenli olarak gelmekte, bir süredir çocuklarını derslerinize ve özel davetlerinize getirmektedir. Bir süre üniversite eğitimi almıştır, ama mezun olması gerekmez. Gönüllü olduğu işin eğitimini almamışsa da, diğer etkinliklerde işe yarayacak beceriler edinmiş olabilir. Ellerini iyi kullanır, insanları (özellikle çocukları) sever, onlarla kolay anlaşır ve rahatlıkla konuşur. En önemlisi, meraklıdır; hayal gücü kuvvetli ve heveslidir; kuruluşumuzun toplum açısından önemli olduğuna inanır.[85]

1950'lerde müzeye gidenlerin sayısı hızla arttı.[86] Müzelerde çocuklara eğitim verirken gönüllülerden faydalanma uygulaması yayıldı. 1950'de, Nelson'daki müze rehberi programından sorumlu olan Bayan Albert Reeves, Denver ve Toledo'da benzer programlar yöneten yardımcılarıyla birlikte, başkent Washington'daki Ulusal Sanat Galerisi'nde bir gönüllü programı oluşturdu. Gelgelelim müzede eğitimden sorumlu olan Küratör Raymond Stites, öğrenciler için düzenlenen "bu turlar Ulusal Sanat Galerisi tarafından değil, devlet okulları ve Junior League işbirliğiyle düzenlenmektedir" derken, belli ki müzesiyle gönüllüler arasına mesafe koyma çabasındaydı.[87] Houston'daki Museum of Fine Arts ise Junior League'in gönüllü müze rehberlerinin 1955 yılında 16.500'den

---

84 Sally Anne Duncan, *Otto Wittmann: Museum Man for All Seasons* (Toledo, OH: Toledo Museum of Art, 2001), 27.

85 Leroy Flint (Akron Enstitüsü Direktörü), "Educational Standards and Volunteer Performance," *Curator* 2, sayı 2 (Nisan 1959): 104.

86 Marjorie Hunter, "Museums Expand Service in Nation," *The New York Times*, 25 Aralık 1961, s. 17.

87 Raymond Stites, "Methods of Dealing with Public School Systems," *Circular on Museum Education*, sayı 1 (Haziran 1951): 26.

fazla genç ziyaretçi için turlar düzenlediklerini gururla belirtiyordu.[88] Akron Sanat Enstitüsü'nde, okul çocuklarının müze rehberliğini bütünüyle gönüllüler yapıyor, "aksi halde [müzenin] yetkileri dışında kalacak binlerce çocuk" böylelikle eğitilebiliyordu.[89] Fakat gönüllülerin kullanılması konusunda bir miktar direnç de vardı. *Circular on Museum Education*'ın 1953'te "Gönüllü ve Yarı Zamanlı Çalışanlar"a adanan bir sayısında, fikirleriyle katkıda bulunan on üç eğitim bölümünden yalnız üçü, öğrencilere ders vermede gönüllülerin kullanılmasından yanaydı. Çoğu bu uygulamaya kesin olarak karşı çıkıyordu. Walters Galerisi'nden Theodore Low şöyle diyordu: "Eğitimlerde nesnelerin tarihsel arka planını anlamaya özellikle odaklanılan Walters gibi bir müzede gönüllülerden faydalanmak kaçınılmaz olarak standartların düşmesiyle sonuçlanacaktır [...] Aynı zamanda, küçük çocuklara öğretmenin de yetişkinlere öğretmek kadar bilgi ve deneyim gerektirdiğine kuvvetle inanıyoruz. Sadece birkaç müze yetişkin sınıflarını galerilerde gönüllülerin gezdirmesine izin verecekken, çocukların da sunabileceğimiz en iyi imkânlardan faydalanmaması için hiçbir neden göremiyoruz."[90] Akron Sanat Enstitüsü Direktörü Leroy Flint, adeta yanıt verircesine, pratikte "küçük müzelerin hareketli bir eğitim programına sahip olabilmesinin tek yolu, programın büyük kısmının gönüllüler tarafından yürütülmesidir," diyordu.[91] 1963'te Amerika Müzeler Birliği tarafından müzelerle ilgili yapılan istatistiki bir taramada, yanıt veren 222 sanat müzesinden 131'i "tur rehberi" olarak gönüllüleri kullandıklarını, 92'si ise galeri sohbetlerinde gönüllülerden faydalandıklarını bildiriyordu.[92] Sonunda ABD'deki büyük, küçük, neredeyse bütün sanat müzeleri, bazıları okul gruplarına, bazıları ge-

---

88 Museum of Fine Arts of Houston, *Bulletin of the Museum* 17,sayı 2 (1955), sayfa numarası yok.

89 Flint, "Educational Standards," 101-6 (bkz. dipnot 85).

90 Theodore Low, "Volunteer and Part-Time Workers – Baltimore: Walters Art Gallery," *Circular on Museum Education*, sayı 5 (Haziran 1953): 6.

91 Flint, "Educational Standards," 101 (bkz. dipnot 85).

92 *A Statistical Survey of Museums in the United States and Canada* (Washington, DC: American Association of Museums, 1965; yeniden basım, 1976), 30.

nel olarak ziyaretçilere verilen eğitimlerde gönüllü müze rehberlerini kullanmaya başlayacaktı.

1907'de ilk ücretli müze rehberinin atanmasından kırk yıl sonra, ardında binlerce program bırakmış olan müze eğitmenleri mesleklerinin amaç ve yöntemleri konusunda hâlâ şaşkındı. 1947'de Charles Slatkin hâlâ "Ne kadar konferans; ne kadar tartışma, ne kadar soru? Eğitmeli mi, bilgilendirmeli mi; bilgi mi vermeli yoksa dinleyiciyi bir sözcükler akışı içine mi bırakmalı? Bir anlık kaçış mı, insanın sınırsız dehasına bir bakış mı, ölümlülük üzerine bir vaaz mı, yaratıcı sürecin gizemleri mi, sanatın kalıcılığı mı, yoksa sanatseverliğin özellikleri mi hedeflenmeli?" diye sorabiliyordu.[93]

1940 ve 1950'lerde müze eğitmenleri, okul programlarında, aktif katılım ve özgürlüğü sağlama amacını desteklemeyi sürdürdü. Deneyler her yerde devam etti. Bu dönemde, galerilerde çocukların eğitimi için tasarlanmış betimleme etkinliklerinde sözcük oyunu kullanılmaya başladı. Boston'daki MFA'da rehberler, "bir seferde altı ya da sekiz kişilik gruplar"ı (düzeltilecek sözcükler veya doldurulacak boşluklar içeren, belirli tabloları ve heykelleri tarif eden, teksir çıktısı kâğıtlar kullanarak) "hazine avı" tarzında bir "müze oyunu" yolculuğuna çıkardı.[94] Walters Sanat Galerisi'nde dördüncü sınıflar için hazırlanmış uzun soluklu bir program, temelde, buzları eritmek için bir oyun ve ardından bir tartışma bölümünden oluşuyordu. Konu anlatımına "en az süre ayrılıyor" ve çocuklar gördükleri şeylerle ilgili "konuşmaya, sorular sormaya, yüksek sesle teoriler geliştirmeye teşvik ediliyor"du.[95] Metropolitan öğretmenleri her ne kadar "kadrolu öğretmen" olarak adlandırılsa da "enformel yapı" öne çıkıyordu ve "soru sorma, yorum yapma özgürlüğü her zaman veriliyordu. Çocukları bakarak ve akıl yürüterek kendi yanıtlarını bulmaya yönlendiren Sokratik Yöntem en beğenilen tekniklerden"di. Sözcük avı literatüre de girmeye başladı.

---

93 Slatkin, "Aims and Method," 30 (bkz. dipnot 75).

94 Annette Cotrell, "Activities for Children of Elementary School Age – Boston: Museum of Fine Arts," *Circular on Museum Education*, sayı 8 (Ocak 1955): 7.

95 Phoebe B. Stanton, "Activities for Children of Elementary School Age – New York: Metropolitan Museum of Art," *Circular on Museum Education*, sayı 8 (Ocak 1955): 5.

SANAT MÜZESİNDE EĞİTİMİN KISA BİR TARİHİ | 75

Dönemi yansıtan bir ifadeyle, "Hatırlanacak özel bilgilerden çok, eğlence ve keşif öne çıkarılmaktaydı."[96] Keza, Rhode Island Tasarım Okulu'ndaki Sanat Müzesi'nin eğitim küratörü de yetenekli müze öğretmenlerinin "öğrencilerin kendi sonuçlarını çıkarmasına ve kendi eğlencesini bulmasına izin vermeye çalışmalı," diyordu.[97] Yetişkin ziyaretçiler söz konusu olduğunda bazıları hâlâ müze eğitiminin amacının estetik ideal olduğunu savunuyordu. Metropolitan'daki baskı ve çizimler küratörü William M. Ivins Jr., kesin bir ifadeyle, "sanat müzesinin başka amaçları da olabilir ama estetik amaç birincil öneme sahiptir," diyordu.[98] Ivins'e göre müzenin amacı, insanların sanat eserleriyle ilk elden ahbaplık kurmasını mümkün kılmaktı. Ivins, Benjamin Ives Gilman'ın otuz yıl önce söylediklerine çok benzer sözlerle, "başka bir erkek ya da kadınla ahbap olmaya benziyor [...] Hiç kimse, dünyanın en eğitimli, en sempatik insanı bile [...] onları birbiriyle tanıştırmaktan daha fazlasını yapamaz."[99] Ivins, müze eğitmenlerinin aşina olmadıkları sanat yapıtlarını dinleyicilere açıklaması fikrine karşı çıkıyordu. Bernard Berenson'ın bir sanat eserini anlamak için, onunla sıkı bir ahbaplık kurmadan önce, hakkında ya çok az şey okumuş ve duymuş ya da hiçbir şey bilmiyor olmalısınız; bu olduktan sonra, başka birinin esere dair herhangi bir sözü, eserle değil, kendiyle ilgili olacaktır, şeklindeki görüşünü aktarıyordu.[100] Ivins, sanatçı ve sanat tarihçisi Walter Pach'ın gözlemlediği şeyle muhtemelen çok kere karşılaşmıştı: "onları karşılarında duran eserleri inceleme ihtiyacından kurtaracak türden bir bilgi hapı" isteyen ve ardından "kendi küçük öykülerini anlatan ve diğer

---

96 Louise Condit, "Activities for Children of Elementary School Age – New York: Metropolitan Museum of Art," *Circular on Museum Education*, sayı 8 (Ocak 1955): 16.

97 Betty Burroughs Woodhouse (Eğitim Küratörü, Sanat Müzesi, Rhode Island Tasarım Okulu), "Standards in Museum Teaching – Providence: Museum of Art, Rhode Island School of Design," *Circular on Museum Education*, sayı 9 (Ocak 1956): 10.

98 William M. Ivins Jr., "But It's Not a Cimabue," *Bulletin of The Metropolitan Museum of Art*, New Series 3, sayı 4 (Aralık 1944): 104.

99 William M. Ivins Jr., "Of Education in a Museum," *Bulletin of The Metropolitan Museum of Art* 29, sayı 9 (Eylül 1934): 150.

100 Ivins Jr., "But It's Not a Cimabue," 104 (bkz. dipnot 98).

'dinleyerek öğrenme' yöntemlerini uygulayan" müze rehberine bütün ilgilerini verip tek bir tablo görmeden galeri galeri gezen ziyaretçiler.[101] 1900'lerin başında Gilman'ın yaptığı gibi, Ivins de 1940'larda müze eğitmenlerinin, kendi gözleriyle görmeyi öğrenmelerine yardım ederek insanları sanat eserleriyle tanıştırmaktan ancak biraz daha fazlasını yapabileceğini söylüyordu. "Anlayışlı konuşmacı," diye yazıyordu, ziyaretçilerin "kendi gözlerinden" ve ardından "başkalarının gözlükleriyle" görmesine yardım edebilir ve böylelikle sanat eserlerine yabancılıklarını giderir ve her şeyden öte, eserlerin içindekilerin nasıl görünmesi "gerektiği" konusundaki önyargılarını etkisiz hale getirir.

II. Dünya Savaşı'yla birlikte estetik ideal keskin bir sınavdan geçti. Savaş, insan medeniyetinin doğası ve ilerleyiş yönü üzerine bir düşünce selini doğurdu. Müzelerin, Batı medeniyetinin temelindeki değerlere açıklık getirmek gibi vatanperverce bir yükümlülüğü olduğu tartışmaları da buna dahildi. Bu koşullar altında estetik algısı, sanat eserlerini tarihsel ve kültürel değerlerin ete kemiğe bürünmüş hali olarak gören anlayışa boyun eğmek zorunda kalacaktı. Theodore Low, tanık olduğu müze sohbetlerini, "sanatın sadece sanat olduğu, başka hiçbir şey olmadığı ve onu başka türlü görmenin küfür olduğu fikrine dayanıyor," diyerek eleştiriyordu. Okurlarına, sanatsal değeri ve sanat tarihi içindeki önemi ne olursa olsun, "her eser bir toplumsal belgedir," diyerek bir hatırlatmada bulunuyordu.[102] Metropolitan'da öğretmen olan Roberta Fansler, "sanat eğitmeninin amacı her zaman, yanıtları bugüne ışık tutan, geçmişe dair soruları sormak olmalıdır," diye yazarak Low'u anımsatıyordu. Sözleriyle ilgili herhangi bir şüphe kalmaması adına, müze sohbetinin "medeniyetimizin uğruna savaştığımız ve içinden barış çıkarmak zorunda olduğumuz değerlerini incelemek" için mükemmel bir fırsat sunduğunu yazarak devam ediyordu.[103] Metropolitan'ın direktörü Francis Henry Taylor, bir sanat eserini en geniş anlamıyla

---

101 Walter Pach, *The Art Museum in America* (New York: Pantheon, 1948), 205. Bu önemli kitap Bowen tarafından 2008'de ciltsiz olarak yeniden yayımlanmıştır.

102 Low, *The Museum as a Social Instrument*, 46 (bkz. dipnot 74).

103 Roberta M. Fansler, "The Educational Program for Adults," *Bulletin of The Metropolitan Museum of Art 37*, sayı 5 (Mayıs 1942): 126.

yorumlamanın, müzenin halka karşı sorumluluğu olduğunu vurguluyordu. Sanat eserleri, "insanlığın toplumsal ve siyasi ilerlemesini açıklar," diyordu. Beşeri bilimler olarak adlandırdığı disiplinlerin bir parçası olduklarını anlamayan arkeoloji ve sanat tarihi akademisyenlerinin dar görüşlülüğünü eleştiriyordu.[104] Taylor'ın, müzelerin insanlığın demokraside zirveye ilerleyişini anlattığı yönündeki görüşüne yönelik eleştiriler de mevcuttu.[105] Fakat sanat eserlerinin güncel meseleler bağlamında tartışılması gerektiği fikri, bunun nasıl yapılabileceği konusunda bazı ilginç önerilere de yol açtı.[106] Theodore Low, 1948'de yaptığı müze eğitimi taramasında, müze eğitimi konusunda çok sayıda farklı yaklaşım denediği için Metropolitan'ı övüyordu. 1940'larda başlattığı programlar arasında, Galeri Sohbetleri adı verilen yenilikçi bir program vardı. 1941'in Aralık ayında Roberta Fansler, yükselen savaşın gerilimini hisseden şehirli insanların ihtiyaçlarına yanıt verebileceği düşüncesiyle bu programı Francis Henry Taylor'a önerdi. "Değerleri, tarihsel perspektiften ve çağdaş uygulamalar içinde incelemek için galeri tartışmasından daha iyi bir fırsat olamaz. Bunun için tam da sanat eserini başlangıç noktası alan grup tartışması gibi bir eğitim metodu gerekiyor." Bu tür galeri sohbetleri iki farklı amaca hizmet edecekti: Değerlerin tartışılmasını kolaylaştıracak, fakat aynı zamanda savaş döneminde ortaya çıkan kaygılardan mustarip insanlar için psikolojik rahatlama sağlayacaktı.

Taylor, Roberta Fansler'in önerisini onayladı ve birkaç yıl boyunca Metropolitan'ın eğitim programı daha az formel konuşma ve daha çok tartışma içerdi.[107] Metropolitan'ın 1944 yılı raporunda Fansler sohbet

---

104 Francis Henry Taylor, *Babel's Tower: The Dilemma of the Modern Museum* (New York: Columbia University Press, 1945), 26, 30, 44.

105 Meyer Schapiro, Henry Taylor'ın *Babel's Tower: The Dilemma of the Modern Museum*'ının başlıksız eleştirisi, *Art Bulletin* 27, sayı 4 (1945): 272-76.

106 Roberta M. Fansler, "Popular Teaching in the Art Museum," *Museum News* 23, sayı 15 (1 Şubat 1946): 6-8. Bu bildiri, 24-25 Mart 1944 yılında, Chicago Sanat Enstitüsü ve Chicago Üniversitesi ev sahipliğinde Chicago'da düzenlenen bir konferansta okunmuştu.

107 Roberta M. (Fansler) Alford, "Problems and Methods of Adult Education in an Art Museum, *College Art Journal* 8, sayı 3, (Bahar 1949): 196-7'de anlatılır.

programını şöyle tarif ediyordu: "[G]rubun üyeleri birbirine izlenimlerini anlatıyor, tartışılan sanat eserleriyle ilgili deneyimlerini paylaşıyor, kadrolu öğretmen rehberliğinde ve grubun etkisiyle bir süre serbest düşünüyorlar."[108] Fansler, başka bir yerde de eğitmenin grup tarafından sözünün kesilmesine açık olduğu ve gruba sorular sorduğu bu enformel galeri sohbetlerini müzenin giderek daha fazla öne çıkardığı yorumunu yapıyordu.[109] Deneyler her zaman başarılı olmuyordu. Galeri sohbetleri bazen gruptan gelen kontrolsüz monologlara dönüşerek bozuluyor veya yine öğretmenin konu anlatımına dönüşüyordu. Bununla birlikte, galeri sohbeti, "sürekli bir çaba ve beceri istese de son derece tatmin edici" bir teknikti.[110]

Galeri sohbetleri, ilkokul ve yetişkin eğitimindeki ilerici felsefelerden türeyen eski bir pedagojik gerekçeye dayandırılabilirdi: "Aktarılan fikirlerin, gözlerini kullanmayı öğrenmesi gereken öğrencilere hiç faydası yoktur."[111] Ama Theodore Low'un daha radikal fikirleri vardı. Kitabını gelecek için tavsiyelerle bitiren Low, müze eğitiminde "katılım olmalı ve temeli eşitliğe dayanmalı. Öğretmen-öğrenci ilişkisi en alt düzeyde tutulmalı, eski şeylere bakmanın yeni yolları ve yeni şeylere yeni yaklaşımlar bulmak için birbirine yardım eden eşitlerin ilişkisi vurgulanmalı," diyordu. Tartışmanın gelecekteki müze eğitiminin nüvesini oluşturması gerektiğini tutkuyla öne sürüyordu.[112] Portland, Oregon'daki Portland Museum of Art Direktörü Robert Tyler Davis, bunu başka bir şekilde ifade ediyordu:

> Bu kez öğretmen rolünde olan müze eğitmeni, insan deneyiminin görsel sanatlarda ifadesini bulan niteliklerini, gündelik yaşamın sıradan deneyimleriyle ilişkilendirmeye çalışan bir tartışma lideri olarak bulur kendini. Sanat eğitimi almak yönündeki o temel duygusal dürtüyü hiç duymamış, estetik deneyimi hiç yaşamamış ama onunla ilgili bilgileri toplamaya, maddi gerçekleri duymaya

---

108 The Metropolitan Museum of Art, *Annual Report* (1944), 30-2.
109 Fansler, "Popular Teaching in the Art Museum," 8 (bkz. dipnot 106).
110 Low, *Educational Pholosophy and Practice*, 146-7 (bkz. dipnot 79).
111 Fansler, "Popular Teaching in the Art Museum," 8 (bkz. dipnot 106).
112 Low, *Educational Pholosophy and Practice*, 200 (bkz. dipnot 79).

SANAT MÜZESİNDE EĞİTİMİN KISA BİR TARİHİ | 79

ve öyküler dinlemeye can atan insanlardan oluşan çalışma gruplarını hepimiz çok iyi biliyoruz. Sanat müzeleri, çabalarını sanat eserlerine yönelik temel bir duygusal yanıt doğurmak üzerine yoğunlaştırırsa genellikle sanat beğenisi olarak kabul gören şeyin gösterişçiliğini çürütebilir.[113] 1950'lerde, pek çok müzede, müze eğitmenleri, farklı tartışma biçimleriyle deneyler yaptı. Boston'daki MFA, adına Galeri Tartışmaları dediği, iki öğretmen tarafından yönetilen, "tartışma"ya açık olmasından dolayı seçilmiş bir konu üzerine karşılıklı bir konuşmanın yapılacağı bir galeri sohbeti türü denedi. "Dinleyiciler arasında bir tartışma doğurma amacına hiçbir zaman tamamıyla ulaşılamasa da, sohbetlere gelenlerin sayısından dinleyicilerin bu galeri sohbeti türünden keyif aldığı hissedilebiliyordu."[114] Chicago Sanat Enstitüsü Müze Eğitimi direktörü Georgo D. Culler, belki de Sanat Yorum Galerisi'nde Katherine Kuh'un yaptığı deneylerin yarattığı heyecana yanıt olarak, sanatın yorumlanmasına halkı da dahil etmeyi amaçlayan bir dizi galeri sohbeti, çalışma ve tartışma grubu başlattı. 1955'in sonlarında, "meslekten olmayanlardan gelen bazı önemli sorulara yanıt vermek için tasarlanmış" ve adına Başlangıç Noktası dediği bir dizi "galeri incelemesi"ni bizzat yönetti. 1958'de Culler'ın San Francisco Art Museum'a direktör olmasıyla program kısa ömrünü tamamladı.[115] Özetle, 1940'larda ve 1950'lerde yetişkinler için geliştirilen galeri tartışması programlarıyla yapılan deneyler, her zaman, farklı ideolojik, pedagojik ve toplumsal nedenlerle bu formata bağlı kalmış belirli bir takım eğitmenlere bağlı yürümüş görünüyor. Yeni ilerici eğitim teorilerine rağmen eğitmenler, galeri tartışmalarıyla yaptıkları deneylerin gerekçeleri üzerinde bir

---

113 Robert Tyler Davis (Direktör, Portland Museum of Art, Portland, OR), "Popular Teaching in the Art Museum," *Museum News* 23, sayı 16 (15 Şubat 1946): 8. Bu bildiri, 24-25 Mart 1944 yılında, Chicago Sanat Enstitüsü ve Chicago Üniversitesi ev sahipliğinde Chicago'da düzenlenen bir konferansta okunmuştu.

114 Morna E. Crawford, "Successful Adult Programs – Boston: Museum of Fine Arts," *Circular on Museum Education*, sayı 2 (Ocak 1952): 8.

115 Gregory Nosan, "Women in the Galleries: Prestige, Education, and Volunteerism at Midcentury," *Art Institute of Chicago Museum Studies* 29, sayı 1, Museum Education at The Art Institute of Chicago, (2003): 63.

uzlaşma sağlayamadılar ve programlar, uzun süre devam etmelerini sağlayacak devinimi üretmedi.

Müzelerin takvimlerine baktığımızda anlıyoruz ki nereyse hepsinde yetişkin ziyaretçilere sunulan en önde gelen hizmet açık ara konu anlatımları ve kurslardı. Müzeler, sadece test edilip onaylanmış bir eğitim biçimi talebini karşıladıklarını iddia ediyordu. "Kendilerini ya da grubun diğer üyelerini değil, konuşmacıyı dinlemeye gelmiş" "meslekten olmayanlardan oluşan bir grubun bir uzmanla karşı karşıya geldiği durumlarla karşılaşmak [...] neredeyse kaçınılmazdır." Tartışma formatını büyük tutkuyla öneren Low bile konu anlatımına gelen pasif dinleyicinin ille de eylemsiz olmadığını kabul ediyordu. "Bir insanın ağzı ve ellerinin kıpırdamaması öğrenme yeteneklerinin çalışmadığı anlamına gelmez. Kısacası, konu anlatımı hâlâ son derece etkili bir öğretme biçimidir ve tekniği geliştirmeye çalışmak gerekmekle birlikte, yüz yıllardır yürürlükte olan bir öğretme biçimi öylece bir kenara atılmamalıdır."[116] 1945'te Roberta Fansler, Rhode Island Tasarım Okulu Müzesi'ne eğitim direktörü olduğunda galeri tartışmasının "her açıdan en faydalı teknik," olduğu inancını da beraberinde getirdi ve "özellikle [...] konu anlatımlarında verilen bilgilerle ilişkili bir şekilde planlanabilirse," diye ekliyordu. Tartışma ve konu anlatımlarının birbirine bağlı çalıştığı sonucuna varan Fansler, Rhode Island Müzesi galerilerinde, sanat tarihi dersi almış öğrenciler için tartışmalar düzenlemişti. "Konu anlatımını ve onun kadar formel olmayan galeri sohbetini bütünüyle terk edecek son insan [...] ben olmalıyım," diyordu. "Dinlediğim tüm konuşmalarda şansım çok yaver gitti."[117]

1960'lar ve 1970'ler: Fildişi Kule ve Diskotek

1960'larda her yerde yeni müzeler açılıyordu. Amerika Müzeler Birliği, ziyaretçi sayısındaki patlamayı bildiriyordu: 1960'da 200 milyon, 1965'te

---

116 Theodore Low, "Successful Adult Programs – Baltimore: Walters Art Gallery," *Circular on Museum Education*, sayı 2 (Ocak 1952): 5.

117 Alford, "Problems and Methods," 200 (bkz. dipnot 107).

SANAT MÜZESİNDE EĞİTİMİN KISA BİR TARİHİ | 81

300 milyon, 1970'te 700 milyon.[118] Ohio, Cleveland'da 1972 yılında yapılan bir konferansta buluşan bir sanat müzesi eğitmenleri komitesi, müzelerin "toplumun ulaşabildiği kadar geniş bir kesime" hizmet etmek zorunda olduğunu belirten bir "Müze Eğitmenleri Amentüsü"nü kaleme aldı.[119] Bu tip vaatler çoğu müzede eğitim programlarının artmasıyla sonuçlandı.

Amerikan müzelerinin gittikçe sayıları artan izleyicilerin çoğalan talepleriyle başa çıkma yollarından biri, eğitim programlarında ve hatta bütün müzede gönüllülere daha fazla güvenmek oldu. 1960'larda, büyük müzelerdeki yaygın kanı, gönüllülerin "bela ve dert" olduğu, "gönüllü ne kadar azsa müze[nin] o kadar iyi" olacağı şeklindeyken, artık daha küçük müzeler gönüllüler olmadan hayatta kalamayacaklarına inanıyordu ve büyük müzeler de bunun doğru olduğunu düşünmeye başlamıştı.[120] National Endowment for the Arts'ın (NEA) yaptığı ve 1974'te yayımlanan bir tarama, 1971 mali yılında sanat müzelerinin neredeyse yüzde yetmiş beşinin gönüllülerden faydalandığını hesaplamıştı. Sanat müzelerinin 35.600 kadrolu çalışanının üçte ikisinden fazlası gönüllüydü ve bu gönüllüler büyük oranda eğitim alanında çalışıyordu.[121]

Gözlemcilerin müzelerin galeri derslerinin çoğunu neden ücretsiz amatörlere yaptırdığını sormaya başlaması çok gecikmeyecekti.[122] Bu gelişmenin müzedeki eğitimin itibarına ciddi etkileri oldu. Sosyolog Vera Zolberg, "güçlü mesleki duruşlarının bir işareti" olarak gönül-

---

118 Thomas W. Leavitt, "The Beleaguered Director," *Art in America* 59, sayı 4 (Temmuz-Ağustos 1971): 68; George C. Seybolt, "Letters on the Museum Issue," *Art in America* 59, sayı 6 (Kasım-Aralık 1971): 30-31.

119 *Education in the Art Museum: Proceedings of a Conference of Art Museum Educators, Held in Cleveland, Ohio, November 4 and 5, 1971,* (Association of Art Museum Directors, 1972), 13.

120 Daniel B. Reibel, "The Volunteer: Nuisance or Savior?" *Museum News* 49, sayı 7 (Mart 1971): 28.

121 *Museums USA: Art, History, Science, and Others* (Washington, DC: National Endownment for the Arts, 1974).

122 Adele Z. Silver, "The Art Museum and Its General Public," Barbara Y. Newsom ve Adele Z. Silver, der., *The Art Museum as Educator: A Collection of Studies as Guides to Practice and Policy* (Berkeley, CA: University of California Press for the Council on Museums and Education in the Visual Arts, 1978), 33.

lüleri saflarından aşama aşama çıkaran küratörleri örnek veriyordu. Oysa gönüllülerin müze eğitimindeki varlığını sürdürmesi, "o prestij düzeyine yaklaşmak için eğitmenlerin ne kadar uzun bir yol katetmesi gerektiği"ni gösteriyordu.[123] Gönüllü müze rehberlerinin sayısı, eğitim departmanlarının öğretmenlerinin geliştirme ve izleme yeteneğini de etkiliyordu.

Müzeler sadece artan ziyaretçi sayısının baskısıyla değil, değişen bir kültürün uyguladığı basınçla da değişiyordu. Dönemin aktivizminden esinlenen –belki de gözü korkan– müzeler, topluma ne kadar hitap ettiklerine kafa yormaya başladılar. 1969 Amerika Müzeler Birliği Kongresi'nin birden fazla oturumu, ırkçılık, cinsiyetçilik ve Vietnam Savaşı'nı protesto edenler tarafından dağıtıldı. Ertesi yıl düzenlenen kongrede Direktör Kyran McGrath şu yorumu yapıyordu: "Sanırım geleneğin karşısında zamana uygunluğa dair yeni bir idrak geliştirdik."[124] 1972 tarihli "Müze Eğitimi Amentüsü," müzeler "toplum üzerine eğilirken, bir yandan yüksek standartları koruyup bir yandan programları, sergileri, işe alma politikaları kapsamı içerisinde toplumsal adaletsizliklerle mücadele edecek" diye söz veriyordu.[125]

Topluma hitap etmeye verilen bu öneme bir örnek, *Harlem on My Mind* [Aklımda Harlem] (1969) sergisiydi. Sergide Harlem'in 1900'den 1960'lara kadarki tarihini belgeleyen fotoğraf, duvar fotoğrafı, slayt ve film projeksiyonları, video kasetler ve ses kayıtları kullanılıyordu. Metropolitan'ın direktörü Thomas Hoving'e göre amaç, "köklü bir müzeye yeni bir kentli izleyici kitlesi" çekmekti.[126] Sergi son derece tartışmalı hale geldi ve sanat eseri olmayan malzemeleri sergilediği, müzeyi politize ettiği ve Harlem halkını hakkıyla temsil etmekte başarısız olduğu yönünde bir eleştiri fırtınasını üzerine çekti. Gösteri,

---

123 Vera L. Zolberg, "American Art Museums: Sanctuary or Free-For-All?" *Social Forces* 63, sayı 2 (Aralık 1984): 386.

124 Grace Glueck, "Museums are Urged to Widen Scope," *The New York Times*, 3 Haziran 1971, aktaran, Kipi Rawlins, "Educational Metamorphosis of the American Museum," *Studies in Art Education* 20, sayı 1 (1978): 10.

125 *Education in the Art Museum*, 13 (bkz. dipnot 119).

126 Bkz. Michael Kammen, *Visual Shock: A History of Art Controversies in American Culture* (New York: Knopf, 2006), 203.

eleştirmen Grace Glueck'in ifadesiyle iki sanat müzesi vizyonu, "fildişi kule ile diskotek" arasındaki bir tartışmanın odağına oturdu.[127] Metropolitan Müzesi mütevellilerinden biri, "Müze, güruhların başıboş yönlendirmesine bırakılmamalı. İçinde olup bitenlerin niceliğinden çok, niteliği konusunda endişe etmeliyiz," diyerek itiraz ediyordu.[128] Fakat müze ziyaretçilerinden gelen baskı ve toplumsal değişimin istikameti kapıları kapatmaya değil, açma yönünde akıyordu ve müze eğitiminin buna yanıtı, ziyaretçilere ve öğrencilere ulaşmak için yeni programlar ve ders metotları yaratmak oldu.

1978'de NEA'nın verdiği hibeyle desteklenen Council on Museums and Education in the Visual Arts [Müzeler ve Görsel Sanatlar Eğitim Konseyi], telefon rehberi büyüklüğünde bir inceleme yayımladı. *The Art Museum as Educator* [Eğitmen Olarak Sanat Müzesi] başlıklı bu inceleme ABD'deki müze eğitimi programlarını belgelemek için yapılmış ilk kapsamalı girişimdi. Kitabın 250 sayfası "Sanat Müzesi, Gençler, Öğretmenleri ve Okulları"na ayrılmıştı. Tarama, "müze rehberlerinin çocukları müze içinde güttüğü ve yol boyunca konu anlattığı" geleneksel turun halihazırda sürdüğünü gösterdi. Fakat pek çok müze eğitmeni artık konu anlatımı tekniklerinin kullanılmasına karşı çıkıyor ve öğrencilerine ulaşmalarının en iyi –ya da tek– yolunun sanat tarihi olmadığını savunuyordu. Çalışma, okullardaki güzel sanatlar eğitiminde meydana gelen değişimlere ayna tutarak, sanatla ilişkili müzik, dans ve tiyatro gibi etkinliklerde "doğrudan katılımın, kişisel keşfin ve yaratıcı faaliyetin vurgulanması" yönünde cesaret verici değişim sinyalleri olduğunu gösteriyordu.[129]

Başkan Lyndon Johnson'ın, 1965'te Güzel Sanatlar ve Beşeri Bilimlere Ulusal Kaynak Ayrılması teklifiyle ilgili bir beyanatında belirttiği gibi, "Amerikan'ın amaçladığı büyüklüğe" ulaşılması hedefine uygun olarak

---

127 Grace Glueck, "The Ivory Tower Versus the Discotheque," *Art in America* 59,sayı 3 (Mayıs-Haziran 1971): 80-5.

128 Agy., 85.

129 Adele Z. Silver, Newsom ve Silver'ın kaleme aldığı *The Art Museum as Educator*'ın 6. bölümü "Programs for Schoolchildren in Museums"ın giriş kısmında (s. 267), Victoria ve Albert Museum'dan Renée Marcousé'un sözlerini aktarıyor (bkz. dipnot 122).

federal hükümetten gelen kaynağın artmasıyla 1960'larda ABD'de güzel sanatlara ve eğitime verilen destek büyüdü.[130] Federal hükumetteki bu yeni oluşan güzel sanatlar bürokrasisinin girişimlerinin desteğiyle, 1960'ların sonlarında okullarda "güzel sanatlar eğitimi hareketi" başladı.[131] Bu hareket, müzik ve resmin yanı sıra yaratıcı yazarlık, tiyatro ve dans da dahil bütün sanat dallarında eğitimi savunuyor ve öğrencilerin hem yaparak hem de aktör, müzisyen, ressamlar da dahil diğer sanatçıların yaptıklarını izleyerek sanat "deneyimi" edinmesini hedefliyordu. Benzer şekilde, görsel sanatlarla uğraşanlar, belediyenin dans, tiyatro ve müzik grupları da müze galerilerinde performans sergilemek üzere çağrılmıştı.

Resim dersleri uzun süredir müzelerde verilen geleneksel bir hizmetti fakat artık daha da önemli hale gelmişlerdi. Zira yaratıcı faaliyetler, en beğenilen sanat değerlendirme yaklaşımı haline gelmiş ve sanat tarihine rakip olmuştu. 1903'ten beri çocuklara resim ve müzik dersleri sunan Toledo Museum of Art, resim derslerini eğitim etkinliklerinin odağına aldı. 1937'den 1970'e kadar Museum of Modern Art Eğitim Bölümü'nü yöneten ve belki de "kendi neslinin en etkili müze eğitmeni" olan Victor D'Amico'ya göre, stüdyo dersleri müze eğitiminin kalbiydi. "İnsanlar bir şeyin nasıl yaratıldığını bildiğinde," diye ekliyordu "başkalarının yaratıcılığına saygı duyarlar."[132] Yetişkinler için olan dersler "sanatçı yaratmayı değil, geçmişin ve şimdinin sanatçılarının eserlerini daha iyi anlayıp onlardan daha fazla zevk alan, estetiğe daha duyarlı bireyler yaratmayı" amaçlıyordu.[133] 1970'te Whitney Museum of American Art, herkese açık olmayan

---

130 Stephen Mark Dobbs, "Research and Reason: Recent Literature and Ideas in American Art Education," *Curriculum Theory Network* 4, sayı 2/3 (1974): 184.

131 Stanley S. Madeja, "Kathryn Bloom and the Genesis of the Arts in Education Movement," *Art Education* 45, sayı 4 (Temmuz 1992): 45-51.

132 Frederick G. Ortner ve Barbara Y. Newsom, "The Educational Mission of Museum of Modern Art," Newsom ve Silver, *The Art Museum as Educator* içinde, 59 (bkz. dipnot 122).

133 Victor D'Amico, *Experiments in Creative Art Teaching: A Progress Report on the Department of Education, 1937-1960* (New York: Museum of Modern Art, 1960), 29.

ünlü Bağımsız Çalışma Programına başladı. Bu program, biri ağırlıklı olarak siyah ve Puerto Rikolu onlu yaşlarındaki çocuklardan, diğeri ülkenin dört bir yanından gelen başarılı üniversite öğrencilerinden oluşan iki grup sanatçıya, her yıl bir okul dönemi boyunca stüdyoda ya da sanat tarihi ve müzecilik alanında ileri seviye eğitim alma imkânı sunuyordu. *New York* dergisinde yazan Barbara Rose, stüdyo projesinin, "çoğu gittiği devlet okulunda umutsuz suçlu muamelesi gören yetenekli getto gençlerinin enerjisini yıkıcı ve antisosyal değil, yaratıcı dışavurum biçimlerine kanalize ederek hayatlarını kurtardı"ğını söylüyordu. Ayrıca, Rose, devlet okullarının "sorunlu" çocukları müze eğitimi departmanlarının derslerine göndermeye rıza göstermeye başlamasını da ümit verici buluyordu.[134]

Metropolitan gibi daha geleneksel müzeler, yetişkinlere, koleksiyonlarında görülen çeşitli araçların ve sanatsal tekniklerin öğretildiği, eski "metot ve malzemeler" derslerini vermeyi sürdürdü. 1968'de Metropolitan, Eski Ustalar: Yeni Çıraklar adlı yeni bir pilot ders başlattı. Bu ders, müzenin koleksiyonlarının, "onlu yaşlardaki yoksul çocukların katılacağı bir stüdyo kursunda önemli bir rol oynayıp oynayamayacağını" görmek için tasarlanmıştı. Program, öğrencileri müzenin galerileriyle tanıştırıyor ve onları gözlem yapmaya, resim çizmeye ve grup tartışmalarına katılmaya teşvik ediyordu. "Çoğu zaman her öğrenciye dikkatle bakacağı farklı bir tablo önerirdik." Çok geçmeden öğretmenler keşfettiler ki "en etkili eğitim, kursta esnek, kişiye özel bir yaklaşım benimsendiğinde sağlanıyordu." "Çocukların koleksiyon içinde serbestçe gezinip beğendikleri sanatçıları 'arayıp bulma'larına izin verme" yönteminin en başarılısı olduğu kanıtlanmıştı. "Çocuklar, tarih içindeki ruh eşlerini seçerek kendi sanatçı kimliklerini de güçlendirdiler;" geçmişteki büyük sanatçılarla özdeşlemek "pek çok öğrenciye bir geleneğe ait olmaktan kaynaklanan güvenlik hissi" veriyordu.[135]

Pek çok eğitim departmanı geleneksel konu anlatımlı turlar yerine, katılımı ve keşfetmeyi teşvik edip çocukların doğal merakını uyandır-

---

134 Barbara Rose, "The Battle in the Museums: Exhibition vs. Education," *New York* (21 Şubat 1972): 56.

135 *Bulletin of The Metropolitan Museum of Art* 27, sayı 4 (Aralık 1968): 230-6.

mak üzere tasarlanmış etkinlikleri benimsedi.[136] Ulusal Güzel Sanatlar Koleksiyonu, doğaçlama tiyatro teknikleri kullanarak ilkokul çocuklarını sanat eserleriyle tanıştırdı.[137] Cleveland Museum of Art, Galerilerdeki Dansçı'yı açarak, çocukları "bedenlerini kullanmaya ve baktıkları sanat eserlerinin hareketini incelemeye" teşvik etti.[138] Eğitmenler, Metropolitan'a gelen onlu yaşlarındaki öğrenci gruplarında, "sanat eserlerini deneyimlemek için bir tür ısınma olarak kullanılan duyarlık eğitiminin değiştirilmiş biçimleri"ni denedi.[139] Bu programların en çok ifade edilen hedefi, görsel farkındalığı ya da algılamayı, yani nasıl görmek gerektiğini öğretmekti.[140] Süreci, "bakmayı öğrenmek" olarak tarif eden Philadelphia Museum of Art öğretmenleri, genç öğrencilerden gündelik algılama becerilerini sanat eserlerine uygulamalarını istedi, onları odaklanmış bakış ve aktif araştırmaya yönlendirdi.[141] "Görmeyi öğrenmek" ya da "bakmayı öğrenmek" genellikle sanatın formel öğelerini fark etmeyi öğrenmek anlamına geliyordu. Örneğin, Atlanta'daki High Museum çocuklara çizgi, hareket, ritim ve duygu temalı altı oturumdan oluşan bir program sunuyordu.[142] Cleveland'da, "altıncı sınıf öğrencisi erkek çocukların bir Çin parşömenindeki bir çizginin hareketini tekrarlama çabasıyla çömelip, kalkıp hareket etmeleri ya da küçük çocukların bir Morris Louis renk patlaması karşısında dans etmeleri [...] galerilerde az

---

136 Adele Z. Silver, "Programs for Schoolchildren in Museums," Newsom ve Silver, *The Art Museum as Educator* içinde, 267 (bkz. dipnot 122).

137 Dareel Sewell, "What You See is What You Get: An Approach to the Use of Museums for Education," *Art Education* 24, sayı 9 (Aralık 1971): 22.

138 James R. Johnson ve Adele Z. Silver, *The Education Program of the Cleveland Museum of Art* (Celeveland, OH: Cleveland Museum of Art, 1971).

139 Harry S. Parker III, "The Art Museum and the Time of Change," *Art Education* 24, sayı 9 (Araık 1971): 7.

140 Silver, "Programs for Schoolchildren in Museums," Newsom ve Silver, *The Art Museum as Educator* içinde, 269 (bkz. dipnot 122).

141 "Perception Games" [Algı Oyunları], 1970'lerde Philadelphia Museum of Art'ta başlatılan bir programın daktilo edilmiş el ilanı. Philadelphia Museum of Art, Eğitim Departmanı dosyalarından edinilebilir.

142 Sue Robinson Hoth, "High Museum of Art: Discovery and Elementary-Art to the Schools," Newsom ve Silver, *The Art Museum as Educator* içinde, 308 (bkz. dipnot 122).

rastlanan görüntüler değil"di.¹⁴³ Müze eğitimcilerinin üzerinde hemfikir olduğu şey, öğrencilere görmeyi öğretmenin sanata tarihsel açıdan bakmak anlamına gelmediğiydi. Barbara Newsom, Metropolitan'daki eğitim programlarıyla ilgili öneriler de içeren 1970 tarihli çalışmasında, maddi bilgilerin "sanatla yeni tanışanların yapacağı gözlemlere ayak bağı" olabileceğini yazıyordu.¹⁴⁴ Hemen bir yıl sonra, Metropolitan'ın Eğitim Bölümü Direktör Yardımcısı III. Harry J. Parker, liseler için hazırlanan programlarda vurgunun, sanat tarihi bilgisi vermekten görsel algıyı geliştirmeye kaydığını bildiriyordu.¹⁴⁵ Patterson Williams, Philadelphia Museum of Art'ta kullanılan ve algı oyunları adı verilen programın gelişimini açıklarken, "algı metotlarının kullanılmasında esas şey, tarih bilgisi verme gerekliliğini unutmaktır," dedi.¹⁴⁶

1970'lerde geliştirilen en tanınmış müze programı muhtemelen Sanatsal Farkındalık idi. Bu program, 1972'de, Metropolitan'da lise programları sorumlusu Philip Yenawine tarafından başlatıldı ve NEA ve New York State Council on the Arts (NYSCA) tarafından finanse edildi. Yenawine'a göre, Sanatsal Farkındalık, "lise öğrencileri, sanat nesneleri ve bu nesnelere ev sahipliği yapan kurumlar arasındaki engelleri aşmak" için bir girişimdi. Programın yaratıcıları, "dans ve fotoğraf gibi çeşitli yaratıcı dışavurum araçlarını kullanarak genç insanların gördükleri şeylere kendi istekleri doğrultusunda yanıt vermesini sağlayıp sağlayamayacağımızı görmek istiyordu." Yenawine, bu görevde, "sözsüz ve bilgi temeline dayanmayan" yaklaşımları benimsemekten yanaydı. Bu yaklaşımlar, sanata evrensel bir dil vasıtasıyla erişilebileceği fikrine dayanıyordu. Yenawine'ın belirttiği

---

143 Adele Z. Silver, "Education in a Museum: A Conservative Adventure," *Curator* 15, sayı 1 (Mart 1972): 78.

144 Barbara Y. Newsom, *The Metropolitan Museum as an Educational Institution: A Study with Recommendations* (Kasım 1970), The Metropolitan Museum of Art Eğitim Direktör Yardımcısı III. Harry S. Parker'a verilmiş bir raporun daktilo metni, s. 70.

145 Parker, "The Art Museum and the Time of Change," 7 (bkz. dipnot 139).

146 Patterson Williams, aktaran Barbara C. Fertig, "The Philadelphia Museum of Art: School Programs," Newsom ve Silver, *The Art Museum as Educator* içinde, 325 (bkz. dipnot 122).

gibi, "bütün sanatlarda ortak olan bazı estetik nitelikler, doku, çizgi, mekân, yapı, renk ve duygu gibi şeyler [...] bir sanattan diğerine tercüme edilebilir."[147] Dansçı ve müzisyenlerin rehberliğinde öğrenciler bir tablonun çizgisini, dokusunu, mekânsal ilişkilerini, rengini ya da duygusunu "icra ediyordu." Yenawine "Sanatsal Farkındalık'la [...] gerçek bir hareket getirdik ve insanlar buna bayıldı," diyordu[148] Sanatsal Farkındalık 1974'te Metropolitan'da resmen sona erse de, iki yıl boyunca NYSCA tarafından finanse edilen ve kâr amacı gütmeyen bir grup olan Artists Teaching Inc. bu yaklaşımı yaşatmaya devam etti ve grubun üyeleri, eyaletteki müze rehberlerine ve çalışanlarına bu yaklaşımı örneklerle gösterdi.[149]

Bütün bu yaklaşımlar, nesneleri tarihsel olarak anlamaktan çok, doğrudan deneyimlemeye dayanan estetik formalizmin çeşitleriydi. Bu yaklaşımlarda, gözlemcinin bir sanat eseriyle temel formlarına verdiği psikolojik bir tepki vasıtasıyla ilişki kurduğu, sanat yapıtlarına bir tür empati vasıtasıyla erişilebildiği fikri saklıydı.[150] Müze eğitmeni ve üniversitede güzel sanatlar öğretmeni olan John T. Murphey, şöyle açıklıyordu: "Bir müze eğitimi departmanı, sadece deneyime katalizörlük ettiğinde [...] ziyaretçinin bilgisini değil, duygusunu kuvvetlendirdiğinde doğru kullanılmış olur."[151] Güncelliğin ne anlama geldiğini anlamaya çalışan III. Harry J. Parker, müzelerin "bugün yükseliyor görünen düşünce dalgasının değil, hissiyat dalgasının üzerine çıkacağı"na söz veriyordu.[152] Anı yaşarken, somut bilgi ve sanat

---

147 Bernard Friedberg, *Arts Awareness: A Project of The Petropolitan Museum of Art* (New York: The Metropolitan Museum of Art, 1972), sayfa numarası yok.

148 Barbara Y. Newsom, "The Department of High School Programs and an Experiment in 'Arts Awareness' at The Metropolitan Museum of Art," Newsom ve Silver, *The Art Museum as Educator* içinde, 453 (bkz. dipnot 122).

149 Artists Teaching Inc. üyeleri: koreograf ve müze eğitmeni Rika Burnham, şair Howard Levy, sanatçı Randy Williams, yazar Berbard Friedberg ve fotoğrafçı Stephen Price.

150 Bkz. Jarzombeck, "De-Scribing the Language of Looking" (bkz. dipnot 34).

151 John T. Murphey, "What You Can Do with Your Education Department," *Museum News* 49, sayı 2 (Ekim 1970): 16.

152 Parker, "The Art Museum and the Time of Change," 8 (bkz. dipnot 139).

SANAT MÜZESİNDE EĞİTİMİN KISA BİR TARİHİ | 89

tarihi kaybolmuştu. Sterling ve Francine Clark Enstitüsü Direktörü George Heard Hamilton, müzenin görevinin "tarihe bakış egzersizleri değil, gücü dahilindeki en temel estetik deneyimleri" sağlamak olduğunu söylüyordu.[153] Müze eğitiminde "duyarlık" hareketine eleştirilerin gelmesi çok sürmedi. 1980'de Robert W. Ott, müze eğitmenlerinin çeşitlendirdiği eğitim programlarını ve "sanatla karşılaşmalarda duyuyu temel alan yaklaşımlar"ı övüyordu, ama bundan yalnızca iki yıl önce, Austin'deki Texas Üniversitesi'nin müze eğitimi koordinatörü ve sanat eğitimi öğretmeni Susan Mayer, "Çocukların galerilerde dans etmekten hoşlandıklarını anladık da, bir şey öğreniyorlar mı?" demişti.[154] Birkaç yıl sonra, Laura Chapman, eğitmenlere, "çocuklardan soğuk döşemeye yatıp mor üçgenler olmaları ne zaman, nerede, nasıl istenir, bir düşün"melerini alaycı bir dille tenbihliyordu. Doğaçlama ve keşfetmenin de yeri var, diyordu, "ama temaşa ve disiplinli araştırma da teşvik edilmeli. Küçük çocukların ne kadar öğrenebildiğini ve öğrenme sürecinin kendisinden aldığı keyfi küçüksemek kolay."[155]

1970'ler, pek çok müze eğitmeni açısından bir tükenmişlik hissiyle sona erdi. George Washington Üniversitesi Müze Eğitimi Departmanı'ndaki yüksek lisans programının kurucusu ve direktörü Marcella Brenner, müzeleri eleştirerek, "herkes için her şey"i yapmaya çalıştıklarını söylüyordu. NEA'daki Müze Programı'nın direktörü Tom Freudenberger, ileri bakarak, "Yeni fikirler evresini geçtik; ileride çok parlak şeyler yok," diyordu.[156]

---

153 George Heard Hamilton, "Education and Scholarship in the American Museum," Sherman E. Lee, der., *On Understanding Art Museums* içinde, American Assembly Report, (Englewood Cliffs, NJ: Prentice-Hall, 1975), 117.

154 Robert W. Ott, "Museums and Schools as Universal Partners in Art Educataion," *Art Education* 33, sayı 1 (Ocak 1980): 7; Susan M. Mayer, "Alternatives in Me-You-Zeums," *Art Education* 31, sayı 3 (Mart 1978): 18.

155 Laura Chapman, "The Future and Museum Education," *Museum News* 60, sayı 6 (Temmuz-Ağustos 1982): 54.

156 Her ikisinde de aktaran, Barbara Y. Newsom, "A Decade of Uncertainty for Museum Educators," *Museum News* 58, sayı 5 (Mayıs-Haziran 1980): 50.

1980'ler: Belirsizlikler İçinde Bir Meslek

1980'de, *The Art Museum as Educator*'ın yazarlarından Barbara Newsom ileriye bakıyor ve müze eğitmenlerini "on yıllık belirsizlik"in beklediğini görüyordu.[157] Aslında 1980'ler, alanın daha sağlam bir düşünsel zemine fazlasıyla ihtiyaç duyduğu hissiyle tanımlanacaktı. Bu, pek çok müze eğitmeninin paylaştığı bir histi. Cornell Üniversitesi Herbert F. Johnson Museum of Art Eğitim Departmanı Koordinatör Yardımcısı Inez Wolins'in dediği gibi, meslek "sağlam [bir] teorik çerçeve" çizmekte çok geç kalmıştı.[158] Denver Art Museum Eğitim Direktörü Patterson Williams "Gündelik yaşamlarımızda, müze öğretmenleri, müze rehberleri ve müze eğitimi yöneticileri, içinde çalıştıkları teorik üstyapının ifade edilmesine umutsuzca ihtiyaç duyuyor," diye yazıyordu.[159] Williams'ın kendisi de Philadelphia Museum of Art'taki on yılı aşkın tecrübesine dayanarak bir "öğretme teorisi" kaleme aldı. 1970'ler, iki amaç, nesneleri yoğun ve kişisel bir şekilde deneyimlemek ile onlar hakkında bilgi almak arasında nasıl doğru bir ilişki kurulacağı sorusuyla çerçevelenmiş zorlu bir mücadele alanının açılmasıyla son bulmuştu. Williams ise kendi geliştirdiği "müzelerde nesne-odaklı öğrenme" teorisiyle bu soruya yöneldi.[160] Müzelerde devam eden eğitimi düşünerek, "birincil amaç [...] insanlarla nesnelere dair bilgileri değil, insanlarla nesneleri bir araya getirmek olmalı," diyerek nerede durduğunu en baştan açıkça gösteriyordu. Müze eğitimi programlarının sahip olabileceği en iyi hedefin "ziyaretçilerin sanat nesneleriyle kişisel anlamı olan deneyimler edinmesine yardım etmek" olduğunu yazıyordu. Örneğin, sanatçının yaşamı ya da resim yapma teknikleriyle ilgili yan bilgiler "güçlü ve elverişli" bir rol oynayabilirdi, ama bu "ziyaretçinin

---

157 Agy., 50.

158 Inez Wolins, "A Catalyst for Museums: Examining the Role of Art Museum Education," *The Museologist*, sayı 155 (Kış 1981): 17.

159 Patterson B. Williams, "Object Contemplation: Theory into Practice," Museum Education Roundtable, *Roundtable Reports* 9, sayı 1 (Kış 1984): 10.

160 Patterson B. Williams, "Object-Oriented Learning in Art Museums," Museum Education Roundtable, *Roundtable Reports* 7, sayı 2 (1982): 12-5.

SANAT MÜZESİNDE EĞİTİMİN KISA BİR TARİHİ | 91

deneyimini artırmaya, daha yoğun ve anlamlı hale getirmeye yönelik bir giriş niteliğinde" olabilirdi.

Williams, müze eğitmenlerinin, ziyaretçileri sanat nesneleriyle dört temel şekilde aktif ilişki kurmaya teşvik etmesi gerektiğini önerdi: Yavaşlayıp sanat nesnesinin çeşitli yönlerine odaklanmak, sanat nesnesine karşı kişisel tepkilerini ve onunla bağlantılarını değerlendirmek, onunla ilgili yargılarda bulunmak ve onu kültürel bağlam içinde düşünmek. Williams, dördüncü yaklaşımın diğerleriyle tam uyuşmadığının farkındaydı; ziyaretçinin kendi gözlemleriyle keşfedemeyeceği bilgilere dayanıyordu. Ama ziyaretçilere bu bilgiyi vermenin "elverişli" bir eğitim metodu olduğunu kabul etti. Gelgelelim Williams'a göre müze eğitimi, birincil olarak ziyaretçinin nesneye dair doğrudan deneyimiyle ilgili bir meseleydi. Sanat eserlerinin anlamından bahsedilecekse, "bir sanat eserinin anlamı, bizde uyandırdığı etkilerdir (duygu uyandırması zorunlu değildir)," iddiasında bulunuyordu.

Williams'ın aktif ve ziyaretçi merkezli yaklaşımı, müze eğitmenlerini 1930'lardan beri etkilemiş olan ilerici eğitim akımından türedi ve 1960'ların keşfederek öğrenme hareketiyle güç kazandı. İngiltere'deki West Sussex Yüksek Öğrenim Enstitüsü'nün başında bulunan John Fines, Amerikan sanat müzesi eğitiminde bir klasik haline gelen makalesinde bu yaklaşımı örneklendirdi. Fines, öğrencilerini, "elbirliğiyle öğrenmek" adını verdiği şeye dahil etmeyi hedefliyordu. Öğretmen, dersin nasıl ilerleyebileceğiyle ilgili fikirlerle gelir, ama asıl "planlama," öğrencilerle öğretmenler bir araya geldiğinde –orada– yapılır. Bir nesneyi incelerken bir ya da birkaç öğrencinin sahiden bilme ihtiyacı duyduğunu gösteren bir soru ya da problem çıktığında, öğretmen ve öğrenciler her soru hattını birlikte izler ve ders bu şekilde ilerler. Öğretmen, öğrencilerin bulgularını dinleyerek, toplayarak, onlara yanıt vererek ve onları öğrencilere geri yorumlayarak etkinliği "yönetir."[161] University of Colorado Museum Eğitim Koordinatörü Mitchell Sakofs, benzer

---

161 John Fines, "Imagination in Teaching: Reflections on My Fortnight's Work," (1981); yeniden basım: Susan K. Nichols, der., *Museum Education Anthology, 1973-1983: Perspectives on Informal Learning: A Decade of Roundtable Reports* (Washington, DC: Museum Education Roundtable, dağıtan American Association of Museums, 1984).

tarzda turlar düzenlemeyi tavsiye ediyordu. "Gruba rehberlik edilirken izleyicilerin teşhirlerle ilgili gözlemlerde bulunacağı ve gözlemlerini sözcüklere dökeceği," kendi deyişiyle, "tur dışı gezileri" [non-tours] öneriyordu. Müze eğitmeniyle tur grubu üyeleri arasında bir diyalog kurulduğunda ders evrilerek, "teşhirdeki nesnelerin, tur katılımcılarının gözlem ve sözlerinin ve müze eğitmeninin bilgi, beceri ve yeteneklerinin doğrudan bir sonucu olarak" ortaya çıkar.[162]

Çoğu müze eğitmenine göre, daha katılımcı bir ders yaklaşımını benimseme tavsiyesi, her şeyden önce, soru sormayı gerektirir. Müze eğitimi departmanlarının okul gruplarıyla çalışan ve hatta bazıları yetişkinlere yönelik sohbetler düzenleyen galeri öğretmenlerinden, konferans biçiminden etkileşimli biçime geçmeleri istendiğinde, genel olarak, soru hazırlama ve sorulardan faydalanmanın ön plana çıktığı bir sonuç ortaya çıkıyordu. Örneğin, San Francisco'daki müze rehberleri önceden hazırlanmış sorular sorarak, turlarındaki yetişkinleri düşünmeye ve gözlemlemeye teşvik etti; onların düşünce ve gözlemlerine yanıt verdi. "Bu, soru/tartışma tekniğinin özü olarak görülüyordu."[163] *The Good Guide* ve ondan kısa süre sonra çıkan *New Frontiers in Touring Techniques: A Handbook of the 1991 National Docent Symposium* gibi, müze rehberlerine yönelik el kitapları, "soru stratejileri" üzerine bölümler içeriyordu. Soru stratejilerine pek çok müzedeki derslerde hâlâ büyük önem veriliyor ve biz de bu kitapta konuya ayrı bir bölüm ayırdık (bkz. Altıncı Bölüm).

Ancak üniversitede sanat ve sanat eğitimi alanında dersler veren Elliot Eisner ve Stephen Dobbs'un müze eğitimini konu alan ve 1986'da yayımlanan, *The Uncertain Profession: Observations on the State of Museum Education in Twenty American Art Museums* [Belirsizlik İçindeki Meslek: Yirmi Amerikan Sanat Müzesinde Müze Eğitiminin Durumu ve Gözlemler] başlıklı incelemede belirttikleri gibi, bu tür uygulamalar için teorik bir çerçeve ihtiyacı sürüyordu. Müze eğitmenliği mesleğinin

---

162 Mitchell S. Sakofs, "Optimizing the Educational Impact of a Museum Tour," *Curator* 27, sayı 2 (Haziran 1984): 139.

163 Adrienne Horn, "A Comparative Study of Two Methods of Conducting Docent Tours in Art Museums," *Curator* 23, sayı 2 (Haziran 1980): 108-9.

SANAT MÜZESİNDE EĞİTİMİN KISA BİR TARİHİ | 93

mevcut durumunun bir resmini sunmak için Getty Center for Education in the Arts [Getty Sanat Eğitimi Merkezi] tarafından görevlendirilen Eisner ve Dobbs, ABD'deki yirmi sanat müzesinin eğitim sorumluları ve direktörleriyle görüşmeler yaptı. Rapor, ABD'de galeri eğitiminin, amaçları ve yöntemleriyle ilgili neredeyse yüz yıldır süren tartışmalara rağmen kendi düşünsel temelleri konusunda tereddütlü ve "müze eğitiminin temel amaçları konusunda bir uzlaşmadan yoksun" bir meslek olduğunu gösterdi. Bu hiç de övücü olmayan portrenin ardından Eisner ve Dobbs müze eğitiminin hem akademik literatürden hem teorik çerçeveden yoksun olduğu sonucuna vardı.[164] Dahası, Eisner ve Dobbs, müze eğitmenlerinin hiç pedagoji eğitimi almadığını gördü. Görüştükleri bir eğitmen şöyle diyordu:

> Bence öğretmenlik konusunda iyiyim, bu yönde doğal bir yeteneğim olduğunu düşünüyorum, ama arkamda bir teori yok. Bence müze alanında çalışan pek çoğumuz gerçekten çok yetersiziz [...] Müzede insanların nasıl öğrendiğine dair işe yarar bir teorimiz yok.

Müze eğitmenlerinin çalışmaya tepkisi karışıktı. Bazıları çalışmanın metotlarını da, vardığı sonuçları da eleştirmiş, bazıları ise pek çok doğru barındırdığını kabul etmişti. En önemli tepkilerden biri, mesleklerinin durumu konusunda müze eğitmenlerinin kendi adlarına konuşmaları gerektiği yönünde kesin bir oybirliğiydi. Bu amaçla, 13-16 Kasım 1987 tarihinde, Denver'da, alandan düşünür ve liderlerin katıldığı bir "zirve toplantısı" düzenlendi. Bilinen adıyla Denver toplantısı, yirmi beş sanat müzesi eğitmeninden oluşan bir grubu bir araya getirmişti. Bunların arasında iki müze eğitmenleri meslek örgütünden, Amerika Müzeler Birliği Eğitim Komitesi ve Ulusal Sanat Eğitimi Birliği (National Art Education Association - NAEA) Müze Bölümü'nden seçilmiş görevliler de vardı. Bu örgütler, daha önce hiç birlikte çalışmamış ve toplantı yapmamıştı.

Grup, kendini müze eğitiminin bir tanımını yapmaya ve alanın geleceğinde merkezi bir yer tutabilecek konuları belirlemeye adadı. Katılımcıların bir hafta boyunca tartışmak üzere belirlediği ana alanlar

---

164 Stephen M. Dobbs ve Elliott W. Eisner, *The Uncertain Profession: Observations on the State of Museum Education in Twenty American Art Museums* (Los Angeles: Getty Center for Education in the Arts, 1986), 30-1.

arasında en aşikâr şekilde merkezi yeri tutan, sanat müzesinde eğitimdi. Toplantının eşbaşkanlarından Patterson Williams, kısa süre önce kaleme aldığı bir makalede müzelerin, eğitimde başarılı olan gönüllülere, kadrolu çalışanlara, küratör ya da eğitmenlere yüksek ödüller vermediğinden yakınmıştı.[165] Denver Art Museum'da Williams, bir usta öğretmen pozisyonu açarak, profesyonel öğretmenliği müze eğitiminin merkezine cesurca geri getirdi ve müzede eğitimin hak ettiği yüksek statüye sahip çıktı. Usta Öğretmen unvanı aynı zamanda öğretmenliğin pek çok bilgiye vakıf olmayı gerektiren ve adanmışlık isteyen bir disiplin olduğunun da hatırlatıcısıydı.

Denver toplantısında katılımcıların müze eğitimi konusuna çözüm arama yollarından biri, usta öğretmenin ne demek olduğunu tanımlamaya çalışmaktı. Zamanın kısıtlı oluşu ve "hiçbir katılımcının itibarını tehlikeye atmadan" bir uzlaşmaya varma çabası göz önüne alındığında, bunun kolay bir görev olmadığı ortaya çıktı. Epeyce bir tartışmadan sonra grup standart bir usta öğretmen modeli olamayacağı sonucuna vardı, ama "ideal profil"in en önemli unsurlarını belirledi. Bu ideal profil, hayli heterojen bir nitelik, beceri ve bilgi seçkisine sahip olmalıydı. İyi dinleme, empatik, hevesli ve esnek olma gibi kişisel niteliklere, sanat konusunda kavrayışlı ve belagatli, iletişim konusunda yaratıcı ve araştırmacı olmak gibi becerilere sahip olması ve sanat konusunda bilgili olması gerekiyordu.

Profilden daha ilginç olanı, belirli bir eğitim türünü tanımlayan kurallardı. Belki hiç de şaşırtıcı olmayan bir şekilde grup, nesneyi temel alan, güven veren bir çevrede yapılan, öğrencilerin yeteneklerine saygılı, öğrencinin aktif şekilde katıldığı, farklı sonuçları teşvik eden, ama aynı zamanda fikirlerle maddi gerçekleri de ayırt eden ve bakma becerilerini öğreten bir eğitim tavsiye etti.[166] Bu kurallar, müze eğitmenleri arasında, öğrencilerin tartışma yoluyla aktif katılımını öne

---

165 Patterson Williams, "'Teaching or Touring?' An Afterward [metinde aynen]," Susan K. Nichols, der., *Museum Education Anthology* içinde (Washington, DC: Museum Education Roundtable, 1984), 49.

166 Denver Toplantısı, Özet Rapor, yayımlanmamış daktilo metni, (Denver, CO: Museum Educators on Museum Education, 1987). Bana bu belgenin fotokopisini gönderen Patterson Williams'a özellikle teşekkür ederim.

SANAT MÜZESİNDE EĞİTİMİN KISA BİR TARİHİ | 95

çıkarırken, konu anlatımı ve diğer bilgilendirme tekniklerini geri plana atan öğrenci merkezli yaklaşımların desteklenmesi yönünde gelişen bir uzlaşmayı temsil ediyordu.

Denver toplantısına katılanlar, usta öğretmenlikle ilgili tartışırken müzede hangi konularda eğitim verileceği meselesini ortaya attılar. Konu meselesi, müze eğitmenlerinin sanat eğitimindeki çağdaş eğilimlerle ilişkisi üzerine yapılan tartışmalar sırasında belirdi. Sanat eğitimi, geleneksel olarak sanat yapmaya odaklanıyordu, ama 1960 ortalarında sanat tarihi ve sanat eleştirisinin de müfredata eklenmesi yönünde yükselen bir hareket başladı.[167] Bunun sonucunda oluşan ve aralarında estetik eğitimi, disiplin temelli sanat eğitimi (DTSE; açıklama için aşağıya bakınız) ve görsel okuryazarlığın da bulunduğu girişimler, sanat eğitiminin içeriğiyle ilgili pek çok soruyu ortaya çıkardı.

Estetik eğitimi terimi 1960'larda sanat eğitimi alanında kendini mütemadiyen göstermeye başlamıştı.[168] Terim genellikle geleneksel sanat üretimi etkinliklerine değerlendirme, eleştiri ve tarihle ilgili etkinlikler ilave etme eğilimine işaret ediyordu. 1986'da Ulusal Sanat Eğitimi Birliği, hareketin önde gelen taraftarı Ralph A. Smith'i estetik eğitimi konusunda bir makale yazmak üzere görevlendirdiğinde ise ortaya çıkan sonuç, "Excellence in Art Education" [Sanat Eğitiminde Üstün Başarı] başlıklı güçlü bir savunma metni olmuştu.[169] Denver toplantısında "müzeler için estetik eğitiminin tanımı"nı tartışma konuları arasında listenin en üstüne yerleştiren katılımcılar kısa süre önce yayımlanmış makalenin belli ki farkındaydı. Smith, estetik deneyimi, estetik eğitiminin merkezi amacı haline getirmişti. Smith'in birkaç çağdaş düşünürün yazılarından alınmış estetik deneyim tanımı karmaşık olsa da, kavramı ele alış şekli, bu kavramı müze açısından tanımlama mücadelesi veren müze eğitmenlerinin fikirlerinin kaynaklarını geniş-

---

167 Athur D. Efland, "Curriculum Concepts of the Penn State Seminar: An Evaluation in Retrospect," *Studies in Art Education* 25, sayı 4 (Yaz 1984): 205-11.

168 Arthur D. Efland, *A History of Art Education: Intellectual and Social Currents in Teaching and the Visual Arts* (New York: Teachers College Press, 1990), 240.

169 Ralph A. Smith, *Excellence in Art Education: Ideas and Initiatives* (Reston, VA: National Art Education Association, 1986; gözden geçirilmiş basım, 1987).

letmesini gerektirdi.[170] Denver'daki toplantıya katılanlar onları ne çetin bir işin beklediğinin farkındaydılar, zira hazırladıkları önemli meseleler listesine "etkileşimli öğrenme ve estetik deneyimde üstün başarı için bir model geliştirilmesi"ni de eklemişlerdi.[171]

Smith, öğrencilere hem sanat tarihi hem estetik eleştiri becerilerinin öğretilmesini öneriyordu.[172] Bu öneri, 1960'ların ortalarındaki bir inancı, sanat müfredatında yapılacak bir reformun, disiplin olarak tanımlanan sınıflandırılmış bilgi bütünlerine ve belirli araştırma yöntemlerine dayanması gerektiği inancını yansıtıyordu. 1982'de J. Paul Getty Vakfı bir sanat eğitim merkezi kurarak, sanat tarihi, sanat eleştirisi, estetik ve uygulamalı sanat disiplinlerinden oluşan disiplin temelli sanat eğitimine (DTSE) büyük destek verdi. Getty Vakfı'nın desteğiyle müzelere ve okullardaki sınıflara da yayılan DTSE, sanat eğitimi alanındaki en tanınmış yaklaşım haline geliverdi.[173]

Örneğin, 1986'da, National Endowment for the Humanities [Ulusal İnsani Bilimler Vakfı], geliştirdiği bir projeden dolayı Denver Art Museum'a ödül olarak bir hibe verdi. Yaşları on ile on beş arasında değişen öğrencilere "sanat eserlerini ve içinde yaratıldıkları toplumsal bağlamları nasıl inceleyeceklerini" öğretmeyi amaçlayan bu projeye Piecing Together the Past: A Humanities Approach to Learning from Art Objects [Geçmişin Parçalarını Birleştirmek: Sanat Nesnelerinden Öğrenme, Bir İnsani Bilimler Yaklaşımı] adı verilmişti. DTSE'yi de dikkate alan bu model proje, öğrencilere sanat tarihi ve eleştirisi yöntemlerini kullanarak "geçmişin parçalarını birleştirme"yi öğretmeyi

---

170 Güncel bir bakış açısı için bkz. Marcia Eaton, "Aesthetic Experience: Its Revival and Its Relevance to Aesthetic Education," *Journal of Aesthetic Education* 36, sayı 2 (Yaz 2002): 9-23. Eleştirel bir bakış açısı için bkz. Arthur Efland, "Ralph Smith's Concept of Aesthetic Experience and Its Curriculum Implications," *Studies in Art Education* 33, sayı 4 (Yaz 1992): 201-9.

171 Denver Toplantısı, Tam Rapor, yayımlanmamış daktilo metni (Denver, CO: Museum Educators on Museum Education, 1987), ek A.

172 Ralph A. Smith, "The Assent to Aesthetic Education," *Art Education* 20, sayı 2 (Şubat 1967): 11.

173 Efland, "Curriculum Concepts," 205 (bkz. dipnot 167); Efland, *A History of Art Education*, 238-44 (bkz. dipnot 168).

amaçlıyordu. Müze çalışanları, gönüllüler ve yaklaşık yirmi dört insani bilimler akademisyeni birlikte çalışarak bir model geliştirdi ve bunu yaz mevsiminde düzenlenen iki haftalık atölye çalışmalarında öğrencilere öğretti. Model, sanat tarihi ve sanat eleştirisi disiplinlerine özgü bilgi ve becerilerin kapsamlı "yöntem şemaları"nı ve üç öğretim ünitesinin ders kaynakları ve planlarını içeriyordu. Değerlendirmeler genellikle olumluydu, ama proje sürecinde karşılaşılan güçlükler genel olarak DTSE'den kaynaklanıyordu ve bunlardan biri de DTSE'yi oluşturan disiplinleri uygun şekilde tanımlamak gibi karmaşık bir sorundu. Ayrıca proje, tarih ve eleştiri yöntemlerini öğretmek için harcanan zamanın dikkatleri nesnelerden uzaklaştırıp uzaklaştırmayacağı, birkaç yorumcunun sorduğu gibi, birimlerin "yeterince nesne odaklı" olup olmadığı sorusunu da doğurdu.[174]

Danielle Rice'ın gözlemlediği gibi, müzeler DTSE'yle öğretilenlere paralel beceriler öğretse de, arada bir fark vardı: Müzelerde "vurgu, belirli bir disiplinin kendine özgü dilini ya da terimlerini öğrenmek değil, anlam çıkarmak üzerindeydi." Ayrıca DTSE'nin müze öğretmenleri için çok katı bir yaklaşım olduğu ortaya çıktı. Müzelerde sanat eserlerinden anlam çıkarmak, okullardaki sınıfların aksine, disiplinler arasında kolaylıkla bölünebilecek bir süreç değil, bütünsel bir süreçtir, diye belirtiyordu Rice. Müze eğitmenleri sürekli vites değiştiriyor, "şapka değiştiriyorlar; bir sanat tarihçisi, eleştirmen, düşünür, sanatçı oluyorlar. Bunu, ziyaretçilerden gelen sorulara, konulara ve kavrayışlara etkin şekilde yanıt verebilmek için yapıyorlar," diyordu.[175]

Denver toplantısına katılanlar, görsel okuryazarlık kavramının müze eğitimindeki yerini de ele almıştı. Genellikle bu kavramın, sanatın öğelerini az çok bir okurun cümledeki sözcükleri yorumladığı gibi "okumak" anlamına geldiği düşünülüyordu. Fakat Rice şöyle devam ediyordu: Sanatın biçimsel öğeleri, "estetik, sanat eleştirisi, stüdyo pratiği ve sanat tarihinden edinilen belirli bir takım analiz ve eleştiri

---

174 *Piecing Together the Past: A Humanities Approach to Learning from Art Objects; A Report for Museum Educators and Teachers* (Denver, CO: Denver Art Museum, 1987): 14-5.

175 Danielle Rice, "Vision and Culture: The Role of Museums in Visual Literacy," *Journal of Museum Education* 13, sayı 3 (Sonbahar 1988): 14, 17.

becerileri grubu" vasıtasıyla erişilebilen ve sanatı anlama ile sergilemede kullanılan daha geniş, kültüre bağlı bir sistemin parçasıdır.[176] Rice, DTSE'den, tam da bu becerileri sağlamak için tasarlanmış bir yaklaşım olarak bahseder. Ama söylediği gibi, görsel okuryazarlık müze eğitmenleri için tarif edilmesi zor bir hedef olarak kaldı çünkü gerekli bilgi ve becerileri edinmek için "yetenekli bir müze öğretmeni ve güzel bir sanat eseriyle kısa, tesadüfi bir karşılaşma"dan daha fazlası lazımdı.[177] Müzeler okullarla ortak olabilir, ama görsel okuryazarlığı kendi başlarına öğretmeyi bekleyemezler.

Denver toplantısına katılanlar, sanat tarihinin müze eğitimi içindeki yerinin ne olduğu sorusunu yeniden gündeme getirdi. 1981'de, kırk büyük sanat müzesinde yapılan müze eğitmenleri taraması, eğitmenlerin yüzde kırk birinin sanat tarihi öğrencisi, yüzde kırk dördünün mezunu olduğunu gösterdi. Ankete yanıt verenlerin yüzde seksen dördü müzede öğretmenlik yaptığı halde, sadece yüzde on üçü eğitmenlik eğitimi almıştı. "Formel eğitimlerinin, okudukları mesleki literatürün ve katıldıkları konferansların gösterdiği gibi, bu insanlar [müze eğitmenleri] kendilerini en başta sanat tarihçisi olarak görüyor."[178] Elliot Eisner ve Stephen Dobbs da aynı sonuca varmıştı. "Müze eğitmenleri sanat tarihini alanlarının düşünsel merkezi olarak görüyor ve mesleğe hazırlanırken en büyük önceliği ona veriyorlar."[179] Eisner-Dobb'un incelemesine katılanlardan bazılarının 1985 yılında yaptığı iki günlük bir takip toplantısında, "sanat tarihi temel disiplindir, müze eğitimi bir sanat tarihi pratiği biçimidir," şeklinde bir mutabakat vardı. Bir katılımcı, müzelerdeki eğitimin yaklaşık yüzde altmışının sanat tarihine, yaklaşık yüzde otuzunun eğitime bel bağladığı tahmininde bulundu.[180]

---

176 Agy., 16.

177 Agy.

178 Terry Zeller, "Art Museum Educators: Art Historians, Curators, or Educators? A Question of Professional Identity," *Curator* 27, sayı 2 (Haziran 1984): 116.

179 Dobbs ve Eisner, *The Uncertain Profession*, 33 (bkz. dipnot 164).

180 "Summary of Discussion on Museum Education and the Report The Uncertain Profession: Observations on the State of Museum Education in Twenty American Art Museums" (Toledo, OH: yayımlanmamış daktilo metni, 1985), 12.

SANAT MÜZESİNDE EĞİTİMİN KISA BİR TARİHİ | 99

Pratiğin merkezinde sanat tarihinin bulunması gerektiği fikrine herkes katılmıyordu. Danielle Rice, müze eğitmenlerinin "izleyenlere eğitimli bir bakışın nasıl çalıştığına dair bir ipucu vermesi gerek"tiğini söylüyor ve sanat tarihi bilgisinin müze deneyimini canlandırıp, zenginleştirebileceği fikrine katılıyordu. Fakat ziyaretçilere, bakma ve kendi sonuçlarını çıkarma fırsatını vermenin önemine de işaret ediyordu. Müze eğitiminin hedefi sanat tarihi öğretmek olmamalıydı: "Tarih öğrenmek için tarih öğrenilmez."[181] Düşünür Harold Osborne, "müzelerin ve direktörlerinin yeni sanat tarihi bilimine doğal olarak düşkünlüğü"nün, sanat değerlendirmenin yerine bilgi edinmeyi koyma tehlikesini doğurduğu yönünde uyarıda bulunuyordu. Osborne, "Bu, sanat tarihçileri için mesleki bir tehlike," diyordu: "Bir sanat eseriyle ilgili bilinebilecek her şeyi, onunla ilgili söylenmiş her şeyi bilebiliriler, ama yine de onu bir sanat eseri olarak estetik açıdan temaşa edemeyebilirler."[182]

1980'lerde izleyicilerin sanat eserlerine tepkisini inceleyen yayımlanmış neredeyse hiç makale yoktu[183] ve Denver toplantısına katılanlar, izleyici araştırmaları yapmak gerekir mi, diye sordular. Patterson Williams müze eğitiminin amacını "ziyaretçilerin sanat nesneleriyle kişisel ve anlamlı deneyimler yaşamasına yardımcı olmak" şeklinde tanımlarken, kendi deneyimleriyle "küratör, sanat tarihçisi, eleştirmen ve sanatçılar"ın deneyimlerini temel almıştı.[184] 1985'te Getty Sanat Eğitim Merkezi ve J. Paul Getty Museum'un estetik deneyim üzerine bir çalışma yapmak üzere görevlendirdiği sosyal bilimci Mihaly Csikzentmihalyi ve araştırmacı Rick Robinson, müze çalışanlarının deneyimlerini temel almıştı. 1987'de yine Getty Sanat Eğitim Merkezi ve J. Paul Getty Museum'un sponsor olduğu, ziyaretçilerin sanat müzelerine dair algı

---

181 Rice, "Vision and Culture," 16 (bkz. dipnot 175).

182 Harold Osborne, "Museums and Their Functions," *Journal of Aesthetic Education* 19, sayı 2 (Yaz 1985): 46.

183 Bkz. Andrea Welzl Fairchild, "Describing Aesthetic Experience: Creating a Model," *Canadian Journal of Education/Revue canadienne de l'education* 16, sayı 3 (Yaz 1991): 267-80.

184 Williams, "Object-Oriented Learning," 12 (bkz. dipnot 160).

ve tutumları üzerine iki yıllık odak grup araştırması[185] ise sanat müzesi ziyaretçilerinin deneyimlerini daha derinlemesine anlamaya yönelik çığır açan bir girişim oldu. Sanat müzeleri pazarlama amaçlı çok sayıda izleyici araştırması yapmıştı, ama odak grup araştırması, ziyaretçilerin davranışlarından ziyade düşüncelerini, duygularını ve tutumlarını incelemeyi amaçlayan bir girişimdi. Neil Harris, 1989'da araştırmayı sonuçlandırmak için düzenlenen bir kolokyumda müzelerin en gizemli, ama en ayırıcı işlevi olan sanat eseriyle karşılaşma üzerindeki perdenin kaldırıldığından bahsetti.[186] Bununla birlikte galeri sınıflarının bu karşılaşmaları kolaylaştırıcı rolü tartışmalar içinde bir konu başlığı değildi. Hatta projeyle ilgili genel tartışmalara katılanlardan biri olan ve uzun zamandır müze eğitmenliği yapan Nancy Berry, öğretme yöntemlerinin ve alandaki son araştırmaların neden daha fazla tartışılmadığını merak ettiğini söyledi.[187] İzleyici araştırmalarının müze eğitimiyle ilişkisinin ne olduğu sorusu yanıtsız kaldı.

Böylelikle 1980'ler gerçekten de müze eğitimi açısından belirsizliklerle dolu bir on yıl oldu. Alanın hem içinden hem dışından yorumcular, müze eğitiminin amaçları, konusu ve yöntemleri hakkında bir soru fırtınası başlattılar. Eğitmenlerse bu soruları yanıtlamak ve onları içine alan bir teori çerçevesi oluşturmak için mücadele etmeye devam edecekti.

1990'lar ve 2000'ler: Postmodernizm ve İnşacılık

1990'larda uzmanlarca tanımlandığı şekliyle müze deneyimi ile "ziyaretçi deneyimi" kıyaslanıp karşılaştırılacaktı, zira müzeler ziyaretçilerini incelemeye ve "ziyaretçi merkezli" öğrenmeyi vurgulamaya başlamıştı. Danielle Rice'a göre müze eğitmenleri için asıl mesele, uzmanların kültürüyle ortalama müze ziyaretçisinin kültürü arasındaki farkın ele alınması ihtiyacıydı:

> Müze ziyaretçileri geleneksel olarak sanat dünyasının kültürel değer sistemini öğrenmesi gereken insanlar olarak görülür, ama bunun

---

185 Amy Walsh, der. *Insights: Museums, Visitors, Attitudes, Expectations, A Focus Group Experiment* (Los Angeles: J. Paul Getty Trust, 1991).
186 Agy., 7.
187 Agy., 102.

SANAT MÜZESİNDE EĞİTİMİN KISA BİR TARİHİ | 101

tersi düşünülmez [...] bu yüzden, bu bağlamda sanat eğitmeninin rolünün misyonerliğe benzediği söylenebilir: hâkim grubun kültürünü, güya kendi kültürü olmayan yerlilere aktarmak. Pek çok müze eğitimcisi, rolünün sırf bu olmasından giderek daha fazla rahatsızlık duyuyor. Son yıllarda ziyaretçileri hakkında daha çok şey öğrenmek yönünde büyük aşamalar kaydettiler ve bu yeni keşfedilen bilgi [...] sanat dünyasının dışından gelen insanların bakış açılarına ilgi ve saygı duymak yönünde yeni bir tutumla sonuçlandı.[188]

1995'de, Indiana Üniversitesi, Center on History Making in America [Amerika'da Tarih Yapımı Merkezi] Direktörü Lois Silverman şu gözlemde bulunuyordu: Son on yıl "insani bilimlerde yeni bir çağa tanık oldu: Paradigma, çeşitli çevrelerde postmodernizm, inşacılık, çağdaş edebiyat kuramı ya da —belki daha konuşma diliyle— anlam yaratma denen geniş bir politik ve akademik perspektife kaydı." Bu değişim, bireyin ya da okurun, bir "metnin" ya da deneyimin anlamını şekillendirmedeki rol ve otoritesini vurguluyordu. Müze içinde ise, bir müze ziyaretçisinin "beraberinde getirdiği bağlam vasıtasıyla müze deneyiminden bir anlam yaratarak oynadığı aktif rol"e dikkat çekiyordu.[189]

Silverman, eleştirmenlerin ve düşünürlerin yorum kavramına bakışındaki tarihsel değişimlere işaret ediyordu.[190] Eserlerin galerilerde düzenlenişinde ve sergilenişinde de açıkça görüldüğü gibi, yorum, müze kurumunun başından beri bir parçası olmuştu. Gelgelim geniş çapta tartışılan bir kavram değildi. İnsanlar bu kavram hakkında düşündüğünde, yorumlamanın amacı, Benjamin Ives Gilman'ın ifadesiyle, "[sanat eserlerinin] yaratıcılarının ne demek istediğini hissetmemize yardım etmektir." Bu görüşe sanat tarihinden bir örnek, insanın ve eserinin monografik anlatısıdır. Bununla birlikte, yüzyıl ortalarında edebiyat eleştirmenleri ve düşünürler, bu tarz yorumun "kasıtlı yanılgılar"ı dedikleri şeyden geri dönerek, bu görüşü şiddetle

---

188 Danielle Rice, "The Art Idea in the Museum Setting," *Journal of Aesthetic Education* 25, sayı 4 (Kış 1991): 134-5.

189 Lois Silverman, "Visitor Meaning-Making in Museums for a New Age," *Curator* 38, sayı 3 (Eylül 1995): 161.

190 Cheryl Meszaros, "Now That is Evidence: Tracking Down the Evil 'Whatever' Interpretation," *Visitor Studies Today* 9, sayı 3 (2006): 10-5.

tenkit ettiler; eleştirileri, Roland Barthes'ın 1968'de "yazarın ölümü"nü ilan etmesiyle doruğa çıktı. Yüzyıl ortalarında, çağdaş sanattaki eğilimlerin de desteğiyle, sanatta eserin içeriğine ve yapısına odaklanan formalist yorumlar egemen oldu. Formalist bakış açılarını yansıtan ne kadar müze eğitimi programı olduğunu gördük. Teorisyenler, yüzyıl sonuna doğru bu yaklaşımın eksikleri ortaya çıktıkça okur/izleyicinin anlam yaratmadaki rolünü vurgulayan yorum felsefeleri geliştirdiler. Silverman, bu yönde ilerleyen pek çok düşünce akımına işaret ediyordu.

Yorum konusundaki yön değiştirme, müzelerde kendini inşacı öğrenme teorilerinin kucaklanmasıyla gösterdi. İnşacılık, bilgi ve öğrenmeyle ilgili bir teoridir. Bilgiyi, keşfedilecek ve aktarılacak bağımsız bir gerçeklikle ilgili hakikatları oluşturan bir şey değil, kültürel ve toplumsal söylem topluluklarında anlam yaratmakla uğraşan insanların inşa ettiği açıklamalar olarak tarif eder. Öğrenme, bireyler anlam yaratmak, kavramsal tasarı ve yapıları yeni deneyimlerin bünyesine karıştırmak ve uyarlamak için uğraşırken gerçekleşir.[191] Bazı müze eğitmenleri bu bakış açısının bütününe kucak açmıştır. New York'taki Bank Street College'dan bir müze eğitimi öğretmeni, "Benim yönelimim, müze ziyaretçilerinin, müzedeki nesneler hakkında, kendileri ve dünya görüşleriyle ilişkili bir şekilde, anlam ve dolayısıyla bilgi inşa eden aktif araştırmacılar olduğunu kabul etmek," demektedir.[192] Bu görüşe göre müze, bilginin aktarıldığı bir yerden çok, bilginin üretildiği bir yer olarak görülmelidir.[193] Müzelerde anlam yaratma yetkisini paylaşmanın yollarını yaratma, "yorum sürecini ziyaretçilere devretme, böylelikle ziyaretçilerin kendilerine görünen anlamları keşfedebilmesinin yolunu açma" zamanı gelmişti.[194]

---

191 Bkz. Catherine Twomey Fosnot, der. *Constructivism: Theory, Perspectives, and Practice* (New York: Teachers College Press, 2005), ix.

192 Inez Wolins, "Teaching the Teachers," *Museum News* 69, sayı 3 (Mayıs/Haziran 1990), 72.

193 Danielle Rice, "Museum Education Embracing Uncertainty," *Art Bulletin* 72, sayı 1 (Mart 1995): 17-9.

194 Bkz. Lisa C. Roberts, *From Knowledge to Narrative: Educators and the Changing Museum* (Washington, DC: Smithsonian Institution Press, 1997), 74.

Bir eğitmenin ifade ettiği gibi, "Müze, inşacılık kuramını kullanmak için en mükemmel ortam olabilir" çünkü "anlamlı deneyimleri davet eden" nesnelerle doludur.[195] İnşacı yaklaşımda nesnelerin anlamını kendi içinde barındırdığı düşünülmez; nesnelerle etkileşime giren gözlemcilerin anlamlar üretmesi ve o anlamları nesnelere yüklemesiyle yaratıldıkları düşünülür.[196] Öğretmen, merakı ve hayal gücünü uyarmaya, düşünceyi kışkırtmaya ve izleyicinin önceki deneyimlerini nesnelerle irtibatlandırmaya çalışacaktır. Öğretmen, "ziyaretçileri kendi yorumlarını oluşturmaya, kendi sorularını sorup yanıt aramaya, müzenin sergilerinde ve programlarında kendinden bir şeyler bulmaya davet ve sevk edecektir."[197]

İnşacılık, ziyaretçilerin nesneleri yorumlama konusundaki rollerini kabul edecek şekilde güçlendirilmelerinin gerekliliğini öneriyordu ve pek çok eğitmen görevinin beceri öğretmek olduğunu düşünmeye başlamıştı. *Docent Educator*'a göre, "Eskiden, koleksiyonlarımızla ilgili önceden belirlenmiş somut gerçekleri aktarmayı umuyorduk, şimdi ise beceri –bir disiplin içinde düşünmenin yollarını, birincil kayaklardan bilgi derleme yöntemlerini ve öğrenilenleri daha geniş ve anlamlı bağlamlara yerleştirme yollarını– öğretmeyi umuyoruz."[198] Daha önce gördüğümüz gibi, 1960'ların sonlarında deneysel yaklaşımlar geliştirmede etkili rol oynamış olan Philip Yenawine, farklı bir fikir kümesiyle geldi ve bunu şöyle açıkladı: "Müzede geçirilen zamanı insanların 'görme becerileri' dediğim şeyi öğrenmesine yardımcı olmak için kullanmakla ilgileniyorum. Bundan kastım, gözlem becerilerini, derinlemesine araştırma yeteneğini, farklı anlamlar bulma yeteneğini,

---

195 Kodi R. Jeffery, "Constructivism in Museums: How Museums Create Meaningful Learning Environments," *Journal of Museum Education* 23, sayı 1 (1998): 3-7; yeniden basım: Joanne S. Hirsch ve Lois H. Silverman, der., Transforming Practice: Selections from the *Journal of Museum Education 1992-1999* (Washington, DC: Museum Education Roundtable, 2000): 216-8.

196 Edwina Taborsky, "The Discursive Object," Susan Pearce, der., *Objects of Knowledge* içinde (Londra: Athlone, 1990), 50-75.

197 E. Louis Lankford, "Aesthetic Experience in Constructivist Museums," *Journal of Aesthetic Education* 36, sayı 2 (Yaz 2002): 145.

198 Alan Gartenhaus, "The Way You Do the Things You Do," *The Docent Educator* 7, sayı 2 (Kış 1997-8): 3.

bilinmedik olana açıklık ve benzeri şeyleri geliştirmek."[199] Pek çok eğitmen, amacının müze ziyaretçisine güçlendiğini hissettirmek olduğu konusunda hemfikirdi. "Gelişme/ilerleme hissi –öğrenci ya da ziyaretçi tarafından bilinçli şekilde fark edildiğinde– kişiyi, öğrenme/deneyim ile bir sonraki karşılaşmasında daha güçlü kılar."[200]

Ziyaretçilerin yorumlamasını kolaylaştırmak için müze eğitmenlerinin sahip oldukları bazı becerileri öne çıkarması gerekti. Eğitmenlerin "dinleme, destekleme, harekete geçirme ve müzakereyi anlaşmayla sonuçlandırma" konusunda usta olması bekleniyordu.[201] Yenawine, bunu kısa ve öz bir şekilde ifade ediyor: "Bir kolaylaştırıcı oluyorum. Anlatmıyorum. Soruyorum."[202] Gerçekten de, soru sormak, galeri eğitiminde en çok önerilen yöntem olmayı 1990'lar boyunca sürdürdü. *A Handbook of the 1991 National Docent Symposium*'un [1991 Ulusal Müze Rehberi Sempozyumu El Kitabı] tavsiye ettiği gibi, "Tur düzenlemek bir sanattır. Ziyaretçilere bildiklerinizi anlatmaya değil, onları kendi keşiflerini yapmaya yöneltecek sorular sormaya dayanır."[203] 1991'den 2003'e kadar yayımlanan sayılarında *Docent Educator*, müze rehberlerini "sorgulama yöntemi"ni kullanmaya teşvik etti; bu yöntem, tanımı gereği en temelde açık uçlu sorular sormaktan ibaretti.[204] Soru sorma stratejilerinin hedefleri "aktif düşünceyi ve katılımcı öğrenmeyi teşvik etmek"ti.[205] Uygun şekilde hazırlanan sorular ziyaretçilerin gözlemleme,

---

199 Danielle Rice ve Philip Yenawine, "A Conversation on Object-Centered Learning in Art Museums," *Curator* 45, sayı 4 (Ekim 2002): 289.

200 Carol Strapp, "Defining Museum Literacy," (1984); yeniden basım: *Patterns in Practice: Selections from the Journal of Museum Education* (Washington, DC: Museum Education Roundtable, 1992), 116-7.

201 Lois H. Silverman, "Making Meaning Together: Lessons from the Field of American History," *Journal of Museum Education* 18, sayı 3 (Sonbahar 1993): 11.

202 Rice ve Yenawine, "A Conversation on Object-Centered Learning," 291 (bkz. dipnot 199)

203 Daryl K. Fisher, *New Frontiers in Touring Techniques* (Denver: Denver Art Museum, 1992), 52.

204 Alan Gartenhaus, "Subjectivity," *The Docent Educator* 1, sayı 1 (Sonbahar 1991): 2.

205 Alan Gartenhaus, "Questioning Strategies," *The Docent Educator* 9, sayı 2 (Kış 1999-2000): 2.

karşılaştırma, sınıflandırma ve hipotez kurma becerilerini öğrenmesine yardımcı oluyordu.[206] 1990'ların başlarında Yenawine ve Abigail Housen birlikte çalışarak, öğrencilerin sanat eserlerini tartışma konusuna bir giriş yapması için okul öğretmenlerinin kullanacağı bir ardışık müfredat programı hazırladı. Hazırladıkları müfredat programı gelişerek görsel düşünme stratejileri (GDS) (*visiual thinking strategies*) adı verilen bir yaklaşıma dönüştü ve hem müzelerde hem okullarda giderek daha fazla benimsenir hale geldi. GDS'nin gelişmesi zamanın eğitim alanındaki akımlarını mükemmel şekilde yansıtıyordu. GDS'nin kurucuları, Jean Piaget ve Lev Vygotsky'ye başvurarak, inşacılığın güçlüklerini faydalı bir müfredata tercüme etmenin bir yolunu önerdiler. GDS, öğretmenlere tartışmaları kolaylaştırmaya yardımcı olması için tasarlanmış üç basit soru sağlıyordu. Bu tartışmalar öğrencileri güçlendiriyor ve sanat eserleriyle ilgili kendi yorumlarını geliştirmek konusunda cesaretlendiriyordu.[207]

GDS literatürü, eğitmenlere bilginin ya da fikrin hiçbir zaman onlardan gelmemesi öğüdünü veriyordu.[208] Yenawine, kendi öğretim sürecinin "bilgi çemberi" adını verdiği ve sanatçının yaşamı, nesnenin nasıl yapıldığı, biçimsel özellikleri ve hatta simgelediği bazı şeyleri içeren bilgileri dışarıda bıraktığını açıklamıştı. Bilgi verilmesine karşı olmadığını söylüyor, ama sanatla bağlantı kurmanın "ona bakmakla başla[dığını]," eğer öğretirken bir sanat eserini açıklarsak "aktif bakışı değil, pasif alımlamayı öğretmiş ol[acağımızı]," ekleyerek itirazını dil-

---

206 Alan Gartenhaus, "Active Learning, Thinking Skills, and Audience Participation," *The Docent Educator* 12, sayı 1 (Sonbahar 2002): 3.

207 Harvard Eğitim Fakültesi'nin araştırma grubu Project Zero'nun yürüttüğü bir araştırma projesi olan Project Muse (Museums Uniting with Schools in Education) [Müzeler ve Okullar Eğitimde Birleşiyor], 1996 yılında Generic Game'i yayımladı. Generic Game, sanat eserleri üzerinde öğrenci merkezli tartışmaları teşvik etmede kullanılması için önceden hazırlanmış soru gruplarından oluşuyordu. Bkz. Jessica Davis, *The Muse Book – Museums Uniting with Schools in Education: Building on Our Knowledge* (Cambridge, MA: Project Zero, Harvard Graduate School of Education, 1996), 79.

208 Bkz. "Visual Thinking Strategies: Teaching Strategy," http://www.vtshome.org/pages/teaching-strategy.

lendiriyordu.[209] (GDS yönteminin daha ayrıntılı bir değerlendirmesi için bkz. Altıncı Bölüm.)

Daha yaşlı, daha deneyimli pek çok müze rehberi galeri dersine yönelik yeni yaklaşımlara direndi. Geleneksel eğitim anlayışlarına alışmış, eski müze eğitimi rejimlerinde yaşamış, küratörlerin yetkili ve güvenilir bilgeliğini halka aktarma görevini üstlenmişlerdi. Hatta genellikle küratörlerin uzmanlık bilgisine ayrıcalıklı erişim kazanmak için gönüllü oluyorlardı; müzede rehberlik yapmalarının ardındaki temel motivasyon, en azından bir ölçüde, onların da birer uzman olmak istemesiydi. Dahası, müze eğitmenleri galeri eğitiminde gereken reformları ve iyileştirmeleri desteklemek konusunda hemfikir değildi ve uzun süredir müze rehberliği yapan pek çok insan, değişen ve her biri farklı düşünen müze rehberi koordinatörleri yüzünden savrulup durmuştu.

Ziyaretçiler de somut gerçekleri arkalarında bırakmaya bütünüyle hazır değildi. Getty Sanat Eğitim Merkezi ve J. Paul Getty Museum'un ziyaretçi tutumları ve beklentileri üzerine yaptığı ve 1991'de yayımlanan odak grup çalışmasının bulgusu genel olarak şöyleydi: "Bilgi, sanat değerlendirme becerisini artırır. Ziyaretçiler bir nesne ve arka planıyla ilgili ne kadar çok şey bilirse, onunla o kadar güçlü bağlantı kurarlar."[210] *A Handbook of the 1991 National Docent Symposium*'un yazarlarının belirttiği gibi, kişisel deneyimlerle bilgi birbirini dışlamaz: "Ziyaretçiler için anlam yaratmada el ele giderler."[211] Danielle Rice, ziyaretçilerin öğrenmek için anlatıları analiz ve inşa etmesi gerektiğine katılıyordu; fakat izileyicilerin ilk tepkileri ile "engin maddi gerçekler evreninden dikkatle seçilmiş alınmış bilgiler"i birleştiren "bir bilgi katmanı yaklaşımı"nı savunuyordu. Ona göre, bilginin en büyük faydası, "izleyicilerin bir sanat eserine doğal tepkilerini desteklemek ve vurgulamak"tı.[212]

---

209 Rice ve Yenawine, "A Conversation on Object-Centered Learning": 293 (bkz. dipnot 199).

210 Walsh, *Insights: Museums, Visitors, Attitudes, Expectations*, 21 (bkz. dipnot 185).

211 Fischer, *New Frontiers*, 30-1 (bkz. dipnot 203).

212 Rice ve Yenawine, "A Conversation on Object-Centered Learning," 296 (bkz. dipnot 199).

SANAT MÜZESİNDE EĞİTİMİN KISA BİR TARİHİ | 107

Yorum sürecini ziyaretçilere bırakmak, sanat tarihçilerinin, eleştirmenlerin, küratörlerin ve müze eğitmenlerinin görüşlerini bir kenara itmek gerektiği anlamına mı gelir? 1998'de Danielle Rice, GDS'nin adını anarak, "hiçbir anlamın diğerinden üstün olmadığı iddiasının neden olduğu yaygın bir görecilik"in, müze eğitiminin son yıllarda karşılaştığı büyük güçlüklerden biri olduğu yorumunu yapmıştı. Sanatla düşünerek ilişki kurmayı teşvik edebilecek, ama müze eğitmenlerinin "eğitimli bir bakış açısını meydana getiren ve mutabakatla ortaya çıkmış kapsamlı anlayışları ziyaretçilere öğretme sorumluluğundan kaçınmak" için kullanma yanılgısına düşebileceği bir yaklaşıma karşı uyarıyordu.[213] Rice'ın görecilikle ilgili uyarıları, yorumun yalıtılmış bireylerin eylemi değil, hem birey hem de topluluklarının ürünü olduğuna işaret eden Eileen Hooper-Greenhill'de karşılık buldu: "Kişisel yorumlar toplumsal ve kültürel çerçeveler vasıtasıyla şekillenir."[214] Daha yakın bir zamanda Cheryl Meszaros, kişisel yorumun en baskın yorum olması gerektiği fikrine "herhangi bir yorum" adını taktı.[215] Müzelerin kültürel olarak paylaşılan ya da alımlanan bilgiyi değersizleştirip bireysel deneyimlere dayanan bilgiye öncelik verme eğilimine karşı çıkıyordu. Elbette hepimiz dünyayla etkileşimlerimiz vasıtasıyla anlam yaratıyoruz, ama "bunu genel kabul gören fikirlerden ve dilden yalıtılmış bir şekilde yapmıyoruz," diye ekliyordu.[216]

2010: Gelecekteki Güçlükler

Müze öğretmenleri için can alıcı olan soru, bu değişen yorumlama kavramlarının eğitimcilik açısından ne anlama geldiğidir. Soru, güncel olanı yansıtan eğitimciliğin nasıl yapılacağından çok, halka geniş bir yorum yaklaşımı yelpazesi gösteren ve sunan eğitimciliğin nasıl

---

213 Danielle Rice, "Constructing Informed Practice," *Journal of Museum Education* 23, sayı1 (1998): 10-1; yeniden basım: Hirsch ve Silverman, *Transforming Practice*, 222-5 (bkz. dipnot 195).

214 Eilean Hooper-Greenhill, *Museums and the Interpretation of Visual Culture* (Londra: Routledge, 2000), 119.

215 Cheryl Meszaros, "Interpretation in the Reign of 'Whatever'," *Muse* (Ocak/Şubat 2007).

216 Agy., 18.

yapılacağıdır. Öğretmenler kendi tarihlerinden sadece bir öğretme stratejileri repertuvarı değil, bu stratejilerin altında yatan yorumlama kavramlarına dair bir anlayış da kazanabilir. İyi bir müze öğretmeni, nesnelerle ilgili kendi deneyimi, önceki ziyaretçilerin deneyimi, sanat tarihi ve eleştirisi bilgisi de dahil olmak üzere pek çok kaynaktan faydalanabilir. Ayrıca, yorumlamaya dair farklı bakış açıları ve bu bakış açıları arasındaki tarihsel ve mantıksal ilişkilere dair bir anlayış da hizmetindedir. Hepsi bir araya geldiğinde bu kaynaklar müze öğretmeniyle ziyaretçilerin yeni, dinamik ve çok çeşitli yorum eylemlerinde buluşmasını sağlar. Herkesin –ziyaretçinin, öğretmenin, küratörün, sanat tarihçisinin ve geleneğin– sesine sahiden saygı duyan eğitimciliği geliştirmek zorundadır.

Müze galerisindeki öğretmeninin temel görevi basit görünür: İnsanlarla sanatı buluşturmak. Ama bu etkileşimden ne anlaşıldığı ve bir öğretmenin bunu nasıl sağlayabileceğinin hiç de basit olmadığı ortaya çıkıyor. Galeri öğretmenliğinin ilk yüz yılı, eğitmenlerin, felsefi bulmacalarla mücadele ederken, müze eğitiminin gündelik sorunlarıyla müzakere ederken, müzelerle ve eğitimle ilgili değişen fikirlere, yorumla ilgili değişen inançlara, toplumsal değişime, siyasi olaylara ve durmadan değişen bir halkın taleplerine yanıt verirken başvurduğu olağanüstü çeşitlilikteki yolları gözler önüne seriyor. 21. yüzyıla girerken eğitmenler, arkası kesilmeyen güçlüklere rağmen, işlerine dair ilkeli ve bu ilkelerle uyumlu olarak düşünce ve araştırma ürünü bir yaklaşımı aramayı sürdürüyor.

ÜÇÜNCÜ BÖLÜM
Galeri Dersi: Rehber Eşliğinde Yorumlama
Rika Burnham ve Elliott Kai-Kee

Bir sanat eseri etrafında toplanmış müze ziyaretçilerinin yarım yüzyıl önceki bir fotoğrafı, zamanın giyim modasını bir yana bırakırsak, bugün çekilen benzer bir fotoğraftan çok farklı görünmeyecektir. Bir müze öğretmeninin eşlik ettiği ziyaretçiler, dikkatle baktıkları bir sanat eseri etrafında toplanarak küçük bir grup oluşturur. Zamanda geri gidip 20. yüzyıl ortasında yaşayan müze ziyaretçilerimize ve rehberlerine kulak versek, büyük ihtimalle sanat eseri ve onu üreten sanatçıyla ilgili özenle planlanmış bir konu anlatımına rastlarız. Geleneksel konu anlatımı turu pek çok müzede hâlâ sunulsa da çoğu galeri öğretmeni, ziyaretçilerin ve öğrencilerin sanat eserlerini etkin şekilde incelemesini sağlayan, tartışmadan sanat üretimine uzanan pek çok farklı türde yaklaşımı kullanmaya teşvik ediliyor. Bu kitapta iyi galeri öğretmenliğinin sanat eserlerine anlam yükleme değil, anlam keşfetme yönünde çalıştığını ve ziyaretçilerin kendi anlamlarını inşa etmesine izin vermek için eğitmenlerin otoriter bir ses edinmekten kaçınmaları gerektiğini savunuyoruz.

İnsanları sanat eserlerini değerlendirme ve onlara anlam verme noktasına getirmek karmaşık bir iştir. Nihayetinde, derin –derin düşünmeyi gerektiren, kavrayışı yüksek, şiirsel, hatta dönüştürücü– deneyimlere esin kaynağı olmayı arzu ederiz. İzleyiciye de, nesneye de eşit derecede saygı duymayı arzu ederiz. İzleyicilerle ilgili yapılan araştırmalar, müze eğitmenlerine ziyaretçilerimizin kim olduklarıyla konusunda, öğrenme teorisi ise nasıl öğrendikleri konusunda fikir verir. Bilimsel araştırmalar nesnelerle ilgili bilgi sağlar. Bununla birlikte, izleyici araştırmalarıyla nesne araştırmalarının bir araya getirilmesi, müze eğitimciliği açısından

| 109

önemli sorular doğurur. Müze eğitmenleri, eğitmenin verdiği bilginin ziyaretçilerin kendi kendilerine üretebilecekleri anlayışların önünü kesip kesmediğini, hatta yerine geçip geçmediğini tartışıyorlar. Eğer geçiyorsa, konu anlatımı uygulamasından ve bunun insanlara verdiği kurumsal otorite hissinden uzaklaşılması, eğitmenlerin, bazılarının iddia ettiği gibi, odak noktalarını "nesnelerin ne dediğinden, izleyicilerin ne düşündüğüne" çevirmeleriyle mi sonuçlanır?[1]

Uzun zamandır galeri öğretmenliği yapan bizler, sanat eserlerine ilgimizin, izleyicilere gösterdiğimiz ilgiye hizmet ettiği bir müze eğitimi modeli arıyoruz. Böyle bir modelde ne sanat eserleriyle ilgili düşündüklerimizi ve gördüklerimizi sadece aktarmakla yetinebilir, ne de dar bir pencereden bakarak sadece izleyicilerimizin gördüklerine ve düşündüklerine odaklanabiliriz. Derslerimizde, ilgimizi çeken sanat eserlerini inceler ve araştırırken bizim de izleyicilerimize katıldığımızı fark ettik. Gözlerden ve zihinden, sanat eserini, herkesin katılımını gerektiren ve bundan beslenen açık uçlu bir diyalogla yavaş yavaş açmaya çalışmasını istiyoruz. Müze dersini, rehberli, paylaşılan, incelenen nesnelerin birden fazla görüşü mümkün kıldığı bir yorumlama eylemi olarak görmeye başladık. Bu öyle bir yorumlama eylemi ki sanat eserlerine dair anlayışımız, ziyaretçilerle bizim aramızdaki ve ziyaretçilerin kendi arasındaki diyalog ve tartışmalarla zenginleşiyor.

Galeri dersini yeni bir çerçeve içine oturtup bir yorumlama işi olarak ele almak, çalışmalarımızı, pek çok disiplini birleştiren, kendi kapsamlı literatürü ve tarihi olan daha geniş bir yorumlama pratiğinin parçası olarak görmemizi sağlıyor. Bu daha geniş literatür ve tarih içinde teorik bir bakış açısı bulup bu açıdan bakarak düşünmeyi, eleştirmeyi, neyi niye yaptığımızı daha iyi anlamayı, öğretmenlik pratiğimizi yeniden tanımlamayı ve böylelikle çalışmalarımızda daha tutarlı olabilmeyi amaçlıyoruz. Disiplinimizin tarihinin ve icatlarımızın bizi nereye getirdiğini genel olarak ve sistemli bir şekilde ifade etmek, çalışmalarımıza dair anlayışımızı derinleştiriyor; işimizi başkalarına açıklamamıza yardım ediyor. Ayrıca, disiplinimizle ilgili yorumlama

---

1 Danielle Rice ve Philip Yenawine, "A Conversation on Object-Centered Learning in Art Museums," *Curator* 45, sayı 4 (Ekim 2002): 291.

GALERİ DERSİ: REHBER EŞLİĞİNDE YORUMLAMA | 111

teorileri konusunda bilgi sahibi olmak, yeni müze eğitimi modelleri keşfetmemize de yardım edebilir.

Müze dersini yorumlama olarak düşünmek bizi yorumbilgisine, yorumlama teorisi ve pratiğine yöneltiyor. Yorumbilgisi ismi, görevlerinden biri tanrıların sözlerini ölümlüler için yorumlamak olan Yunan tanrısı Hermes'in adından türemiştir. Yorumbilgisi, Rönesans ve Reform sırasında, Yunan ve Roma edebiyatını, Roma hukukunu ve hepsinden öte, dini metinleri, en önce de İncil'i yorumlamada kullanılacak şaşmaz yöntemler sağlamak amacıyla bir disiplin olarak gelişmiştir. Aslında, Batı geleneğinde sonradan gelen çoğu edebi yorumlama yönteminin altında, İncil metinlerinin yorumlanmasının yattığını söylemek yanlış olmaz. 18. ve 19. yüzyıllarda düşünürler, yorumlama geleneğinin bütün bilgi alanlarında geçerli olan genel kurallara dayandığını iddia ettiler.[2] 20. yüzyılda, yorumbilgisi teorisinde en güçlü ve etkili isim, geniş ölçüde estetik üzerine yazan ve yazılarıyla bize felsefi bağlam sağlayan ve ilham veren felsefeci Hans-Georg Gadamer oldu.

Sanat müzesi dersiyle Gadamer'in yorumbilgisinin ortak noktası, sohbet ve diyaloğun yorumlamanın ve anlamanın temeli olduğu şeklindeki ana önermedir. "Büyük bir sanat eseriyle yaşanan bir karşılaşma," der Gadamer, "verimli bir sohbete benzer."[3] Müze dersinin benzersiz görevi, bir sohbet olabilmesi için insanlarla sanat eserlerini yüz yüze getirmektir. İnsanları –bizimle, birbirleriyle ve hepsinden öte sanat eseriyle– açık uçlu bir diyaloğa girmeye davet ederiz; bu çalışmanın amacı, sanat eserleriyle ilgili hissettiklerimizi, gördüklerimizi ve bildiklerimizi ifade etmek için doğru sözcükleri bulmaktır. Diyalog oyunu içinde nesne kendini açığa vurur. Gördüğümüzü ve anladığımızı sözcüklerle ifade ettiğimizde, sanat eserinin incelenmesini sağlayan ortak bir dil

---

2 Kurt Mueller-Vollmer, der., *The Hermeneutics Reader: Text of the German Tradition from the Enlightenment to the Present* (New York: Continuum, 1988), 2.

3 Hans-Georg Gadamer, "Philosophy and Literature," *Man and World: An International Philosophical Review* 18 içinde, (1985): 250, aktaran David Vessey, "Gadamer and the Body Across Dialogical Contexts," *Philosopy Today* 44 Suplement, (2000): 70-7, ayrıca http://www.davevessey.com/Gadamer_art_dialogue.html adresinden de elde edilebilir. [Gadamer, "Felsefe ve Edebiyat," *Edebiyat Nedir?*, der. Gadamer, Kahlo, Kuhn, Babil Yayınları, 2003.]

yaratırız. Ağzımızdan çıkan sözcüklerle birbirimizin düşünceleri ve gözlemleri üzerine bir düşünce sistemi kurarız. Gadamer'in söylediği gibi, ulaşılan anlayış, gördüklerimizi anlatmaya yarayacak sözcükleri aradığımız o sonu gelmez süreç içinde dille, sorularla ve cevaplarla ifade edilir.[4]

Bir sanat eserine bakmaya başladığımızda gruplarımız, sanat eserinin, anlamını onlara teslim edeceği beklentisine girer. Takip eden diyaloğun arkasındaki itici güç, Gadamer'in "mükemmele ulaşma beklentisi" adını verdiği, eserle ilgili düşüncelerimizin ve beklentilerimizin tutarlı bir bütünde birleşeceği beklentisidir. Sorgulamamızın itici gücü beklentidir. Ve grup o ya da bu öğe veya veçhe üzerinde durarak eseri diyalogla açımladıkça, zihnimizde bütüne dair gelişen algı, keşiflerimiz ışığında sürekli gözden geçirilir, genişler ve belirginleşir. Bütüne dair olan ve keşifler ışığında eriştiğimiz algının bu sürekli gözden geçirilişine Gadamer "yorumbilgisel döngü" adını verir.[5] Müze pratiğinde, yorumbilgisel döngü, sessizce düşünmek için durulan ve uzlaşmaya varılan anlarla kesilir. Müze öğretmenleri bir yön hissine, bir grubun belirli bir sanat eseriyle karşılaşmasının olası sonuçlarına dair bir hisse sahiptir, ama aynı zamanda dinleme ve her diyalogda ortaya çıkan şeye teslim olma konusunda bir istekliliği de eşit derecede geliştirmemiz gerekir. Yorumbilgisel döngüde anlamlar geçicidir ve incelememiz derinleşip kapsamı genişledikçe, takip eden gözlemlerle ortaya çıkan anlayışları hiç durmadan sınadığımızı görürüz.

Bir sanat eserine dair anlayışımız hiçbir zaman tam değildir. "Bir sanat eseri hiçbir zaman tükenmez. İçi hiçbir zaman boşalmaz. Hiçbir sanat eseri bize her zaman aynı şekilde hitap etmez. Sonuç, onunla

---

[4] Gadamer, *Truth amd Method*, çev. Joel Weinsheimer ve Donald G. Marshall, gözden geçirilmiş 2. basım, (Londra ve New York: Continuum, 2004), 385-91; bu kitap, 1960 yılında yayımlanmış olan *Wahrheit und Methode: Grundzüge einer philosophischen Hermeneutik*'in bir çevirisidir [Hans-Georg Gadamer, *Hakikat ve Yöntem*, 2 cilt, çev. H. Arslan ve İ. Yavuzcan, Paradigma Yayınları, 2008].

[5] Gadamer'in "yorumbilgisel döngü" için verdiği anahtar tanım, terimin önceki felsefi kullanımlarından ayrılır. Gadamer'in tanımı için bkz. *Truth and Method*, 110; konu, Gadamer'in Friedrich Schleirmacher'ın eseri üzerine tartışması bağlamında geçer.

her karşılaştığımızda bizim de farklı yanıt vermemiz gerektiğidir."[6] Bu inanç müze eğitmeni için önemlidir çünkü bize nihai bir hakikate ulaşmak için çalışmadığımızı, her diyaloğun, yeni anlamlar ve yeni yorumlama olasılıklarına açık olmamızı gerektirdiğini hatırlatır. Diyalog yoluyla bilgi inşa edilir, fikirler ve spekülasyonlar teşvik edilir; amaç olasılıkları sınırlamak değil, açmaktır. Sonuç, bütün katılımcılar için, umuyoruz ki, karmaşık ve zengin deneyimlerdir.

Gadamer bize bilginin kaçınılmaz tarihselliğini de hatırlatır. Bilgimiz neredeyse her zaman, düşünüş şekillerimizle bütünleşmiş eski anlayış gelenekleri içinde şekillendirilir. Bu gelenekler, hangi soruların önemli ve hangi yanıtların geçerli olduğunu belirleyerek sanat eserlerine bakma şekillerimizi kısıtlar. Sanat eserleri, önceki yorumlama gelenekleriyle birlikte bize miras bırakılır. Bu geleneklerle sanat eserinin kökenlerinin ayrıntıları, yapıldıkları malzemelerin analizleri ve yaratılıp korunma yöntemlerinin birleşmesi, eser hakkında biriken "bilgi"yi oluşturur. Müzeye geldiğinde sanat tarihi, sanat eleştirisi ve küratörlerin fikirleri de bu geleneklere dahil olur. Bazı yorumlar eleştirinin ve rakip yorumların sınavlarına göğüs gerdiği, bazılarıysa belki sadece kurumsal kültürün bir parçası haline geldiği için güçlüdür. Genel kabul gören yorumları eleştirel bir şekilde ele alırız, yorumlama sürecini egemenlikleri altına alma gücüne sahip olduklarının farkındayızdır. Onları, yorumlarımıza rehberlik edip onları bir noktada tutması amacıyla kullanır, ama aynı zamanda, galerideki diyaloglarımızın sanat eserlerini önceden tahmin edilemez ve şaşırtıcı şekillerde aydınlatmasını umarız.

Ama pratiğimizin temelde yorumsal olduğunu anlamaya başlasak da –müzelerimizin galerilerinde sanat eserlerini tartışmak için geçici olarak toplanan küçük insan toplulukları içinde gelişen bir süreç olarak– çalışmalarımız gösteriyor ki galeri dersinde olanlar, sadece bir yorumbilim modelinin açıklayabileceğinden fazlasıdır. Örneğin, birkaç yıl önce bir Cuma akşamı The Metropolitan Museum of Art'ın Japon galerilerinde oturan genç yetişkinlerden oluşan bir sınıfı ele alalım:

---

6   Gadamer, "Reflections on my Philosophical Journey," Lewis Edwin Hahn, der., *The Philosophy of Hans-Gerorg Gadamer, Library of Living Philosophers* içinde, cilt 24 (Chicago ve LaSallae, IL: Open Court, 1997), 44.

Öğrenciler, her biri aslında ünlü Ryoan-ji tapınağında yer alan iki hareketli duvar panelinden oluşan iki Momoyama panosuna rehberliğimiz eşliğinde dikkatle bakıyor (bkz. Resim 1). Dört panel, 8. yüzyıldan bir Çin temasını 17. yüzyıl Japon mürekkep resmiyle yorumluyor. Sınıftan sessizlikle başlamasını istiyoruz. Öğrenciler sanat eserine bakar, onu düşünür ve anlarken dakikalar geçiyor. Gözler, panoramik bütün üzerinde gidip geliyor, dinamik ayrıntılara ve anlatı imalarına önceden kestirilemez sıralamalarla teslim oluyor. Öğrencilerden eseri tanıtım kartındaki bilgileri düşünmeden, zihin gözleriyle görmelerini istiyoruz. Onu daha sonra inceleyeceğiz. Düşüncelerini ve gözlemlerini soruyoruz, canlı bir diyalog başlıyor. Birkaç öğrenci, hem arka plan hem ön plan vazifesi gören altın renkli gösterişli yüzeye, sihirli bir şekilde yüzen bulutlarla kesilen tek parça bir atmosfere işaret ediyor. Bir diğeri, dikkatimizi bedenden ayrılmış, anlaşılmaz şekilde havada yüzen, ağırlıksız bir merkezi figüre çekiyor. Bu figürün ve diğerlerinin nerede ya da nasıl bir dünyada toplanmış olabileceklerini merak ediyoruz. Bazı izleyiciler, özellikle manidar görünen bazı yüzler üzerinde yorum yapıyor, sanki figürler arkadaşımız olmuş, onlar için endişe ediyormuşuz gibi. Şaşaalı altın arka planı fark ediyoruz yine ve sis ya da ışığı temsil ediyor olabileceğini tahmin ediyoruz. Ani bir rüzgar esip ağaçların ve bulutların arasından bir girdap gibi yükselerek figürlerin üzerindeki giysilerin uzun kollarını yakalayıp yukarı kaldırıyor. Bu şahsiyetleri aynı anda hem tanıdık hem yabancı görünen bu tuhaf yere getiren şeyin ne olduğunu merak ediyoruz; bu gizemli manzarada ne gördüklerini ve ne yaptıklarını merak ediyoruz. Birisi, görünmez güçler tarafından çağrıldıklarını öne sürüyor; bir diğeri, figürlerin önemli bir olaya tanıklık etmek için toplandığını söylüyor. Sonunda öğretmen figürlerin, benliği ve ruhu geliştirmek için uzak bir cennete, ütopik bir dünyaya gitmiş Çinli alimler olduğunu söylüyor. Sıradan dünyayı bırakmış, ölümsüzlüğü arıyorlar ve biz onları burada, hayret verici aydınlanma evreleri içinde, artık ölümsüz halde görüyoruz.

Bu galeri diyaloğun sözel yanını anlatmak, katılımcıların gördüklerini nasıl tarif ettiklerini ve nasıl birlikte yavaş yavaş bir yorum inşa ettiklerini aktarmak kolay. Dilden çıkanı dille aktarmak kolay. Sözcükler olmadan geçirilen anları, dikkatli sessizlik ve sanat eserinin uyandırdığı duygu ve şaşkınlıkla dolu derin düşünme anlarını tarif etmekse o kadar kolay değil. Müzelerimize gelen ziyaretçiler sanat eserlerini

GALERİ DERSİ: REHBER EŞLİĞİNDE YORUMLAMA | 115

ihtiyatlı ve odaklanmış yorumlama eylemleri altında, arasında ve sonrasında deneyimler. Daha hiçbir söz söylenmemişken, sessizlik içinde esere kendimizi bütünüyle verdiğimiz andaki ilk deneyimin önemini belirtiriz. Katılımcıların gözleri farklı yönlere dalar, onları sorgular ve değerlendirirken, ayrıntılarla bütün arasında gidip gelirken yaşanan ilk sessizlik anları, vecd halinde bir dikkate işaret eder. Bu anlar, izleyicilerin ileride inşa edeceği anlamın temeli ve sebebidir; teşvik edilip geliştirilmeleri büyük önem taşır.

Çoğu zaman böyle bir seansın hemen ardından ziyaretçilerimiz izlediğimiz sanat eseriyle ya da diyaloğumuzla ilgili konuşur ve grup içindeki alışverişin yoğunluğunun onları şaşırttığını söylerler. Açık ki sözcüklerde ortaya çıkanın ötesinde değerlendirme evreleri vardır ve müze pratiğimiz, Gadamer'in yorum teorisiyle açıklanabilenden daha fazlasını barındırmaktadır. Bir gruba dahil olmayan müze ziyaretçisini düşündüğümüzde bu şaşırtıcı gelmiyor. Yalnız müze ziyaretçilerinin sanat eserini dil aracılığı olmadan alımlamasının müzelerimizde sık görülen ve doğrusu istenirse rağbet gören bir deneyim olduğuna inanıyoruz. Ama bunu kendi ders pratiğimizin bir parçası olarak düşündüğümüzde şaşırtıcı geliyor ve bize, kendini açıklanamaz şekilde bazen kahkahaya, bazen gözyaşlarına boğulmuş bulan ya da dinleme evresine giren veya sessizce hülyalara dalan grup üyelerimizi anlamak gibi zor bir mücadele sunuyor. Yukarıda aktarılan galeri programına katılanlardan birinin dediği gibi, "Özür dilerim, çok sessiz kaldım, ama derinliği olan sanat eserlerine dair deneyimlerim genellikle sözcüklerden yoksun oluyor."

Sanat eserlerine dair deneyimlerimizin sözcüklerle de, sözsüz anlarda da eşit geliştiğini artık kabul ediyoruz. Belki, Susan Sontag'ın ünlü ifadesiyle, "yorumbilim yerine sevgibilim" diyecek kadar ileri gidemeyiz, ama sanat eserlerine derin bir duyusal dikkat için her zaman yer bırakmak gerektiği şeklindeki fikrine kucak açabiliriz. "Şimdi önemli olan," diye yazar Sontag, "duyularımızı yeniden kazanabilmektir. Daha çok şeyi görmeyi, daha çok şeyi işitmeyi, daha çok şeyi duyumsamayı öğrenmemiz gerekiyor."[7]

---

7   Susan Sontag, *Against Interpretation and Other Essays* (New York: Farrar, Straus and Giroux, 1966), 23 [Susan Sontag, *Sanatçı: Örnek bir Çilekeş*, çev. Yurdanur Salman ve Müge Gürsoy, Metis, 2013, 19].

Aslında hiçbir "sanat aşkı" yorumbilgisinin yerini alamaz; verdiğimiz galeri derslerinin bize her gün açıkça gösterdiği gibi, yorumlama, nihayetinde, karşı koyulamaz bir dürtüdür. Ama ziyaretçileri yorumbilgisi evresini, kısa bir süre için de olsa, en azından nesnelerin mevcudiyetinin duyusal deneyimine bütünüyle teslim olmalarından sonrasına ertelemeye teşvik edebiliriz. Sanat eserinin bize gelmesine ya da bizi alıp götürmesine izin vermemiz gerekir; düşüncelerimizi bir o yöne bir bu yöne iterek bizi sersemletmesine izin vermemiz gerekir.[8] Sanat eserleri bizi yeni kavrayışlar ve hislerle yönlendirir, yeniden yönlendirir. Bazen kontrol bizdedir, ama zaman zaman kontrolü bıraktığımız da olur. Sanat eserine sevgimizin ve bağlılığımızın artması diyaloğu, diyalog da sevgimizi güçlendirir. Tekrar bakar ve nesneye kulak veririz. Nesne canlanır, bizimle konuşur. Daha fazla duyuyor, daha fazla hissediyoruzdur. Bir öğrencimiz şöyle demişti: "İlk başta biz sanat eserine bakıyoruz sandım. Sonra fark ettim ki o bize bakıyor."

Uygulanabilir bir müze eğitimi modeli, o halde, hem sözcükler içinde hem sözcüklerin altında ve ötesinde olup bitenleri izah etmelidir. Konuşmayı, dinlemeyi, yorumlamayı ve duyguyu kucaklayan kuramsal bir kavram için, John Dewey'in deneyim fikrine dönüyoruz. 20. yüzyılda yaşamış ünlü Amerikalı düşünür, eğitim teorisyeni ve *Art as Experience*'ın yazarı Dewey, deneyimi, çevremizle etkileşime girdiğimizde sürekli meydana gelen bir şey olarak tarif eder. Bir yandan bireylerin dünyayla ilişkilerinde aktif rol oynaması gerektiğini vurgularken, bir yandan da deneyim içinde "olanlar"ı vurgular. Eylem için çok fazla gayret, diye yazar Dewey, dağınık ve karışık deneyimle sonuçlanır. Nesneye odaklanmayan yorumlarda bunun dışa vurulduğunu bazen biz galeri öğretmenleri de gözlemleriz. Çok fazla pasiflik ise dünyayla temasın kaybedilmesiyle sonuçlanır; burada Dewey, bize aktif diyaloğun ve bir sanat eseriyle sahici bir ilişki kurmanın önemini hatırlatır yine. Dewey, yaşamın bir "etme ve olma" süreci olduğunu yazar. "[E]tme ve

---

8 Bkz. James Elkins, *Pictures and Tears: A History of People Who Have Cried in Front of Paintings* (New York: Routledge, 2004), 68.

alma arasında bir denge olmadığında [...] hiçbir şey [...] zihinde kök salmaz," diye yazar.⁹ Dewey'in kendi deneyim kavramıyla ilgili analizi, galerilerimizde gruplarla yaşadığımız deneyimlerin bazen son derece etkileyici doğasını açıklıyor. Dewey, sanat eserlerine dair deneyimlerin gündelik deneyimlerden farklı ve ayrı olduğunu iddia eder; "bir deneyim" adını verdiği bu tür deneyimlerin ayırt edici niteliği, bir bütünlük ve birlik hissidir.¹⁰ Ziyaretçilerimizden gündelik dertlerini bir yana bırakıp bir sanat eseriyle ilişki kurmalarını istediğimizde, dikkatlerini odaklayarak ayrı bir zaman ve mekân yaratmalarını ve eseri bu zaman ve mekân içinde deneyimlemelerini isteriz. Ayrıca, onunla ilişki kurmalarını, kısa bir zaman için onunla ilgilenip onu iş edinmelerini isteriz. Eseri sevebilir ya da sevmeyebilirler. Diyaloglarımızda yükselen şeyin sözcüklerle anlatılamayan duygular, gem vurup yönlendiremediğimiz, dikkatimizi sanat eseri üzerinde tutan ve diyaloglarımıza hareket veren, kendi talebimiz olmayan duygular olduğunu fark ederiz. Dewey'e göre duygu, deneyime devinim veren ve onu pekiştiren kuvvettir, "deneyimin çeşitli kısımları içinde ve boyunca birlik sağlarlar."¹¹

"Bir deneyim" kavramı, sanat eserleriyle yaptığımız derslerde yaşanan sihirli anları tarif eder. Bir sanat eserine dair "bir deneyim" bir bakıma hiçbir zaman sona ermez, ama ziyaretçi grubuyla geçirdiğimiz bir saat civarı sürede, doruğa ulaşan eksiksiz deneyimler, grubun gözlem, düşünce ve duygularının bir araya geldiği anlar yaratmayı umarız. Bir sanat eseriyle her karşılaşma farklı, kestirilemez şekillerde sonlanır. Deneyim, sanatçının belirli bir etki yaratmak için kullandığı bütün kaynaklara dair bir değerlendirmenin yavaş yavaş gelişmesiyle, aşama aşama da son bulabilir. Perde kalkmış da, eserin son katmanı olan anlam katmanını gözler önüne sermişçesine yaşanan bir keşif anında birdenbire de son bulabilir. Sözcüklerle de, sessizlik ve merak içinde de sonlanabilir. Dewey, "bir deneyim"in belirli bir şekilde, bir başlangıç,

---

9 John Dewey, *Art as Experience* (New York: Milton, Balch, 1934; yeniden basım: New York: Perigree, 1980, 2005), 45-7.
10 Agy., 37.
11 Agy., 43.

bir gelişme ve bir doruk noktasıyla şekillendiğini, seyrini tamamlayarak bir doyuma ulaştığını iddia eder. Bu doyum "o kadar doludur ki bitişi bir nihayet değil, bir doruktur."[12] Dewey'e göre, tamamlanma hissi o kadar kendinden geçirici olabilir ki bu hisle sonuçlanan süreç (belki bir anlığına) silinir: "Estetik bir deneyim bir anın içine doluşturulabilir. Fakat bu ancak, uzun süreden beri devam eden önceki süreçlerin bir zirvesinin, her şeyi o deneyimin içine toplayıp diğer her şeyi unutturan olağanüstü bir evreye ulaşmasıyla olabilir."[13]

Müzelerimizin galerilerine ve inceleme, düşünce ve diyaloğa esin kaynağı olan, hayranlık yaratan, güzelliğe adanmış nesnelerle dolu bu binalardaki dersimize dönelim:

> Japon panolar etrafında toplanmış grup dağıldı. Sanat eserine, ona bir anlam vermek, ondan etkilenmek için inceleyerek geçirdiğimiz yaklaşık bir saat sona erdi. Birkaç katılımcı oyalanıyor, deneyimlerinden kalan hazla biraz daha vakit geçiriyor. Gidenlerse panoların düşüncelerinde yaşadığını, yeni sorulara esin kaynağı olduğunu, dünyaya bakışlarını değiştirdiğini, hatta belki de onları galeriye arkadaşlarıyla birlikte tekrar gelip keşiflerini paylaşmaya zorladığını sonradan görecekler.

Dewey'e göre, sanat deneyimi, ideal olarak, ilk işlemin ardından uzun süre devam eder. Maxine Greene, estetik deneyimi "akıl ya da mantıkla tanımlanan bir soyutlama olmaktan çıkıp hayal gücü, sezgi, inanç, duyum ve idrak edimleriyle anlamlı hale gelen bir gerçeklik" olarak tarif ederek ayrıntılandırır.[14] O halde biliyoruz ki derslerimizde ziyaretçilerimizden sanat eserleriyle ilişki kurmalarını istediğimizde, anlayış kadar deneyime de ulaşmaya çalışıyoruz. Hem anlayış hem deneyim için bir ideal öneren ama gündelik sorumluluklarımızın gerçekliklerini temel alan bir müze eğitimi modeli bulmak mümkün mü?

Geleceğin müze ziyaretçilerinin bir fotoğrafını hayal ettiğimizde, aynı anda hem yorumbilgisine hem deneyime dayalı bir modelden ilham

---

12 Agy., 37.
13 Agy., 57-8.
14 Maxine Greene, *On Painting*, (2007); www.maxinegreene.org/pdf/articles/downloader.php?file=onpainting.pdf adresinden elde edilebilir.

alan bir galeri dersi görüyoruz. Bu modele göre, yorumu sözcüklerin inşa ettiğini anlıyor ve karşılaştığımız eserlere dair anlayışlar inşa ediyoruz. Ama aynı zamanda, sessizliklerin, çağrışımların, tanımaların ve duyguların deneyimimizi bir arada tutan bağlayıcı güçler ve kestirilemez önkoşullar olduğunu da biliyoruz. Yorum şekillenip "bir deneyim"e dönüştüğünde, ziyaretçilerimizin müzeden değişmiş, belki dönüşmüş şekilde ayrılmaları olasılığını yaratıyoruz, "ki çıkıp giderken dünyaya farklı bir açıdan katılabilsinler."[15] Gadamer ve Dewey'i teorideki rehberlerimiz olarak bir araya getirmenin işimizi daha derinlikli şekilde anlamak ve onu daha etkili hale getirmek için bir yol açacağını iddia ediyoruz. Yaptığımız şeyi, yorumsal, kontrollü, aracılı ve sözcüklerle yapılandırılmış, ama her zaman akıl almaz deneyimlerle çevrelenen bir çalışma olarak yorumluyoruz.

---

15 James Cuno, "The Object of Art Museums," James Cuno, der., *Whose Muse? Art Museums and the Public Trust* içinde (Princeton, NJ: Princeton UP; Cambridge, MA: Harvard Universtiy Art Museums, 2004), 73.

DÖRDÜNCÜ BÖLÜM

Derinlemesine Bakmak: Yalnızlık, Akademik Bilgi ve
Bir Öğretmenin Dönüştürücü Deneyimi
Rika Burnham

Görmek avlanmak gibidir ve rüya görmek gibi ve hatta âşık olmak gibi. Tutkularla birbirine dolanmıştır –kıskançlık, şiddet, sahiplenme; ve duyguyla doludur– hazla ve hoşnutsuzlukla ve acıyla. Nihayetinde görmek, görülen şeyi değiştirir, göreni dönüştürür. Görmek mekanizma değil, metamorfozdur.

James Elkins[1]

Biz müze eğitmenleri olarak galeri diyaloglarımızda öğrencilerin sanat eserleriyle anlamlı deneyimler yaşamasını mümkün kılan koşulları yaratmak için çalışırız. Hatta bazen ziyaretçilerimiz bu deneyimlerin yaşam değiştiren, dönüştürücü deneyimler olduğunu düşünürler. Galerilerde ders verirken kendi deneyimlerimize nadiren odaklanırız, ama biliriz ki bir sanat eseriyle her karşılaşma, öğrencilerimizle paylaştıklarımız da dahil olmak üzere, bizim için de John Dewey'in kullandığı anlamda *bir* deneyim" –derinliği, yoğunluğu, bütünlüğü ve değeriyle, sıradan yaşamın akışından kesin olarak ayrılan bir olay– olabilir. Ve elbette bazen biz de, hem genel olarak bakışımızı derinleştirmek hem derslerde işlenecek belirli bir programı hazırlamak için tek başımıza temaşa ederken ve belki de en güçlü şekilde, ders yaparken, sanat eserleriyle yaşadığımız tepe noktasının, dönüştürücü anların tadını çıkarırız. Dahası, ister kütüphanede, ister akademisyenler ve küratörler eşliğinde girişilen bazı yoğun araştırma dönemleri de eğitmen için

---

1 James Elkins, *The Object Stares Back: On the Nature of Seeing* (New York: Simon and Shuster, 1996), 10-1.

| 121

"*bir* deneyim"i oluşturabilir. Ve nadir durumlarda, temaşa, araştırma ve ders bir noktada kavuşup öğretmenin kendini ebediyen değişmiş hissetmesine neden olabilir.

Bellini'nin *San Giobbe Mihrap Resmi*'ne Bakmak: Hüsran ve Doyum

Venedik ziyaretlerimde Giovanni Bellini beni tekrar tekrar baştan çıkarmıştır. *San Zaccaria Mihrap Resmi* için kolay lokma, *Frari Üçlemesi* için kolay bir fetih idim – yaşadığım şehir olan New York'taki The Metropolitan Museum of Art'ta bulunan *Madonna ve Çocuk* ile yaşadığım uzatmalı aşktan hiç bahsetmeyeyim. Ama 2008'in ılık bir Ekim gününde, *San Giobbe Mihrap Resmi*'nin bana açılmayı reddettiğini görüyorum (bkz. Resim 2). Etkilenmek yerine, sersemliyorum. O çok büyük, ben çok küçük hissediyorum. Daha da kötüsü, boyutlarına rağmen, dikkatimi çeken hiçbir şey yok gibi. Kendimi kalmaya zorluyor, bekliyorum. Sonra biraz daha bekliyorum. İleri gidiyorum, geri geliyorum. Ayakta duruyorum. Oturuyorum. Kendimle tartışıyor, düşünüyorum: Belki aynı zamanda bir merdiven boşluğu olan bu tuhaf galeri yüzündendir; belki ışık çok sert, belki ben yorgunum.

Sonunda, gönülsüzce, gözüm mihrap resmi üzerinde toplanmış tuhaf figürlerden bazılarına kayıyor. Önce, sağ tarafta, uzun iki ok bedenine manalı bir şekilde saplanmış, minicik peştamalıyla ayakta durmuş, beyaz ışığın içinde parıldayan Aziz Sebastian'a. Ardından gözüm soldaki Eyüp'e çevriliyor, o da neredeyse çıplak, Bakire'nin yanında ellerini yakararak dua edercesine birleştirmiş. Kıvırcık saçlı Vaftizci Yahya onların arkasında bir yer için yarışıyor sanki. Kral tahtına çıkmış ve abartılı mavi elbisesiyle muhteşem görünen Bakire, çember biçiminde kutsal bir işaretle, dikkate değer büyüklükte taştan bir haleyle taçlandırılmış, göğe doğru süzülüyor. Meleklerden bir müzisyen grubu ayaklarının dibinde ona serenat yapıyor. Müzisyen melekler, yukarıdaki göğün kutsal kubbesini aşağıdaki dünyevi âlemden ayıran pırıltılı taş oyma kemerde yankılanan sıcak bir yeşille kaplanmış. Teni porselen gibi parıldayan çocuk İsa sağ koluyla, annesinin sağ koluna biraz aşırı güven taşıyan bir havayla yaslanıyor. Aziz Dominik başını fazlasıyla kırmızı bir kitaba

DERİNLEMESİNE BAKMAK | 123

gömmüş. Pek süslü cüppesi kararsız duruşuyla büsbütün tezat içinde olan Fransisken piskoposu Toulouse'lu Louis arkada duruyor. Ve sonra, gözümü insafsızca rahatsız eden öfkeli Aziz Francesco'yu görüyorum. Koyu renk keşiş cüppesini yırtıp açarak göğsündeki açık ve geniş yarayı gösterirken dik dik, kızgın ve ters bakıyor. *Burada, Tanrı aşkına, şuna bak!* diyor; sanki Hollywood, Assisili Francesco rolünü Robert de Niro'ya vermiş. Yapmacıklığına sabrım yok. Dikkatimi dağıtıyor, tablonun esas dini amacı olduğuna inandığım şeyden beni uzaklaştırıyor. *Bana bak!* diye haykırıyor tekrar tekrar. Gözlerim dinlenmek için Aziz Sebastian'a geri dönüyor – gençliğin güzelliğiyle kusursuz, ayakta durmuş, ışıkla yıkanıyor. Ama neredeyse çıplak olması ve dingin coşkunluğuyla artık o da eşit derecede dikkat dağıtıyor. Francesco da, Sebastian da rahatsız edici, diye karar veriyorum; asıl ilahi görüntüye kolaylıkla erişmemin önüne geçiyorlar. Ve bana çok yakın, heyula gibi görünüyorlar! Peki, diye düşünüyorum, sanırım bu ikisiyle ilgilenmeden Bakire'ye yaklaşamayacağım. Ben de kendimi sakinleştirip düşünüyorum. Bu tablonun yanında kal, onu sorgula, yanında daha uzun kal. Sanat eleştirmeni Richard Wollheim'ın bilgece sözleri geliyor akla, New York'ta müze rehberlerine verdiğim bir tavsiye, büyük bir eserin "oturması"nın –insanın onun "içini görebilir" hale gelmesinin– genellikle bir saat sürdüğünü hatırlatıyor bana. Biraz daha bekliyorum.[2]

Bellini neyin peşinde, diye merak ediyorum. Bellini'de sevdiğim ve ondan beklediğim yüce ahenk ve durgunluk, aşırı-kötü-çocuk Aziz Francesco ve fazla mükemmel, gencecik bir Aziz Sebastian tarafından gölgede bırakılıyor. Francesco'nun *stigmata*sını [İsa'nın çarmıha gerilişi sırasında vücudunda oluşan yara] gözümüze soktuğunu kim görmek ister ki? Ya da Sebastian'ın oklarını ve kanını? Ama bu azizler ısrar ediyorlar, biri ekşittiği suratı ve çekiştirdiği elbisesiyle, diğeri

---

2 "Başıboş çağrışımların ya da güdülenmiş yanlış algılamaların oturması için genellikle yaklaşık ilk bir saatin tablonun önünde geçtiğini ve ancak o zaman, yine en az bir o kadar süre daha baktıktan sonra, resmin kendini olduğu gibi gösterdiğine güvenilebileceğini fark etmeye başlıyorum." Richard Wollheim, *Painting as an Art: The A. W. Mellon Lectures in the Fine Arts* (Princeton, NJ: Princeton UP, 1987), 8. Wollheim'in "içini görmek" dediği şeyin bir tanımı için bkz. 45-77. Bu konferans dizisi dinleyiciyle ilk kez 1984 yılında Washington'daki Ulusal Sanat Galerisi'nde buluşmuştur.

yorgun ve şaşkın, kendini uzak tutarak temaşamı kesintiye uğratıyor. Her ikisi de bana, rahatsız edici bir şekilde, ölümün burada olduğunu hatırlatıyor.[3] Ben Venedik'e bunun için gelmedim! Gitme, diye düşünüyorum. Bellini'yi bilirsin, Bellini'yi seversin, sihrini her zaman gösterir. Sadece bekle. Ben de bekliyorum. Sihir yok. Açıklanan bir şey yok. Aziz Francesco bana dik dik bakıyor, Aziz Sebastian'ın dindarlığı her dakika daha da sahte görünüyor. Aşağıdaki kargaşaya aldırmayan Meryem Ana, ona bakacak akla sahip herkesi sakince kutsuyor. Sanki cennetten gelen kutsal bir ışıkla, başının üzerinde parlayan altın kubbeyle, dinginliği artıyor. Biraz daha bekle, diyorum kendime. Sanat tarihçisi James Elkins'in bahsettiği o *nesnenin de sana baktığı* anlardan biri olmalı bu, diye düşünüyorum.[4] Kendime, bırak gözlerin ayrıntılar üzerinde gezinsin, bir şey ifade *etmiyor*, görünen şeyin keyfini çıkar, diye tavsiyede bulunuyorum. *Nesnenin bakışlarına karşılık veriyorum.* Francesco'nun ilk biyografisini yazan Celano'lu Thomas'a göre, La Verna Dağı'nda dua ederken ilk *stigmatasını* alan ve bu tanrısal ödülün aşırılığından utanarak onu keşiş kardeşlerinden saklayan Aziz Francesco'yu düşünüyorum. Bu baktığım hiç de mütevazı bir Aziz Francesco değil. *Che cosa? Ne, ne istiyorsun?* diyor sanki. Aziz Francesco'nun tarihçesini ve hayatıyla ilgili efsaneleri Bellini de biliyordu şüphesiz, zira bu mihrap resmini bir Fransisken kilisesi sipariş etmişti. Ama Bellini, hayranlıktan sakınmış, övgüyü reddetmiş, methedilmekten kaçınmış bir azizin bildik, saygı duyulan imgesine neden muhalefet etsin? Bu soru, kompozisyonun merkezindeki figüre ilgimi yeniden uyandırıyor. Meryem'in yukarı kalkmış sol eli şimdi dikkatimi çekiyor; elinin hareketinin Francesco'nun sağ eliyle yaptığı hareketin tersi olduğunu fark ediyorum. Francesco'nun da avuç içi bize bakıyor, ama yönü aşağı doğru. Ah, nihayet ilgimi çekiyor. Bellini'nin ellerle yaptığı oyuna odaklanıyorum: Eyüp'ün dua eden elleri İsa'ya

---

3   Daha sonra, Frick Küratörü Denise Allen bana eserin orijinal konumunun Accademia'daki geçici konumu gibi göz hizasında olmadığını, orijinal konumunda, ibadet edenlerin mihrap resmini aşağıdan göreceğini, dolayısıyla Aziz Francesco'nun bakışının daha az ters ve belki de izleyiciden çok Tanrı'ya yönelmiş görüneceğini anlatacaktı.

4   Elkins, *The Object Stares Back*, 10-1 (bkz. dipnot 1).

yönetilmiş, çocuğun minik sağ eli ise annesinin kolu üzerinde, sanki annesinin kolu onun tahtının kol koyma yeriymiş gibi kaygısız duruyor. Meryem'in sağ eli bebeğini sarıyor, bebeğin minik sol eli ise annesinin eline doğru uzanmış, soluk göğsü üzerinde duruyor.

Bebek İsa'nın elinin hareketinin Francesco'nunkiyle neredeyse aynı olduğunu fark ettiğimde Bellini beni aniden ele geçiriyor. Aziz, ileride çarmıha gerilen İsa'nın da alacağı yarayı göstermek için cüppesini yırtarken İsa da elini minik göğsüne aynı şekilde koyarak kaderini kabul ediyor. Yani burada *stigmata* geçmiş bir olayın yankılarını değil, geleceğe yönelik işaretleri gösteriyor. Biz –Eyüp, Vaftizci Yahya, Dominik, piskopos ve ben– hepimiz çarmıha gerilmenin hem olmuş hem henüz olmamış olduğunu biliyoruz. Bellini, İsa'nın ölümünün bir işaretini, bir kehanetini, bebekliği üzerinden gösteriyor; Bellini, İsa'nın ölümünü henüz olmadan önce görmemizi sağlıyor. Ama bu zaten *olmuş* olduğu için azizler, resim, hepimiz bu mekândayız. *Gel bizimle dur*, diyor sanki azizler, *burada bizimle dur*. *O'na bak*, diyor Vaftizci Yahya; *O'nunla çile çek*, diyor Eyüp; *O'nun hakikatini öğren*, diyor Dominik; *O'nun hayatını yaşa*, diyor Aziz Francesco; *O'nun kilisesine hizmet et*, diyor piskopos. *Bu yollardan her biri, seni bekleyen ibadet görevinde sana yardım edecek*. Zihnim Hıristiyanlığın öğütlerini işitirken, bebekliği ölümüyle gölgelenmiş solgun, kırılgan çocuk yine yüreğime işliyor. Şimdi görüyorum ki bütün figürler üçerli gruplar halinde: piskopos, Dominik ve Sebastian sağda; Francesco, Vaftizci Yahya ve Eyüp solda; üç melek müzisyen merkezde. Hepsinin üzerinde Meryem ve İsa – yalnız ikisi. Ama Bakire'nin yukarı kalkmış kocaman eli çağırıyor... *Ah!* Sonunda anlıyorum, üçüncü benim. Baştan çıkarma tamamlanıyor. Bellini beni içeri çekti, beni büyük tablolarından birine yeniden âşık etti. Gözlerim doluyor. Sanki transtan çıkıyormuş gibi, zamanın durduğunu, küçük idrak anımın küçük bir sonsuzluk olduğunu fark ediyorum.

San Giobbe Mihrap Resmi'ne bakmak benim için bir mücadeleydi, hep yokuş yukarı bir yoldu. Ama mihrap resmi geleneksel bir dini tablodur, tam olarak, bir *sacra conversazione*dir,[5] ve nihayetinde müze

---

5   *Sacra conversazione* (kutsal sohbet), Bakire ve Çocuk'un gayri resmi bir grup içinde, azizlerin ortasında, önceki dönemlerde görülen daha hiyerarşik kompozisyonlardan

müdavimlerinin aşina olduğu geleneklere riayet eder. Bellini, sonunda beni mihrap resminin ardındaki teolojik anlayışı açığa çıkaran bir deneyimin içine çekti. Ve deneyim, inanmayan biri için bile, idrak netliğine sahipti. Bu, yavaş ve acı verici de olsa, sonunda zarif ve tatmin edici bir kapanışa ulaşan bir yorum evresi deneyimiydi. Gizemin kilidini kırıp, *San Giobbe Mihrap Resmi*'ni açmamı sağlayan, gözümü yıllarca eğitmiş, tablonun biçimsel niteliklerini araştırmış ve sanat tarihi eğitimi almış olmamdı. Böyle güçlü bir anı mümkün kılan diğer bir şeyin ise Hıristiyan dinini önceden bilmem olduğunun şimdi de farkındayım, o zaman da farkındaydım. Hıristiyan öyküsünün merkezinde, başlangıç sonda, son başlangıçtadır. İsa'nın ölümü yaşamında haber verilmiştir, ama paradoksal olarak, ölümünün yaşamı simgelediğini biliriz. Hıristiyanlıktaki ebedi yaşam vaadi tam ta bu anlayışa dayanır ve bu Batı sanatının büyük özel ve kamusal dini eserlerinde tekrar tekrar sergilenir. O ılık Ekim günü Accademia'dan Hıristiyan inancının gücüne dair derin bir hisle çıktım. *Görüyorum, anlıyorum, biliyorum.* Bu deneyime bir yorumlama eylemi demek bir yandan doğru, bir yandan acınacak derecede yetersiz.

Frick'teki *Aziz Francesco*'ya Bakmak: Anlam Arayışı

Frick'teki *Aziz Francesco*, uzmanların da sıradan izleyicilerin de açıklamakta güçlük çektiği kuvvetli bir etkiye sahip, akıldan çıkmayan ve son derece gizemli bir eserdir (bkz. Resim 3).[6] Resim, akademisyenleri de sıradan sanatseverleri de, Frick Koleksiyonu'nu ilk kez ziyaret edenleri de sırf onu tekrar görmek için tekrar tekrar geri gelen ziyaretçileri de etkilemiştir. Resmin ne anlama geldiği konusunda küratörler ve sanat tarihçileri arasında bir fikir birliği olmadığı gibi, tablonun hayranları arasında da onları resme çekenin ne olduğu konusunda bir fikir birliği yoktur. Ben bir müze eğitmeni olarak tabloyu derslerimde pek çok

---

ayrılan bir şekilde tasvir edildiği, Rönesans sırasında gelişmiş bir resim biçimidir. Bellini bu alanda en büyük isimlerden biri kabul edilir.

6 Eserin "büyütülebilir" bir görseli faydalı olabilir; görsel Frick'in web sitesinde, http://collections.frick. org/obj360$28039 adresinde bulunabilir.

DERİNLEMESİNE BAKMAK | 127

farklı grupla defalarca "işledim" ve her seferinde, kendimizi anlaşılması imkânsız görünen büyük bir gizemin derinliklerine çekilmiş bulduk.

2010'un soğuk bir Ocak gününde *Aziz Francesco*'nun önünde oturan yetişkin sınıfı, eseri görmeye, hissetmeye, anlamaya başlamak için dikkatle bir yol arıyor. İlk yorumlar Francesco'nun durduğu yalın, kayalıklı manzaradan, neredeyse jeolojiye indirgenmiş bir dünyadan bahsediyor. Bu ön plan, orta mesafedeki pastoral sahneyle ve arka plandaki ışıltılı şehirle tezat içinde. Öğrenciler, ilgi çeken ayrıntılara, hayret veren parlaklığa ve baktığımızda buzullar gibi eriyor görünen tuhaf, mavi kayalara dikkat çekiyor. Öğrenciler bakmayı sürdürdükçe gizemli görsel sürprizler buluyor: sol altta incecik bir suyun aktığı boru; azizin sağ elinin altında taş duvardan dışarı bakan tavşan; Francesco'nun okuma masasının üzerindeki kafatası; arkasındaki düzenli, küçük bahçe; küçük çan ve onu saat başı çalmak için kullanılan ince ip; sol altta ressamın adını taşıyan minik kart; ölü bir ağaçla canlı bir ağaç arasındaki yaban eşeği.

Ve bir de Francesco'nun kendisi var. Tabloya galerinin farklı noktalarından bakmak için hareket ettikçe bir büyüyor, bir küçülüyor, vücudu bir ısınıyor, bir soğuyor ve bakışımız altında sırayla önce sarsılıyor, sonra hareketsiz duruyor. Sıcak, altın rengi ışık yüzünü ve bedenini aydınlatıyor, ama hemen arkasındaki düz kayalık sanki ay ışığıyla serinliyor. Şafak mı, gün batımı mı? Gövdesini bir yay gibi geriye atarak başını eğdiğini görüyoruz, elleri yana açılırken enerjiyle gerilmiş. Göğüs kafesi genişlemiş, göğsü yukarı ve ileri itilmiş. Büyük sol ayağı, elbisesinin eteği altından görülebiliyor, onu sabit tutuyor. Birisi o sol ayağın *altında* ince bir gölge fark ediyor ve Francesco'nun havaya yükselmek üzere olabileceğini ileri sürüyor. Ya da belki bir tek o ayak onu yeryüzünde sabit tutuyor.

Tablonun alışıldık büyüsü etkisini göstermeye başlıyor. Aniden, hiç uyarısız, hafif ters bir ses tonuyla gruptan bir adam soruyor: "Sanat eseriyle illüstrasyon arasındaki fark nedir? Bu sadece bir illüstrasyon da olabilir." Soru, adamın muhtemel ki düşünebileceğinden ve benim bir galeri programı bağlamına uygun hale getirebileceğimden daha zor, geniş felsefi konulara girmeyi gerektiriyor. Ondan sabırlı olmasını istiyorum. Tablonun yaşatacağı deneyim soruyu belki, en azından onun için, yanıtlayabilir.

Daha sonra başka biri basit bir ifadeyle soruyor: "Ne oluyor? Biliyor muyuz?" Bu soru yanıtlanabilir, bir bakıma. Grubu beraber bir yanıt aramaya teşvik ediyorum. *San Giobbe Mihrap Resmi*'nden farklı olarak Frick'teki *Aziz Francesco* ilk başta açık *görünüyor*, sihrini yapıp gözleri büyülüyor. Hayranlık veren güzelliğinin içine sürükleniyoruz. Ayakta duran, ışık yayan Francesco'ya bakıyoruz. Göğsü kavis yaparak öne çıkmış, eller açık, gözler yukarı bakıyor, ağız açık. Bellini, azizin çevresine harikulade ayrıntıyla gösterilmiş bazı bitki ve hayvanlar toplamış. Ama ince üslubuna, ayrıntıların netliğine ve duygu yoğunluğuna rağmen, ki hepsi de gördüklerimizin sonunda bilinebilir bir şeye ulaşması gerektiğini ima ediyor, *San Giobbe Mihrap Resmi*'nde olduğu gibi, şimdi Frick'teki *Aziz Francesco* da karşısına oturduğumuzda ve anlam arayışımız yoğunlaştıkça yavaş yavaş *kapanıyormuş* gibi görünüyor. Kolektif kültürel bilgimiz ve geçmiş deneyimlerimiz bu sıra dışı tabloyu yorumlama görevimizde yetersiz kalıyor.

Akademisyenlere ve Eleştirmenlere Danışmak

Bir müze öğretmeni böyle bir tabloyu derslerinde işlemek için gereken bilgiyi nasıl edinir? *San Giobbe Mihrap Resmi* önünde işe yarayan şey burada yeterli değildi. Dikkatimi önceki yorumlara çevirmem, bu tabloyu incelemiş küratör, akademisyen ve eleştirmenlerin rehberliğinden faydalanmam gerektiğini biliyordum. Bununla birlikte hemen fark ettim ki ününe rağmen Frick'teki *Aziz Francesco* hakkında kesin olarak bilinen çok az şey var. Orijinal eserin hangi koşullarda yaratıldığıyla ilgili ayrıntılar neredeyse bütünüyle kayıp. Tabloyu kim sipariş etti, ilk asıldığı yer neresi? Bellini, siparişle birlikte gelen belirli bir ikonografik planı izlemeyi kabul mu etti, yoksa bunu kendisi mi teklif etti? Bellini eserleri içinde bu resmi nereye yerleştirmemiz gerekir?[7] Resmin gizemlerinin kilidini açabilecek ve önünde dikilirken hissettiğimiz huzursuzluğu kısmen alıp bizi tablonun belirsizliğinin yükünden kurtarabilecek bağlam bilgisinin büyük kısmı bizim için kayıp. Sayısız incelemeye

---

7 Eserin yapıldığı tarih kesin olarak bilinmiyor; akademisyenler eseri genellikle 1480 dolaylarına yakıştırırlar ki bu da onu yine 1480 tarihli olan *San Giobbe Mihrap Resmi* ile aynı zaman çerçevesine yerleştirir.

rağmen akademisyenlerin üzerinde anlaştığı tek nokta, ayakta duran figürün Assisili Francesco olduğu ve Bellini'nin onu La Verna Dağı önünde ayakta durur halde resmettiğidir. Bunun ötesinde, tablonun anlamı konusunda ya çok az fikir birliği var ya da hiç yok. Küratör ve sanat tarihçilerinin yıllar içinde bu resme iliştirdiği pek çok farklı başlık da bunu gösteriyor: *Aziz Francesco*, *Aziz Francesco Vahşi Doğada*, *Aziz Francesco Güneşe İlahi Bestelerken*, *Aziz Francesco'nun Neşesi* –ve elbette Frick yayınlarında kullanılan başlık, *Aziz Francesco Çölde*. Şimdi, yorumdan vazgeçilerek, artık yaygın olarak sadece "Frick'teki *Aziz Francesco*" olarak adlandırılıyor.

İlk başta, tablonun Francesco'nun *stigmata*sını alışının bir temsili olduğunu söyleyen ve uzun zamandır hüküm süren yorumu kabul ettim. Azizlerin hayat hikâyesini anlatan metinlere göre bu olay 1224'te Francesco'nun La Verna Dağı'nda kırk gün süren inzivası sırasında meydana gelmişti.[8] Ama resmin bir *stigmata*yla kutsanış tasviri olarak yorumlanmasıyla benim resimde gördüğüm şey hiçbir zaman tam örtüşmedi. Olayı kaydeden 13. yüzyıl metinlerine göre, Francesco *stigmata*yı altı kanatlı bir melek formunda görünen, çarmıha gerilmiş bir İsa'dan aldı. Frick'teki *Aziz Francesco*'dan önce yapılmış ve Francesco'nun *stigmata*yla kutsanışını tasvir eden neredeyse bütün diğer resimler – bunlardan çok sayıda var– meleği ve İsa'nın bedeninden azizin bedenine uzanan geleneksel huzmeleri de gösteriyor. Ayrıca bu resimlerin çoğu, Fransisken metinlerinin izinden giderek, Francesco'ya inzivasında eşlik eden Leo'yu da dahil ediyor; Bellini ise bize sadece Francesco'yu veriyor. Geçmiş bir tarihte resmin üstündeki boyalı panelden bir şerit kesildiğini belirten sanat tarihçileri, Bellini'nin tablosunda meleğin bulunmayışını, sık sık, meleğin havada durduğu yerin muhtemelen bu kesilen kısım olduğu iddiasıyla açıklıyordu. Fakat Şubat 2010'da tablo bir aylık bir teknik inceleme ve analiz için Frick'ten Metropolitan'ın konservasyon bölümüne gönderildi. Burada, büyük ihtimale çok küçük bir parçanın, belki de sadece bir iki santimetrelik –meleği barındıramayacak kadar küçük– bir kısmın kesildiği belirlendi. Bunu bilince, zaten şüpheli

---

8 Frick'teki *Aziz Francesco*'nun, azizin *stigmata*yla kutsanışını temsil ettiğine dair teorinin ilk önemli bildirilerinden biri için bkz. Millard Meiss, *Giovanni Bellini's St. Francis in the Frick Collection* (Princeton, NJ: Princeton UP, 1964).

olan *stigmata* yorumu savunulamaz hale geldi. Bellinin'nin tablosunda tanıklık ettiğimiz şeyin Francesco'nun *stigmatayı* aldığı an olmadığına, onu *stigmatayı taşırken* gördüğümüze ikna oldum.

İçini Görmek: Deneyim, İkonografi ve Francesco'nun Yaşamı

Peki şimdi ne olacak? Frick'teki *Aziz Francesco* pek çok izleyiciye –ve bazı akademisyenlere– simgeleri yorumlamaları için yalvaran hayret verici ayrıntılarla dolu: Orta mesafede duran yaban eşeği ve balıkçıl; onların arkasında sürüsünü güden çoban; özenle bakılmış bahçe; kaya duvarındaki bir delikten kafasını çıkarmış minik tavşan; kayalardan, derin ama saklı bir havuza akan su; Francesco'nun göğsünün solunda, resmin merkezindeki kesilmiş küçük ağaçtan geri kalan kısım da dahil, incelikle yorumlanmış küçüklü büyüklü ağaçlar; kürsü ve kitap, bazı izleyicilere göre atılmış görünen sandallar ve Francesco'nun arkasındaki baston; sağlıklı bir şekilde büyüyen bir asmayla kaplı kulübe ya da kameriye – bir zaman gelir ve bütün ziyaretçiler bu ayrıntıların ne *anlama* geldiğini sorar. Her biri, gözleri bakmaya, aklı düşünmeye çağırır. Her hayvan, her bitki, her nesne – sanki hepsi bir şeyi temsil etmek, çözülmeyi bekleyen şifreli bir mesajın parçası olmak için bir ilahi işaretler oyununda toplanmış. Akademisyenler şimdiye kadar pek çok yanıt sundular ve derslerinde bu tabloyu işleyen eğitmenlerin bütün bu yanıtlara aşina olması gerekir.[9]

Resimdeki ayrıntıların çekici bir gücü var. Birden fazla, bazen birbiriyle çelişen, ikonografi yorumlarına neden oldular: Bellini'nin, Francesco'yu, vahşi doğada Tanrı'yı arayan ve vaat edilmiş topraklara giden yolu gösteren Musa olarak; kıyametin ve Mesih'in dönüşünün yolunu hazırlayan, Vahiy kitabındaki Altıncı Mührün Meleği olarak; bir diğer İsa olan *alter Christus* olarak veya Kutsal Kudüs'ün yolunu gösteren bir figür olarak sunduğunu iddia ettiler. Bu gibi yorumlar ziyaretçileri bir anlığına teskin eder – *Oh, nihayet, resmin ardında ya-*

---

9 Bkz. John Fleming, *From Banaventure to Bellini: An Essay in Franciscan Exegesis* (Princeton, NJ: Princeton UP, 1982); ve Anthony F. Janson, "The Meaning of the Landscape in Bellini's 'Saint Francis in Ecstasy',"*Artibus et Historiae* 15 (1994): 41-54.

tan genel bir plan varmış yani! Fakat rahatlama hissi hızla solup gider. Tablonun canlı, gizemli ayrıntılarını bir ikonografi planıyla eşleştirmek hem benim tabloya dair deneyimimi hem öğrenci ve ziyaretçilerin deneyimlerini hiçbir zaman karşılamadı. Genelleştirici yorumların yetersizliği hemen ortaya çıkar: Hepsi de resmin birden buz kesmesine neden olur. Ve öğrendiğim o ki tam da bu an, derste tabloyu kendi gizemlerine yeniden açma zamanıdır.

O ışık saçan, eriyen, mavi kayalar, Francesco'nun göklere bakarken ellerini açarak yaptığı kabullenme hareketi, çatılmış kaşları ve açık ağzı, sırtını döndüğü geleneksel kutsal yaşam simgeleri – bu resimdeki ayrıntıların uyandırdığı yoğun, tanımlanabilse de, ifade edilemez görünen duyguları hiçbir yorum açıklayamaz. İkonografi üzerinden yapılan yorumlar, düşünsel açıdan ikna edici olsalar da resmin misyonunu açıklamada bir şekilde yetersizdir. Tablonun *bir şey* hakkında olduğu konusunda bir heyecanımız ve bir şey "hakkında" *olmadığı* konusunda daha da güçlü bir hissimiz var – bu, yapmaktan çok olmanın bir temsili.

Tabloyu anlamak için aynı anda hem daha çok hem daha az şeye ihtiyacım olduğu yönündeki tuhaf hissim yoğunlaştı ve tuhaf bir şekilde, eser 2010 Şubatında Metropolitan'ın konservasyon bölümünde incelenirken katıldığım bir çalışmada, bu hissin sebepsiz olmadığı ortaya çıktı ve hatta belki bu hissim giderildi. Bu olay oradaki herkese son derece yeni bir deneyim yaşattı.

Metropolitan'ın resim konservasyon atölyesinde küratör, konservatör ve akademisyenlerin bir toplantısına katılıyorum. Tabloyu Frick'te aylardır inceliyor ve derslerimde sık sık işliyor olduğumdan, onu içinde görmeye alıştığım zengin donanımından –süslü ve ağır bir çerçeve, ahşap panelli duvarlar, goblen kaplı sandalyeler, zarif kakma Boulee mobilyalar, gösterişli halılar– ayrılıp geçici sürgünle gelen *Aziz Francesco*'nun dikkatleri nasıl da yenilenmiş bir güçle üzerine çektiğine şaşırıyorum. Onu sanki ilk kez görmeye başlıyor olduğumu biliyorum. Tablonun, üzerindeki yapay resim aydınlatmasından ve Frick'in Batı pencerelerinden giren eğik güneş ışığından kurtulup kuzeyin okşayıcı ışığıyla aydınlanması, Aziz Francesco'nun dünyasını hep aydınlatmış görünen şaşırtıcı ışık kaynağını, içten gelen, daha da gizemli ve beklenmedik parlaklığa, stüdyodaki herkesin sessizleşmesine neden olan, esrarengiz şekilde ışıyan bir aydınlanmaya çeviriyor. Kendi kutsal bedeni kadar göksel bir kaynaktan da geliyor görünen ilahi bir ışıkta duruyor Francesco. Bir küratör sessizce, "Francesco kutsiyet içinde," diyor. Bir akademisyen hayretler içinde mırıldanıyor, "Sanki Francesco ışığa değil, karanlığa yükseliyor neredeyse... Eğer şafaksa bu, diriliş; eğer günbatımıysa, kıyamet."

Ön plandaki kayaların gözleri arkadaki manzaraya çeken ısrarcı, ama saklı geometrisini daha önce hiç görmediğim gibi görüyorum. Bellini'nin renk uyumunun insanı derin derin düşündüren yoğunlukta bir büyüsü var. Kayalar sanki güneşin değil, yükselen dolunayın ışığını yakalıyor. Bellini'nin Francesco'yu bizim göremediğimiz bir görüntüye bakarken resmettiğinden daha önce hiç olmadığım kadar eminim. Nefesi kesilmiş, ilahi vahye teslim oluyor. Balıkçıl, yaban eşeği ve tavşan aynı muazzam ilahi varlığın farkında, ama onu dikkat ve sükûnetle temaşa ediyorlar. Francesco, tıpkı hayvanların olduğu gibi, yalnızca Tanrı'nın huzurunda olma arzusuna mı ulaştı? Aziz Francesco'nun yaşamını inceleyen bir öğrencinin yazdığı gibi, "Aslında Francesco için doğa, Tanrı'yla doğal, kendiliğinden ve özgün bir şekilde ilişki kuran bir varlıklar âlemini temsil ediyordu; bu düşmüş insanın ancak özlem duyabileceği bir idealdi."[10] Özbilinçliliğinden kurtulmuş, bütün hayatı boyunca aradığı ve elinden hep kaçmış görünen sadeliğe nihayet ulaşmış bir Francesco görüyorum belki de.[11] Baktıkça karanlık azalıyor. Francesco kendi içinden gelen bir ışıkla doğal ötesi bir şekilde parlıyor. Bir uçurum kenarında duruyor; karanlık, ayaklarının altında uğursuz çatlaklar açılıyor ve kayalık ön planı hemen arkasındaki yabani çayırdan ayırıyor; sol alttaki yarık ve Francesco'nun hücresi vazifesi gören mağara kapkara bakıyor. Bu ışıkta, Francesco'nun evi olan vahşi doğa, arka plandaki çayır ve şehir âleminden ayrılmış olmaktan çok, onlara bitişik görünüyor: Her ne kadar Francesco yalıtılmış olsa da, sıradan insanların âlemiyle Francesco'nun ilahi vahiy âlemi tek bir dünya gibi görünüyor. Kehribar ve kahverengilerden oluşan bir renk paleti gözleri

---

10 Lee Patterson, *Acts of Recognition: Essays on Medieval Culture* (Notre Dame, IN: University of Notre Dame Press, 2010), 242.

11 Bkz. Patterson, Bölüm 10, "Brother Fire."

DERİNLEMESİNE BAKMAK | 133

şehre çağırırken, Francesco'nun masasında, cüppesine ve tenindeki benzer tonlar iki dünyayı birleştiriyor. Azizin hem tarihsel görevi –şehirdeki yoksullara yardım etmek– hem büyük arayışı –vahşi doğada Tanrı'yla birleşmek– bize hatırlatılıyor. Arkasını dönmüş olduğu masa ve İncil, farklı bir ışık alıyor ve kendine ait, ayrı ve kapalı bir dünyada varlığını sürdürüyor. Aziz, Frick'te göründüğünden daha cesur, daha az pasif görünüyor. Bakışımız altında ışıldamayı sürdürüyor. Şimdi resim daha önce hiç olmadığı kadar yer ediyor insanın zihninde, hiç olmadığı kadar büyüleyici görünüyor.

Dahası, benim için tablo daha önce olmadığı bir biçimde *yaşıyor.* Kendisi de İsa gibi yaşamayı isteyen Francesco, İsa'nın hayatının düşünsel olarak anlaşılması –analiz edilmesi, yorumlanması– değil, yaşanması, canlı örneği olunması gerektiği konusunda hep ısrar etmiştir. Francesco, İsa'nın yaşamının aynısını sürmenin ateşli bir savunucusuydu: Fransisken din kardeşlerinin her şeyden önce yoksulluk içinde yaşayarak –hiçbir malı mülkü olmadan– ve Fransiskenlerin "harfiyen, harfiyen, harfiyen, tefsirsiz, tefsirsiz, tefsirsiz" kuralına uyarak İsa'nın izinden gitmelerini istiyordu.[12] Başka yerlerde olduğu gibi burada da Francesco yoruma güvenmiyordu çünkü yorum, onun aradığı kusursuz sadeliği engelleyen bir özbilinç gerektiriyordu. Ama çok iyi bildiği gibi, insanın özbilinç olmadan varolması imkânsızdır, katıksız sadelik de öyle: Biz insanlar –ve hatta veya belki de özellikle, Francesco gibi azizler– bunu yapamayacak kadar karmaşığız.

Tablonun lafzi ile simgesel arasındaki bu diyalektiği yansıttığını fark ediyorum. İmge, insanın kolay bir yorumsal deneyime duyduğu iştahı bir şekilde kabartıyor, fakat bu hep engellenen, hüsrana uğrayan bir arzu çünkü hayvanların ve bitkilerin tuhaf, kışkırtıcı bir aradalığını göz ardı etmek mümkün değil. Bellini'nin öyle hayret verici bir yansılama gücü var ki lafzi –bütünüyle gerçekçi– ile akıl almaz, her yerde kaynaşmış. Küçük kayalık evindeki tavşan, inzivadaki keşişin yaşamının bir simgesi olabilir, ama aynı zamanda sadece bir tavşan; akkor ağaç, Musa'nın yanan çalılarının bir simgesi olabilir, ama aynı zamanda sadece bir ağaç. Yorumlama ihtiyacımız ile bu şaşırtıcı güzellikteki tabloyu öylece

---
12 Agy., 246.

kabullenerek, kendimizi onun içinde kaybetme arzumuzun arasını bulmayı öğrenmek zorunda olduğumuzu fark ediyorum. Şimdi Frick'teki *Aziz Francesco*'nun önünde, onun cazibesini, ikonografik zenginliğini kabul ederek ve her şeyden öte, ikisi arasındaki ilişkinin belirsizliğinin tadını çıkararak duruyorum. Frick'teki *Aziz Francesco*'ya dair anlayışlarımızın hâlâ bölük pörçük, keşfettikleri anlamlardan çok, işaret ettiği gizemler sebebiyle etkili olduklarını fark ediyorum. Keats'in ünlü –ve Batı düşüncesinde estetik yüce gönüllülüğün en güçlü ifadelerinden biri olan– "olumsuz yetenek" tanımında yazdığı gibi, *"ortada ulaşılmış hiçbir gerçek ve sebep yokken, belirsizlikleri, gizemleri, şüpheleri"* kabul etmeyi öğrenmeliyiz.[13]

Açığa Vurulan Belirsizlik

Derslerimde bu tabloyu işlerken ortaya çıkan, "Bu ne anlama geliyor?" kaçınılmaz sorusunun ya da eserle ilgili özel (*Neden tavşan kafasını çıkarmış?*) olsun, genel (*Bellini'nin amacı ne?*) olsun daha pek çok sorunun, üzerinde anlaşılmış bir yanıtı olmadığı konusunda her bir grubu temin etmeyi öğrendim. Fakat kesinliğin olmaması, imgenin uzun süreli ve özverili bir incelemeyi hak etmediği ya da elimizden geldiğince keşfetme çabalarımızın boşuna olduğu anlamına gelmiyor. Sınıflarıma, bildiklerimi onlarla paylaşacağıma ve resmin yanında kalabileceğimizi hissettiğimiz kadar uzun kalacağımıza söz veririm. En azından, Bellini'nin yaratma gücü ve ciddiyeti bize görünecek; akıldan çıkmayan imgeler, ifade edecek sözcükleri belki bulacağımız, belki bulamayacağımız şekillerde canlanacak. Ve baki kalan sorularımızdan bazılarını yanıtlayabilecek tarihsel bilgiyi kaybetmiş olsak da, ona anlam verebileceğimize ve vermemiz gerektiğine inanıyorum. Sanatseverler olarak bizler, yanıtlanabilsin, yanıtlanamasın, sorulardan keyif alıyoruz, tablolarda bize zevk veren şeyleri ve kendi anlamlarımızı keşfediyor, muğlaklık ve belirsizliği kendine özgü hazları olan yollar olarak kabul ediyoruz. Bellini'nin nihai zaferi, Francesco kendi Tanrı'sı önünde

---

13 Bu ünlü pasaj, 21 Aralık 1817 tarihli, (tuhaf şekilde Fransisken bir üslupla) "SEVGİLİ KARDEŞLERİM" diye başlayan bir mektupta geçer; İtalikler Keats'e aittir. Metne, www.mrbauld.com/negcap.html adresinden erişilebilir.

DERİNLEMESİNE BAKMAK | 135

dururken, bizim de onun muhteşem tablosu karşısında durup ressamın eserini görmemiz olamaz mı, diye sormamızdan ibarettir belki de. On yıllardır sanat eserlerine bakarken verdiğim yorumlama mücadelesinden, belirsizliğe ve geniş yorumlara kucak açmanın zor olduğunu öğrendim. Fakat bunu yapmak için gösterdiğim çaba, *Aziz Francesco* gibi kafa karıştırıcı, ama çok etkili sanat eserlerine bakarken bazen bir sonuca varmayan ve açık uçlu olana kucak açmak zorunda oldukları konusunda ziyaretçileri cesaretlendirmemi mümkün kılıyor. Bu inanç, uzun bir galeri öğretmenliği kariyerinin çok çalışılarak kazanılmış ödülü, aşamalı, sürekli ve hiç bitmeyen bir içsel dönüşümün meyvesidir; gizeme, gönüllü ama istençsiz bir açılmadır. Yılların dikkatli bakışı ve paylaşılmış diyalogları, öğretmenin içinde, en bildik sanat eserlerinde bile yeni yorumlardan memnuniyet duymasını sağlayan bir tür yapı iskelesi inşa eder; ama bu yapı iskelesi aynı zamanda gruplarıma yorum konusunda verdiğim rehberliği de şekillendirir. Ziyaretçilere, çabalarımızın önemli olduğu, sanat eserlerinin biz onlara bütün dikkatimizi verdiğimiz için yaşadığı ve onlara dair bilgimizin ortak yorumlama çabalarımız sayesinde daha geniş olduğu konusunda teminat veririm. Öğretmenin kendi iç yaşantısıyla diğerlerinin yaşamları arasındaki ilişkiyi ve bu hassas etkileşimin dersin sonuçlarını nasıl çarpıcı şekilde etkilediğini sık sık düşünürüm. Frick'teki *Aziz Francesco*'ya bakmak, en iyi ihtimalle, çelişkili bir deneyimdir. Hüsrana uğrarız; ama imgenin tutarlı bir yoruma varmamızı tuhaf bir şekilde, süresiz olarak ertelemesini de kabulleniriz. *Aziz Francesco*'yla bir seans sonrasında bir öğrencim bana şöyle yazdı: "Sürekli merkeze yaklaşıyormuşuz gibi hissettim, ama sırf tekrar dışarı çekilelim diye ve nihayet merkeze ulaştığımızda ne ışıklı bir tabela, ne bir hazine haritası, ne de bir ipucu vardı. Bu deneyim zaman zaman hüsrana neden olsa da, ondan tat almayı öğrendim; aslında tablonun "anlam"ını ya da konusunu çözmeye ya da ona biraz ışık tutmaya çalışarak harcadığımız bunca zamandan sonra, eğitimli izleyicide kalması istenen şey, tam da bu biraz kaybolmuş, arıyor olma hissiymiş gibi geliyor."[14] *Aziz Francesco*'yla ilk başta sıkıntı yaşamış bir öğrenci bir kompozisyonda şöyle yazıyordu: "Resmi anlamadım; hiç

---

14 Lise öğrencisi Margo Manocherian ile yapılan yazışmalardan.

anlam veremedim" – ilk başta. Ama sonra: "Bir saat geçti, bir saat daha geçirebileceğimi düşündüm. Artık bu resme sadece ilgi duymuyorum, onu önemsiyorum. Ona geri dönmek isterim. Kendimi, evde onu düşünürken buluyorum. Aziz Francesco'yu rüyalarımda görüyorum."[15] *San Giobbe Mihrap Resmi* gözlerimin dolmasına neden olmuştu, ama Ocak 2010'da Frick'teki Bellini sınıfımda hiç kimsenin gözlerinin dolmamasına şaşırmadım. Gelgelelim diyaloğumuzu canı sıkkın bir şekilde illüstrasyonla ilgili soruyla açan adam sonunda seans boyunca nasıl sıra dışı ve sürükleyici bir gerilim hissettiğini tarif etti ve Frick'teki *Aziz Francesco*'nun bütün küçük parçalarının sonunda bir şekilde zihninde birleştiğini söyledi. Sorusu için özür dileyerek, ekledi, "Resim artık bir bütün. Bu resmi pek çok kez gördüm ve sonunda sevmeye başlıyorum!" Bellini onu da büyülemişti. Ziyaretçilerimizin temaşasına sunduğumuz sanat eserlerine âşık olmalarından öte ne isteyebiliriz ki?

Müze eğitmenleri olarak bizler, yönettiğimiz her galeri diyaloğunda, hem bu kadar derinlemesine baktığımız sanat eserlerini hem sanat eserlerini keşfetme *sürecinin* kendisini aynı anda keşfetmeye uğraşmak zorunda olduğumuzu aklımızdan hiç çıkarmamalıyız. Kendi deneyimlerimiz ve yorumlama mücadelemiz konusunda son derece uyanık olmalıyız ki başkalarının kendi anlayışlarına ulaşmasına rehberlik ederken kendi deneyimlerimizden ve mücadelemizden, istediğimizde ve bilinçli şekilde, faydalanabilelim. Biz öğretmenlerin resme anlam vermede yaşadığımız güçlükler, hüsranlar, uzun, dolambaçlı yollar ve yanlış yapılan başlangıçlar, hepsi de bir araziyi haritalandırıyor ve bu arazi keşfedildikçe bizim de empatiyle dinleme ve yanıtlama, derinlemesine bakmaya teşvik etme ve diyaloğu ileri taşıma kapasitemiz genişliyor. Yorumlama sırasında ve sonrasında, düşünme sürecinde

---

15 Eliza Miller, "Arnold P. Gold Foundation Essay 2010" (Tıpta Hümanizm Makale Yarışması Üçüncüsü), *Academic Medicine* 85, sayı 10 (Ekim 2010): 1628-9. Miller, bir Frick Koleksiyonu programındaki deneyimine dayanan makalesini New York, Columbia Üniversitesi, Doktor ve Cerrah Fakültesi'nde ikinci sınıf öğrencisiyken sundu. Metne, http://journals.lww.com/academicmedicine/Fulltext/2010/10000/2010_Humanism_in_Medicine_Essay_Contest_Third.23.aspx ve Gold Vakfı'na ait www.huanism-in-medicine.org adresinden erişebilirsiniz. Ayrıca makale vakfın bülteninde ve *Frick's Memember's Magazine* 10, sayı 2 (Sonbahar 2010) sayısında yayımlanmıştır.

DERİNLEMESİNE BAKMAK | 137

üstbilişsel kavrayışımız, yönettiğimiz grup diyaloglarında ortaya çıkan gelişebilir yorumları fark etmemizi ve kesinlik duygusuna ulaşmak güç olduğunda sıkıntı duyan öğrencileri teselli etmemizi sağlıyor. James Elkins'in bize hatırlattığı gibi, "Görmek metamorfozdur, mekanizma değil." Kendimize öğretiyoruz ki başkalarına öğretebilelim.

Bir Metamorfoz Olarak Görme

Günün sonunda, Frick Koleksiyonu galerilerine süzülüyorum. Galeriler sessiz; halk gitmiş; sadece güvenlik görevlileri ve ben varız. Batı pencerelerinden tatlılıkla süzülen yaz akşamı ışığı, Aziz Francesco'nun ancak ana hatlarını aydınlatıyor. O, hâlâ orada. Beni görmüyor. Önceden olduğu gibi, yukarıya, benim göremediğim şeye bakıyor. Ama ben ona baktıkça o daha görünür, sonra tuhaf şekilde aydınlık hale geliyor. Onun dünyası ne gece ne gündüz, ne maddi ne ruhani. Kutsal ışığı kayalara dökülüyor ve ötedeki uzak topraklara. Bu Francesco hiçbir mesaj taşımıyor, yapmacık tavırlara başvurmuyor. Bu Francesco, çok kısa bir süreliğine, kardeşleri tavşan, balıkçıl ve eşekle birlikte, "insan Francesco'nun çok güçlü bir özlem duyduğu" imrenilecek bir "hayırlı sadelik" içinde yaşıyor.[16] Francesco'yu, karanlık fakat mukaddes dünyasında, Tanrı'yla baş başa, kutsallığını kabul ederken görüyorum. Nefesinin kesildiğini duyuyorum.

Francesco sade bir yaşam sürmek için çabalarken, biz izleyiciler de Frick'teki *Aziz Francesco*'ya, bu resim etrafında toplanan engin yorum bilgisinin onu ölçülemez derecede zenginleştirdiğinin farkında olarak, ama bu yorumlardan etkilenmeden geri dönebiliriz. Bizden önceki ve şimdiki akademisyenlerin çalışmaları, ziyaretçilerin birikmiş düşünceleri ve kendi deneyimlerim arasında özgürce ileri geri hareket ediyorum. Hepsi de kendi yorumumu bulmamı mümkün kılıyor. Bellini'nin başyapıtı önünde liderlik ettiğim ziyaretçiler de kendi yorumlarını bulacaklar. Bu tablonun, Aziz Francesco'ya ve Aziz Francesco ile birlikte hayran olarak bir süre kalabileceğimiz harikulade güzellikte bir yer olduğunu birlikte keşfedeceğimize inanıyorum.

---

16 Patterson, 250 (bkz. dipnot 10).

BEŞİNCİ BÖLÜM
Sohbet, Tartışma ve Diyalog
Rika Burnham ve Elliott Kai-Kee

Müzeleri önemli kılan şeylerden biri, müzelerde konuşmaktır ve müzeleri bize tanımlayan şeylerden biri, müzelerde nasıl konuştuğumuzdur. Çünkü müzeler, bence, gidip bir şeyler görülen yerler olduğu kadar, aynı zamanda, gidip bir şeyler konuşulan yerlerdir.

Adam Gopnik[1]

İzleme alışkanlıklarını anlamak için birkaç soru sorduk. İlginç sonuçlardan biri, bir eşlikçiyle konuşan insanların daha çok öğrendiğiydi.

Gary Tinterow[2]

Müzeler hem sosyal etkinlik yerleri hem de deneyimi ve öğrenmeyi teşvik eden yerlerdir. Konuşmak, müze galerilerine yaşam verir. Dinleyicilerimizi serbestçe konuşmaya teşvik etmek, çağdaş galeri dersi pratiğinin merkezi bir parçasıdır. Sanat eserleriyle ilgili konuşmayı kucaklayan ve teşvik eden bir öğretmenlik, büyük beceri, sabır ve bol pratik kadar bir amaç hissi de gerektirir. Ama konuşmak kendi içinde bir amaç değildir, sanat eserleriyle yaşanacak derin ve uzun süreli deneyimlere erişimin bir aracıdır. Müzeleri birer toplumsal söylem alanı olarak kucaklarken bile derslerimizde daha derin, daha kalıcı deneyimler peşindeyizdir. Aradığımız, belirli türde ve nitelikte bir konuşmadır:

---

1 Adam Gopnik, "The Mindful Museum," *The Walrus* (Haziran 2007); ayrıca, http://walrusmagazine.com/articles/2007.06-culture-the-mindful-museum adresinden erişilebilir.

2 Gary Tinterow, "The Blockbuster, Art History and the Public," Charles Haxthausen, der., *The Two Art Histories: The Museum and the University* içinde (Williamstown, MA: Sterling and Francine Clark Art Institute, 2002), 151.

Bilgi ve anlayış üreten konuşma. Sanat eserlerini birlikte düşünmek, bilmemiz gerekenleri keşfetmek için konuşuruz. Sanat eserleriyle ilgili konuşmak, onlara anlam verebileceğimiz ve anlam vermenin, sanat eserinin direnç göstermediği, aksine davet ettiği bir süreç olduğu ortak inancına dayanır. İçinde, sanat eserlerini deneyimlemenin yaşamlarımızı zenginleştirdiği ve hatta dönüştürebildiği inancı saklıdır.

İnternet sosyal medyasının katlanarak büyümesiyle birlikte, buluşup yüz yüze konuşmak artık çok sayıda iletişim seçeneğinden sadece biri haline geldi. İnsanlar gördükleri eserle ilgili mesaj atıp, Twitter'da yazar ya da doğrudan izlenimlerini Facebook'ta paylaşırken, müzelerde konuşmak ne kadar talep görüyor olabilir ki? Deneyimlerimize göre, ortaya çıktı ki, talep her zamankinden de fazla. Müzelerimizde, sanatla ilgili sohbet edilen programlar her zaman hızla doluyor. İnsanlar tekrar tekrar geliyor. Frick Koleksiyonu'nda bu tip programlara sık sık gelen bir katılımcının sözcükleriyle: "Buraya gelip yaşam ve sanat deneyimlerini büyük ölçüde paylaşan insanları dinlemek sadece mutluluk değil, aynı zamanda ayrıcalık." Aynı müzenin başka bir ziyaretçisi şöyle diyordu: "Bir sanat eseriyle ilgili düşüncelerimi serbestçe ifade edebiliyorum [...] grup içindeki sohbet, sanat eseriyle ilgili kendi anlayışımın ve deneyimimin parçası haline geliyor." Bir yanda günümüz müzelerinde bulunabilecek duvarlarda asılı yazılar, tanıtım kartları, ses kaydı rehberliğinde yapılan turlar ve bilgisayarlı bilgilendirme sistemleri, diğer yanda internetteki bunca bilgi ve müze koleksiyonlarının dijital hale getirilmiş görüntülerine erişim imkânı dururken, kimileri canlı galeri sohbetlerinin modasının geçtiğini düşünebilir. Ama New York'taki Cloisters'ta müze eğitmeni olan Nancy Wu'nun da dediği gibi, "'canlı' ders vermek hâlâ en esnek, en etkili ve en çok yönlü öğretme yöntemi, üstelik *tam da* arada bir insan bulunmasından dolayı."

Pedagojik bir strateji olarak konuşma pek çok farklı biçim alır ve farklı şekillerde tarif edilebilir. Müze eğitimi alanında, *sohbet, tartışma* ve *diyalog* terimlerinin hepsi de galerilerde yapılan konuşmayı tarif etmede yaygın olarak kullanılır ve müze eğitmenleri bu terimleri sık sık, hatta yaygın şekilde, bugün neredeyse evrenselleşmiş olan katılımcı galeri dersi yaklaşımını sanki üçü de eşit derecede tarif ediyormuş gibi, birbiri yerine kullanırlar. Katılımcı galeri dersi yaklaşımına açıklık getirme yollarından biri olarak, sohbet, tartışma ve diyaloğu farklı kavramlar olarak tanımlamayı öneriyoruz. Bu ideal kavramları, amacımızı planlama ve pratiğimizi değerlendirmede kullanılacak bir araç olarak sunuyoruz.

Sohbet, tartışma ve diyaloğun, yapısı, amacı ve üslubu farklı, ayrı birer öğretme *tarzı* olarak anlaşılabileceğini iddia ediyoruz. Bu makalede, bu ayrımların teoride ve pratikte nasıl yapıldığını inceliyoruz. Sohbeti bir çember, tartışmayı bir üçgen, diyaloğu bir baklava dilimi olarak tasavvur edip her birine bir sembol verdik. Bu şekillerin bu üç tarz arasındaki farkları nasıl belirttiğini görecek ve konuşmanın basit bir sınıflandırmasını yaratacağız. Bu sınıflandırmayı hem bir hatırlama hem de bir analiz aracı olarak kullanmak istiyoruz.

Birer sohbet, tartışma ve diyalog örneği verdik. Üç örnekte de hakkında konuşulan sanat eseri aynı: *Sonbahar Ritmi* (No. 20), The Metropolitan Museum of Art'ta sergilenen 1950 tarihli ünlü bir Jackson Pollock eseri (bkz. Resim 4). Aşağıda yazıya dökülmüş olan galeri seanslarını ikişer kere okumak faydalı olabilir; biri, fikir alışverişini bir bütün olarak özümsemek, ikincisi ise öğretmenin rolüne odaklanmak için.

Galeri Dersinde Sohbet o

Sohbet, tanımlamak istediğimiz üç konuşma tarzı arasında en gevşek yapılandırılmış olanı. *Merriam Webster's 11th New Collegiate Dictionary* [Merriam Webster'ın 11. Yeni Üniversite Sözlüğü] *sohbeti* "duygu, gözlem, görüş ya da fikirlerin sözel alışverişi" olarak tanımlıyor. 17. yüzyıl Fransız deneme yazarı Michel de Montaigne, sohbetin "yaşamımızdaki en keyifli etkinlik" olduğunu söylemişti.[3] Galeri derslerinde artan bir sıklıkla kullanıldığını duymaktan mutluyuz.[4] Her yeni neslin bir ölçüde yeniden tanımladığı sohbet, gündelik yaşamda –markette, kokteyllerde, müze açılışlarında, müze rehberliği eğitimi sırasında, sonrasında ve

---

3   Michel de Montaigne, "On the Art of Conversation," M. A. Screech, der. ve çev., *The Complete Essays* içinde (Londra: Penguin, 1993), 1045.

4   Melinda M. Mayer, "Scintillating Conversations in Art Museums," Pat Villeneuve, der., *From Periphery to Center: Art Museum Education in the 21st Century* içinde (Reston, VA: National Art Education Association, 2007), 188-93.

hatta bazen daha resmi ortamlarda— paylaştığımız bir şey. Telefonda, bloglar üzerinden, internet sohbet odalarında ve mesaj panolarında, anlık mesajlaşma sırasında, cep telefonu mesajları ve Twitter üzerinden —hatta hızlı e-posta alışverişleriyle— yüz yüze gelmeden de sohbet ediyoruz. Bize göreyse sohbet, müzelerimizin galerilerinde sanat eserleri arasında yürüyüp laflayan ziyaretçilerimizin her gün yüz yüze yaptığı şey. Düşünür Michael Oakeshott sohbetteki özgürlüğü vurgular. Oakeshott'a göre sohbet, "farklı türden düşüncelerin taze çabalara [...] provasız bir düşünsel maceraya kanatlanıp birbiriyle oyunlar oynadığı" bir "buluşma yeri"dir.[5] Yüzyıllardır pek çok insan sohbetin verdiği büyük hazdan bahsetmiştir.

Ziyaretçiler müze galerilerinde bir şeye işaret etmek, anılarını paylaşmak, belki bir soru sormak için duraklayıp ikili ya da üçlü gruplar halinde ne zaman bir araya gelseler, sanatla ilgili sohbetler gerçekleşir. Birbirini tanımayan insanlar bile kendilerini birlikte temaşa eder buldukları bir sanat eserini tartışmaya koyulur. Galeri öğretmenlerinin yönettiği sohbetler de bunlara benzer. İster üç, ister yirmi kişilik bir grup olsun, öğretmen ve öğrenciler birbirinin arkadaşlığından keyif alır, birbiriyle laflar, sorular sorar, kavrayışlarını paylaşır. Sohbet, serbest ve doğaçlamadır. Bir yaratıcı spekülasyon dünyasına giren öğretmen ve ziyaretçiler, hem kendi yaşamları hem de ele aldıkları sanat eserleri üzerine düşünerek, sohbeti birlikte inşa ederler. Tanımladığımız şekliyle sohbet, denge ve kapsayıcılık peşindedir. Galeri dersi sohbet şeklinde inşa edildiğinde öğretmenin önceliği konuşan herkesin kendini rahat hissettiği ve alışverişin dostça olduğu bir ortam yaratmaktır. Herkes katılmaya teşvik edilir, ama bu zorunlu tutulmaz. Herkesin sorularına, görüşlerine, fikirlerine saygı duyulur. Herkes konuştuğu kadar dinler de. Galeri öğretmeni arada sırada bir parça bilgiyle katkıda bulunabilir ve kendi düşüncelerini kibarca sunabilir. Bu konuda başvurabileceğimiz en iyi yol gösterici ise Metropolitan'ın ilk müze rehberlerinden Marion E. Fenton'dır. Gazeteci Mary Bronson Hartt, Fenton'u ve "yeni" müze rehberliği mesleğini tarif ederken şöyle diyordu: "Tavrında eğitimcilikten eser yok [...] Sana apaçık bir gerçekler paketi de hediye etmiyor. Öyle

---

5 Michael Oakeshott, *Rationalism in Politics and Other Essays* (New York: Basic Books, 1962), 198, 206.

rahat ve kasıtsız ki bir arkadaşlaymışçasına geziniyor, açıklama yükünün onun omuzlarında olduğunu nadiren fark ediyorsun."[6] Bugün müze ziyaretçilerimize galeri sohbetleri önererek aslında gerçek bir yenilik yapmıyor, mesleğimizi daha başında tanımlamış bir öğretme tarzını yeniden canlandırıyoruz.

Öğretme tarzı olarak sohbeti benimseyen bir galeri öğretmeni "sohbet sanatı"nda eskiden de becerikli olmak zorundaydı, şimdi de öyle. Bu, Batı Avrupa düşünürlerini antik çağdan beri dönem dönem büyülemiş bir sanat. Rönesans'ta klasik eğitimin yeniden canlanmasıyla, İtalya'da prenslerin maiyetlerine "nazik ve dostça gündelik sohbet" tavsiye eden Baldassare gibi yazarlar seçkinlerin eski sohbet modellerini yeniledi.[7] 17. ve 18. yüzyıl Paris sosyetesi, sohbet sanatını bütün bir sosyal dünya inşa etme aracı olarak anlaşıldığı bir noktaya yükselterek, daha önce hiç (ya da çok eskiden beri) olmadığı kadar idealleştirdi. Madam de Staël'in dediği gibi, "Fransa'da bütün sınıflar sohbet etme ihtiyacı duyuyor; söz söylemek, başka yerlerde olduğu gibi, sadece bir fikir, duygu ve dertleri iletme aracı değil, bazıları için müzik, bazıları için sert içkilerde olduğu gibi, oynaması keyifli, insanı neşelendiren bir araç."[8] Amerika'da Benjamin Franklin, sohbet üzerine bir yazısını, "memnun etme sanatında iki büyük koşul, hatırşinaslık ve iyi huydur" diyerek açıyordu. Erkeğin tavrı, hali ve davranışları, "kibir ya da gösterişe dair her şeyden uzak, rahat, nazik ve samimi olsun; sözcükleri az olsun, tevazu ile söylensin, karşısındakilere saygı duysun,"[9] diye ekliyordu. Bu, ziyaretçilerimizi sevk etmeyi umdukları türden bir konuşmanın modelini çıkarmaya çalışan galeri öğretmenleri için de hâlâ iyi bir tavsiyedir.

---

6 Mary Bronson Hartt, "Docentery: A New Profession," *Outlook* (26 Mart 1910): 701-7.

7 Aktaran, Peter Burke, *The Art of Conversation* (Ithaca, NY: Cornell UP, 1993), 99.

8 Madame de Staël, *De l'Allemagne*, cilt 1, 101, aktaran, Benedetta Craveri, *The Age of Conversation*, çev. Teresa Waugh (New York: The New York Review of Books, 2006), 337.

9 Benjamin Franklin, *The Pensylvania Gazette*, 15 Ekim 1730, Stephen Miller, *Conversation: A History of a Declining Art* içinde (New Heaven: Yale UP, 2006), 195. Franklin'in makalesi, Walter Isaacson, der., *A Benjamin Franklin Reader* (New York: Simon and Shuster, 2003), 87'de bulunabilir.

Aşağıda, Jackson Pollock'un *Sonbahar Ritmi*'yle ilgili bir *galeri sohbeti* örneği var.

ÖĞRETMEN: Sizi modern sanat galerilerimizde ağırlamaktan mutluluk duyuyoruz. Bu tabloyla ilgili konuşmak isteyebileceğinizi düşündüm!

RACHEL: Her yerde rastgele çizgiler görüyorum, her yönde.

EMILY: Genellikle resimlerde merkezi bir odak olur. Burada bulamadım. Gözlerim sürekli geziniyor.

ÖĞRETMEN: Evet, bu çok hareketli bir tablo, değil mi? Ben onu çok enerjik buluyorum.

JAMES: Ama köşelerde biraz sakinleşiyor. Çevrelerde, ortada olduğundan daha çok alan var. Sanki orada dinlenebilirmişsin gibi.

ÖĞRETMEN: Gözleminiz çok ilginç. Bence ilk başta rastgele görünüyor, ama baktıkça, daha düzenli hale geliyor. Belki köşelerde etkinliğin azaldığını da söyleyebiliriz.

SARAH: Bu ressam biraz çılgın görünüyor, yola gelmez biri gibi. Bana erkek kardeşimi hatırlatıyor, müzisyen, *rock-and-roll* grubu var.

ÖĞRETMEN: Evet, böyle resimler yapmaya başladığında herkesi şaşırttığına şüphe yok. Ressamın adı Jackson Pollock, ama bir süre ona Karındeşen Jack dediler.

BRILEY: Baktıkça daha çok seviyorum bu tabloyu; hiç insanın beklediği gibi bir şey değil. Duygu dolu! Tıpkı benim gibi.

RACHEL: Gerçekten? Ben hiç sevmedim; hatta buna nasıl sanat diyebiliyorsunuz, bilmiyorum.

ÖĞRETMEN: Bence onu aynı anda hem sevip hem nefret edebilirsiniz. Olasılıkları kesinlikle düşünmeliyiz.

SARAH: Bana göre bu tablo bir sanat eserinden çok bir önerme. İnsanı düşündürüyor.

ÖĞRETMEN: Katılıyorum! Düşüncelerinizi benimle ve birbirinizle paylaştığınız için teşekkür ederim.

JAMES: Bizi buraya getirdiğin için biz teşekkür ederiz; bu tabloya hep birlikte bakmak gerçekten eğlenceliydi.

Öğretmenle öğrenciler arasındaki fikir alışverişinin ne kadar kibar ve işbirliği temelli olduğuna dikkat edin. Sohbet, gayri resmi, ama aynı zamanda katılımcıların ortak bir amaç için, bu örnekte, bir sanat eserini anlamak için, bir araya geldiğinin sözsüz bir kabulüne dayanan, işbirliği temelli çabalarıdır.[10] Sohbeti çemberle gösteriyoruz çünkü sohbet düzenli bir şekilde A noktasından B noktasına hareket etmez; çember boyunca kolaylıkla ileri ve geri hareket ederek katılımcılar arasında bir bağlantı ağı yaratır. Yukarıdaki örnekte görebileceğimiz gibi, sohbet çemberi insanları bir arada tutar. Galeri öğretmeninin gözünden ise sohbet, öğretmenin ziyaretçilerine birer eşiti ya da neredeyse eşiti, olarak hitap etmesini ve her şeyden önce galerilerde rehberlik eden bir arkadaş işlevi görmesini sağlar.

Galeri Dersinde Tartışma Δ

Oxford English Dictionary [Oxford İngilizce Sözlüğü] tartışmayı "bir konunun lehte ya da aleyhte argümanlarla incelenmesi veya soruşturulması; gerçeği ortaya çıkarma ya da bir noktayı kanıtlama amacı taşıyan münazara veya münakaşa; bir konunun farklı yönlerden ele alındığı bir inceleme," şeklinde tanımlıyor. Tartışma, sözlük tanımıyla da, bizim tanımımızla da, bir soruya ya da konuya odaklandığından ve belirli bakış açılarının daha ısrarlı bir şekilde savunulmasıyla nitelendiğinden, sohbetten daha amaca yöneliktir. Eğer sohbetin ana hedefi, bir bakıma, sohbetten alınan keyfin kendisi ise, tartışma daha açık bir şekilde erekseldir: Hedefi, gerçeği –ya da gerçekleri– açığa çıkarmaktır. Müzelerde her gün, her yerde –konferans salonlarında, seminer odalarında, galeri alanlarında– insanlar bir sanat eserinin önemi ve anlamıyla ilgili taşıdıkları güçlü kanıları münazara ediyor, sanatla ilgili tartışmalar yapıyorlar.

Bir öğretme yöntemi olarak tartışmayla ilgili sahip olduğumuz literatür en başta okullardaki ders pratiğinden gelir. Liselerde, üniversite düzeyinde, hukuk ve işletme fakültelerinde bir öğretim yöntemi olarak tartışma kullanılır. Konu anlatımı bilgi aktarmanın en etkili

---

10 Paul Grice, "Logic and Conversation," P. Cole ve J. L. Morgan, der., *Syntax and Semantics 3: Speech Acts* (New York: Academic Press, 1975), 41-58.

yolu olarak görülür, ama tartışma eleştirel ve yaratıcı düşünmeyi ve problem çözme becerilerini de geliştirir. Tartışma yoluyla öğrenciler bir disiplinin ilkelerini belirli bir olgu kümesine nasıl uygulayacaklarını veya bir nesneyi, bir durumu farklı bakış açılarından nasıl analiz edeceklerini öğrenirler.

Tartışma, öğrencilerin belli bir bilgi kümesini iyice öğrenmesini ve belli kavramları anlamasını sağlama sorumluluğunu öğretmenin omuzlarından almaz. İyi bir tartışma dikkatle planlanır ve tasarlanır. Sonuçta, "araştırma sürecini, genellikle soru sorarak, güvenilir sonuçlara doğru yönlendirmek, öğretmenin sorumluluğundadır."[11] Öğrenciler heyecanlı, meraklı ve daha fazlasını bilme arzusunda olduğunda tartışma en iyi şekilde işler. Öğretmen, öğrencilerin eldeki soruyu anlamaya çalışmasını sağlar, bilgi ve deneyimlerini kullanarak yorumlar ve çözümler önermelerini ister.

Pratikte, sorular, tartışma temelli dersin vazgeçilmez aracıdır. Öğretmen hangi kavramların anlaşılmasını istediğine karar verir ve kavram taslağına uyan bir soru taslağı hazırlar. Tartışma, öğretmenin belirlediği ana konuya dair bir soru ya da cümleyle başlar ve keşfi teşvik eden sorularla sürdürülür. Öğretmen, sorularına gelebilecek yanıtları ve tartışmayı ileri taşımak için hem soruları hem yanıtları nasıl kullanacağını önceden tahmin etmeye çalışır. Becerikli öğretmenler sorgulama *kalıplarını* göz önüne alarak, "o andaki soruyu gelmiş ve gelecek sorulara bağlamak için zihinde bir adım geri gider."[12] El kitapları kapsamlı hazırlık gerektirir. Öğretmen, turundaki başlangıç, geçişler ve sonuç gibi kilit anları kolaylaştırmak için taslak sorular hazırlar: "Bu önemli zamanlarda *tam olarak* hangi soruyu kullanacağınızı ve belki de onu kime soracağınızı kelime kelime bilmelisiniz."[13]

---

11 John C. Clarke, "Designing Discussions as Group Inquiry," *College Teaching* 36, sayı 4 (Sonbahar 1988):143.

12 C. Roland Christensen, "The Discussion Leader in Action, C. Roland Christensen, David A. Garvin ve Ann Sweet, der., *Education for Judgement: The Artistry of Discussion Leadership* içinde (Boston: Harvard Business School Press, 1991), 157-8.

13 William M. Welty, "Discussion Method Teaching: How to Make It Work," *Change* 21, sayı 4 (Temmuz/Ağustos 1989): 42-3.

SOHBET, TARTIŞMA VE DİYALOG | 147

Küratörler kendi sorularından yola çıkarak işe koyulabilir belki, ama müze öğretmenleri çoğu zaman küratörlerin vardığı sonuçlardan başlamak ve soruları onlara göre hazırlamak zorundadır. Galeri tartışmaları bağlamında, küratörlerin vardığı bu tip sonuçlar genellikle ya geçici bir serginin teması ya da daimi koleksiyondaki nesnelere ilgi çekmek için tasarlanmış –örneğin, "Afrika Sanatında Krallık ve İktidar" gibi– bir programın konu başlığı olarak kullanılır. Müze öğretmenlerinin ziyaretçilere sorduğu soruların ardında, tartıştığımız sanat eserleriyle ilgili saatlerce süren çalışma ve okumalar ve nesneleri temaşa ederek geçirilmiş belki de çok daha uzun süreler yatar. Bir öğretmen programını dikkatle planlar, her bir nesneyle ilgili söylenmesi gereken önemli şeylere ve söylenenlerin serginin genel temasına ya da genel olarak sanat tarihi alanına ne kadar uygun olduğuna karar verir. Tartışmayı, hazırladığı soruları sorarak ilerletir; gözlem ve sonuçları gün ışığına çıkarmak üzere tasarlanmış sorularla yönlendirir. Sorular, sanat eserinin belli yönlerine işaret etmesini, önemli olduğuna inandığı konuları gündeme getirmesini ve belirli bir yoruma ulaşmasını sağlar. Öğretmenin konu anlatımını bir "dizi soru cümlesi"ne dönüştüren sorular, keşiflerin sırasını yapılandırır.[14] (Galeri dersinde soruların kullanılmasının eleştirel bir analizi ve değerlendirmesi için bkz. Altıncı Bölüm.)

Galerilerde tartışma temelli derse yer olduğuna şüphe yok, özellikle de müze öğretmeni bir müfredatla belirgin bağlantılar kurmaktan sorumlu olduğunda; ki müzelerdeki okul programları genellikle böyledir. Eğer istenen sonuç tespit edilmişse, tartışma, bir fikri iletmek ve ziyaretçilerin ilgisini çekmek için faydalı bir yoldur. Bunlar iyi yapıldığında, galeri tartışmaları önceden belirlenmiş bir başlığı –örneğin "Rubens ve Breughel: Yararlı bir Arkadaşlık", "Antik Medeniyetlerde Cenaze Ritüelleri", "Buda Nedir?" ya da "Jackson Pollock: Soyut Dışavurumcu" gibi– ayrıntılı bir şekilde inceleyen ziyaretçilere bütün süreç boyunca yol gösterir.

Aşağıda, *Sonbahar Ritmi*'ne dair bir *galeri tartışması* örneği bulunmaktadır.

---

14 Agy., 43.

ÖĞRETMEN: Bugün modern sanatı tartışacağız! Bu, Amerikalı ressam Jackson Pollock'un bir resmi. Ne görüyorsunuz? Bu resimde neler oluyor?

BRILEY: Bütün tablo üzerinde hareket eden çizgiler görüyorum, dev bir fırtına gibi.

JAMES: Ben çılgın bir enerji görüyorum. Bu dur durak bilmeyen bir resim.

EMILY: Bana bir kasırga gibi görünüyor, enerji ve hareket dolu.

JAMES: Birinin kafasının içi gibi görünüyor. Bir tür ruhsal kaos.

ÖĞRETMEN: Ama gerçekte gördüğünüz bu mu?

SARAH: Aslında sanırım gerçekte boyadan başka bir şey görmüyorum –çizgiler, damlalar ve renkler.

ÖĞRETMEN: Peki o zaman eksik olan nedir, bu resmi örneğin bir Rembrandt resmiyle kıyasladığınızda?

BRILEY: Buradaki hiçbir şeyi tanımıyorsun. Tanımlanabilir hiçbir şey yok.

ÖĞRETMEN: Doğru, bu soyut bir eser. Soyut resim, fark edilebilir bir konu olmaması anlamına geliyor. Sizce bir insan neden böyle bir sanat eseri resmeder?

SARAH: Şey, sanırım bu duyguları göstermenin bir yolu.

ÖĞRETMEN: Sizce bu eser sanatçıyla ilgili neyi açığa vuruyor?

BRILEY: Şey, biraz çılgın olabilir, psikozlu.

SARAH: Ya da belki sadece bir sürü şey hissediyordur. Bu onları tuvale boca etmenin bir yolu!

EMILY: Ressam hissettiklerini gösteriyor –her türden duyguyu. Gerçekten öfkeli olabilir ya da sadece âşıktır.

ÖĞRETMEN: Pollock'un bu resmi nasıl yaptığından bahsedelim. Dikkatle bakalım. Sizce bunu nasıl yapmış? Boyayı nasıl uyguladığını görebiliyor musunuz?

JAMES: Evet, boyanın araç olduğunu ve ressamın boyayı tuvale fırlatmak için fiziksel bir hareketten faydalandığını görebiliyorum.

SOHBET, TARTIŞMA VE DİYALOG | 149

ÖĞRETMEN: Bu eserin, kendi sürecini açığa vurmakla ilgili olduğunu söyleyebilir misiniz?

JAMES: Şey, evet. Bence sadece üzerine boya atmış. Tuvali yere koyup boyalı bir fırçayı sallayarak etrafında koşmuş olabilir.

ÖĞRETMEN: Çok yaklaştınız! Bir kutu boyaya bir sopa daldırıp etrafında yürüyerek tuvalin üstünde döndürdü. Bu resim türüne ne diyoruz?

SARAH: Soyut resim?

ÖĞRETMEN: Evet, bunu söylemiştik, soyut resim! Bu tür resimler için kullanılan başka bir sanat terimi bilen var mı?

RACHEL: Buna hareketli soyut resim dendiğini duymuştum.

ÖĞRETMEN: Bazı sanat tarihçileri buna hareketli soyut diyor çünkü resme bakarken ressamın hareketlerini zihninde tekrarlayabiliyorsun. Bazı sanat tarihçileri ise Jakson Pollock'un soyut dışavurumcu olduğunu söylüyor. *Soyut dışavurum* bu eser için neden iyi bir ifade?

EMILY: Çünkü soyut, hiçbir şeyi tanıyamıyorsun ve ressam duygularını dışavuruyor.

ÖĞRETMEN: Evet! Tamamen rastgele mi dersiniz, yoksa Pollock süreç üzerinde bir denetime sahip midir?

BRILEY: Belki ikisinden de biraz?

ÖĞRETMEN: Evet, eğer fark edersek, bu karmaşık ve bilinçli bir çabadır. Hem şans hem planlama öğelerini içeriyor. Resmin bir anlamı var mı?

RACHEL: Ben bir anlam görmüyorum.

ÖĞRETMEN: Yani, bulduğumuz her anlam çok kişisel olacaktır, değil mi?

BRILEY: Evet.

ÖĞRETMEN: *Soyut dışavurumculuk* bizi epey kafamız karışmış halde bırakıyor, öyle değil mi?

BRILEY: Benim kafamı karıştırdığı kesin! Bir şey anlatıyor mu, hatta herhangi bir anlama sahip mi, bilmiyorum.

ÖĞRETMEN: Evet, Briley, bu doğru. Böylelikle, sanat eserleri kendi anlamına mı sahip, yoksa bu anlamı zamanın belirli bir noktasında tek tek bizler mi veriyoruz, sorusunu ortaya atan bu Pollock resminin postmodern ikilemimizin bir parçası olduğunu anlamaya başlıyoruz.

JAMES: Sonsuz bir şüphe evreni?

ÖĞRETMEN: Belki. İyi iş çıkardınız. Unutmayalım, bu, soyut dışavurumcu resme mükemmel bir örnek.

Tartışmayı, öğretmenin tepede, öğrencilerinse tabanda durduğu bir üçgenle simgeledik. Sanat eseriyle ilgili tartışmayı öğretmen planlar ve sorduğu sorular, verdiği yanıtlarla yönlendirir. Yukarıda aktarılan tartışmanın ne kadar amaç odaklı olduğuna dikkat edin. Öğretmen, önceden belirlenmiş noktaları ve fikirleri gündeme getirmek için sorular hazırlıyor ve bu soruları kullanarak tartışmayı baştan sona yönlendiriyor. Ders planına göre amaç, soyut dışavurumculuğa dair bir anlayış geliştirmek ve benimsenen yaklaşım da amaca uygun. Öğrenciler, öğretmenin istediği anlayışa ulaşıyor. Konuşmanın akışı, sınıfın dinamiklerini harekete geçiriyor: Her fikir alışverişinin tepe noktasında öğretmen duruyor ve tartışmanın her evresinde sonucu kontrol ediyor.

Galeri Dersinde Diyalog

Merriam-Webster's'da belirtildiği gibi diyalog, sadece "iki ya da daha fazla insan arasında geçen sohbet" veya "bir fikir ve görüş alışverişi" anlamına gelebilse de, çoğu zaman çok daha büyük bir ağırlık ve amaç hissi atfedilir. İnsanların, örneğin, toplu pazarlıklarda ya da siyasi krizleri çözüme ulaştırmak için diyaloğa girdiği söylenir. *Diyaloğu*, bu yan anlamı genişleterek burada galeri dersine atıfla özel bir şekilde tanımlıyoruz. Bildik bir sözcük bu şekilde yeniden tanımlandığında yanlış anlaşılmalar doğabilse de, yeni bir isim vermemeyi tercih ediyoruz; üstelik halk dilinde kullanılan başka hiçbir İngilizce sözcük amaçlarımıza bu kadar ideal şekilde uymuyor.

Bizim tanımladığımız şekliyle diyalog, sohbet ile tartışma arasında bir orta yol sunar.[15] Sohbetin açıklığını ve sahip olduğu doğaçlama niteliğini paylaşır, ama ilk andan itibaren daha güçlü bir amaç hissiyle doludur ve sanat eserlerine daha yoğun şekilde odaklanır. Tek büyük fark, öğretmenin rolüdür. Bir sohbette lider yoktur, oysa bir diyalogda öğretmen söylemin akışını kasıtlı olarak yönlendirip, şekillendirir; ama tartışmada olduğu gibi kendinin önceden belirlenmiş amaçları doğrultusunda değil. Bir diyalogda, öğretmen de dahil bütün katılımcılar gözlem ve fikir alışverişinde bulunarak bir sanat eserini birlikte incelemeye koyulur. Diyalog ortak bir araştırmadır; ortak amaç, anlamaktır ve diyalog bu amaca ulaşmak için kullanılan bir birlikte görme ve düşünme şeklidir.[16] Diyaloğu anlamlı bir sonuca, verili bir sanat eseriyle ilgili bir anlayışa, geçici ama geçerli yorumlara ulaşana kadar sürdürmek, katılımcıların ortak çıkarıdır.

Diyaloğu yönlendiren keşif ruhu ve meraktır; tipik olarak bir keşif havası taşır.[17] Birlikte düşünmek, insanların kesin gözüyle baktıkları kendi düşüncelerini askıya alıp başkalarının ifade ettiği görüşleri derinlemesine dinlemesini gerektirir. Diyalog, her katılımcının kendi fikirlerini diğerlerinin fikirleriyle karşılaştırarak sınadığı ve bu süreçte eşleştirme, kıyaslama ve ayarlamalar yaptığı deneysel bir forumdur. Katılımcıların perspektifleri diyalog süresince durmadan dönüşüme uğrar. Her katılımcının bakış açısı diğer katılımcılar tarafından zenginleştirilir ve şekillendirilir.[18] Fikirler karşılaştırılıp paylaşıldıkça peşin hükümler gözden geçirilir ve ilk izlenimler geliştirilir.

---

15 Diyalog terimini sanat üzerine konuşmayla ilişkili olarak tanımlamanın farklı ve çok ilginç bir şekli için bkz. Olga M. Hubard, "Three Modes of Dialogue about Works of Art," *Art Education* 63, sayı 3 (Mayıs 2010): 40-5.

16 Bkz. William Isaacs, *Dialogue and the Art of Thinking Together* (New York: Random House, 1999), 17.

17 Bkz. Nicholas C. Burbules, *Dialogue in Teaching: Theory and Practice* (New York: Teachers College Press, 1993), 8.

18 Düşünür Hans-Georg Gadamer buna "ufukların kaynaşması" adını verir. Bkz. *Truth and Method*, çev. Joel Weinsheimer ve Donald G. Marshall, gözden geçirilmiş 2. basım, (Londra ve New York: Continuum, 2004), 305-6; *Wahrheit und Methode: Grundzüge einer philosophischen Hermeneutik*, 1960 basımından çeviri.

Brooklyn Museum'da galeri öğretmeni olan Stephanie Hagan'ın tarifiyle, sürecin, "başarıyla sonuçlanması işbirliğine bağlıdır ve elbirliği yapan bir grubun yenilikçi fikirlerine ihtiyaç vardır." Frick Koleksiyonu'ndaki bir okul sonrası programına katılan bir öğrenci ise diyaloğun katılımcı açısından olumlu yönlerini eşit derecede açık bir dille ifade ediyordu: "Şey, her şeyden önce öğretmenin belirlenmiş bir amacı yok. Gerçekten, bence, katılan insanlardan geliyor – öğrendiğin şeyler. O yüzden öğrenciler için çok daha anlamlı sonuçlanıyor çünkü bunlar kendilerinin ortaya attığı fikirler oluyor. Bu çok kapsayıcı bir öğrenme yaklaşımı. Diyalog, öğretmen değil, öğrenciler üzerine kurulu."

Diyalojik Ders: Dört Kenarlı Bir Model ◊

Müze galerilerimizde geçici topluluklar yaratırız. Diyalog, bu topluluklarda insanların bir araya gelip sanatla ilgili konuşmasını ve düşünmesini sağlar. Bu diyalogları anlamak için, danışman William Isaacs'in diyalojik modelini uyarladık. Isaacs bu modeli iş görüşmelerini ve toplu pazarlıkları analiz etmede kullanıyor. Onun modeli de, diyaloğun, bütün içinde birbirinden farklı roller oynayan bireylerin birbirleriyle olan ilişkileriyle hayat bulan bir içyapıya sahip olduğunu iddia eden sistem psikoloğu David Kantor'un çalışmasından uyarlanmış. Isaacs'in modeli, galerilerimizde ilerlemesine yardımcı olduğumuz diyaloglarda katılımcıların oynadığı rolleri tarif etmemizi sağlıyor. Bize göre model birincil olarak analiz değeri taşıyor; galerilerde verdiğimiz dersler üzerine düşünmemiz için bir yol sunuyor.

Isaacs, modelini, diyaloğun seyrinin herhangi bir noktasında dört rol arasında bilinçli olmasa da, aktif tercihler yapan katılımcıların bulunduğu dört kenarlı bir baklava dilimi şeklinde hayal ediyor. Bu modele göre öğretmen de, katılımcılar da herhangi bir zamanda bu dört rolden herhangi birini benimseyebiliyorlar. Isaacs'in dört rolü dört temel sözel eyleme denk düşüyor. Diyalojik model katılımcıların tercihlerini –dikkatlerini artıran, azaltan ya da tazeleyen tercihlerini– analiz etmemize yardımcı oluyor.

Diyaloğun ileri hareketinden *hamleci* sorumludur. Herkes hamleci olabilir ve diyaloğu ilerletebilir. Genellikle galeri öğretmeni tartışılacak bir sanat eseri seçerek bir hazırlık hamlesi yapar. Galeri öğretmeni, diyaloğu açmak için de ilk hamleyi örneğin, katılımcıların sessizce, uzun uzadıya bakmalarını isteyerek ya da orada bulunanları gözlemlerini, fikirlerini, sorularını paylaşmaya davet ederek yapacaktır. Fakat bazen bir diyalogda ilk hamleleri katılımcılar yapar, zira bir şey dikkatlerini öyle çok çeker ki bir şey söylemeden veya soru sormadan duramazlar. Ve bazen de katılımcılar sanat diyaloglarına sık sık katılan oyuncular ise, daha davet bile edilmeden ilk hamleyi yaparlar: "Adam ne yapıyor?" veya "Fırça darbeleri öyle kremamsı ki onları yalamak istiyorum." Diyaloğun seyri içindeki her yeni gözlem, fikir, öneri bir hamledir. Diyalog bu şekilde ilerletilir, keşiflerle yönlendirilir. Önemli bir nokta, diyaloğu galeri öğretmeninin kapatmasıdır. Fakat ilk ve son hamleler arasındaki alanda pek çok katılımcı diyaloğun farklı noktalarında hamleci rolünü alır. Her katılımcı diyaloğu yönlendirme potansiyeline sahip olduğunda, sonuç elbette önceden bilinemez.

Takipçi konumu daha az dinamiktir, ama yine de diyaloğun bütününün dengesini korumak açısından önemlidir. Takipçi, diyaloğun genel akışıyla uyumlu bir duruş benimser, başkalarının hamlelerini izler, belki destekleyici kanıtlar veya sözlü ya da sözsüz ipuçlarıyla teşvik eder. Takipçi aktif şekilde dinler, acele etmeden düşünür, ifade edilen çeşitli fikir ve görüşleri tartar ve muhtemelen daha sonra gruba sunmak üzere bir fikir haznesi inşa etmek için sözel katılımda sık sık kısa molalar alır. Galeri öğretmeni için, takipçi konumu, diyaloğu destekleyeceği noktadır. Öğretmen takipçi konumuna geçtiğinde genel akışa bakar, diğer katılımcıların yorumlarını ve sözlerini dikkatle dinler, belki arada sırada bir teşvik sözcüğü ilave eder. Öğretmen, bir fikri desteklemek ya da ilgili veya karşıt gözlemlere atıfta bulunmak için takipçi konumundan faydalanabilir. Bir fikri desteklemek için kendi düşüncelerini ekleyebilir, bir ressam, sanat tarihçisi ya da eleştirmenin görüşünü paylaşabilir ve hatta aynı sanat eserini inceleyen önceki bir grubun katılımcılarından birinin önerdiği bir fikri aktarabilir. Takipçi konumu hem öğretmen hem öğrenciler için zengin olasılıklar sunar; sonraki spekülasyonların temellerinin inşa edileceği yerdir. Bazıları, bu konumu ortaya atılan çeşitli fikirleri (Dewey'in bahsettiği anlamda) "biriktirmek" ve sonra diyaloğun belli bir noktaya kadarki özetini vermek için kullanabilmektedir.[19] *Sessiz seyirci* konumu en az aktif olandır, ama yine önemlidir. Seyirci, kesinlik arzusunu askıya alıp yargı ve ittifaktan geri durup gözlemler. Seyircininki bir dinlenme konumudur ve bir katılımcı bu konuma geçtiğinde, diğer katılımcıların öteki üç konuma geçmesine izin vermiş olur. Rolü konusunda duyarlı olan, aktif, hatta belki fazlasıyla baskın katılımcılar, diğerlerine hamle yapma alanı bırakmak için bilinçli olarak seyretmeyi seçebilirler. Takipçi gibi seyircinin konumu da katılımcılara diğerlerini izleyip dinleyerek nasıl düşünmek, nasıl sorgulamak gerektiğini inceleme şansı verir. Örneğin, Frick'teki galeri diyaloglarına sıkça katılan bir öğrenci, hep arkada oturmaya çalıştığını, böylelikle sanat eserini de, grubu da gözlemleyebildiğini söyledi. Bazen, oradan geçmekte olan müze ziyaretçileri de seyirci konumundakilerle aynı sebeplerden durup grubu dinlerler. Ülkede bunu yaşamamış müze rehberi yok gibidir ve bazıları bunu çok rahatsız edici bulur – büyük özenle rehberlik ettiğimiz grubun sınırları etrafında gezinen, tam olarak katılmadan katılan bu ziyaretçileri nasıl idare etmeliyiz? Isaacs'in modeli, galeri konuşmalarımızın bu beklenmedik, tesadüfi katılımcılarını anlamanın, kabul etmenin ve hatta buna değer vermenin bir yolunu sunuyor.

Seyirci konumu tam da sanata bakma deneyimine dair değerli bir üstbilişsel anlayışa erişme ve sanatla ilgili diyaloğa girme imkânının elde edilebileceği yerdir. Bu tür üstbilişler –anlama sürecinin kendisi üzerine düşünceler– katılımcıların zihninde az çok bilinçli şekilde dile getirilebilir, ama bunlar hepimizde vardır ve bazen ziyaretçilerimizin yüzünden ya da sözlerinden anlayabiliriz. *Ah, evet, ne yaptıklarını anlıyorum: Her biri resimdeki bir şeyle ilgili bir gözlemde bulunuyor: Ne güzel.* Ya da: *Ah, rengin ne kadar güçlü olduğunu hiç bilmiyordum! Dinlediğimde ve onun tarif ettiği gibi baktığımda ben de o şekilde görmeye başlıyorum.* Ya da: *Bu hiç aklıma gelmemişti. Esere birlikte bakıyor olduğumuz için şanslıyız, değil mi?* Galeri öğretmeni için seyirci konumu aynı zamanda grubu gözlemeye de yarar. Bazen birkaç üye arasında heyecanlı bir alışveriş

---

19 Philip W. Jackson, *John Dewey and the Lessons of Art* (New Haven: Yale UP, 1998), 48.

başlar ve bu olurken öğretmen kısa bir süre seyredebilir. Bununla birlikte, galeri öğretmenleri bu konumda genellikle fazla zaman harcamak istemez. Öğretmen her zaman uyanık, her an hamleci, takipçi –ya da hatta *muhalif*– olarak devreye girmeye hazır olmalıdır.

Muhalif konumu gerçekten de en az benimsenendir, ama bazı bakımlardan en ilginç olanıdır. Muhalif, bir başkasının bakış açısına aktif bir şekilde karşı çıkar veya gelişen bir fikir birliğinden ayrılır. Hamlecilerin ve takipçilerin az çok amaçlı bir şekilde çalışarak nezaketle paylaşılan bir yorum geliştirmeye uğraştığı bir grupta fikir ayrılığına sebep olur. Biri *muhalif* rolünü aldığında diyalog alevlenir. Kıvılcımlar uçuşur. Seyirciler ve takipçiler, hamleci veya muhaliften yana çıkar. Canlı, hatta münakaşaya varan atışmalar ortada önemli bir mesele olduğunu gösterir. Biz galeri öğretmenleri, muhalefete kapıları açmalıyız çünkü muhalifler, davetsiz seyircilerimiz gibi bazen bizi bir anlığına huzursuz etseler bile, herkes için unutulmaz anlar yaratırlar.

Bir yandan bazen kendimizi hakemlik yapmamız istenen hassas bir konumda buluruz. Karşıt fikirlerin nadiren kişisel saldırılar şeklinde geldiğini, bunların yorum konusundaki fikir ayrılıkları olduklarını hatırlamak faydalı olacaktır. Diğer yandan, ziyaretçiler müzedeki sosyal bağlamda karşıtlık ifade etmenin nezaketsiz bir tutum olduğunu düşünebilir; galeri öğretmeni, muhalefetten gelen farklı bakış açılarının kabul edildiği zengin ve üretken diyalogların hedeflendiğini anlatmanın yollarını bulmalıdır. Bu tür bir güven tazeleme bütün gruba fayda sağlar. Metropolitan'daki bir okul sonrası programında bir lise öğrencisinin dediği gibi, "Tartışma alevlendikçe, diyalog güçleniyor!" Bazen bir öğretmen, sanat eserine yaklaştırmak yerine, ondan uzaklaştıran bir bilgiyi ya da hatalı bir araştırma çizgisini düzeltmek için *kendisi* muhalif konumu benimseyebilir. Öğretmenden gelen bu tip bir müdahale her zaman önemlidir ve genellikle ne kadar sade ve hızlı bir şekilde halledilirse, süregiden diyaloğun akışı o kadar iyi olur. Galeri öğretmeni, kendini örnek göstererek, bunun haklı ya da haksız olma meselesi olmadığını, muhalefetin diyaloğun bütününe renk kattığını açıklayabilir.

Aşağıda, *Sonbahar Ritmi* ile ilgili bir *galeri diyaloğu* bulunuyor.

ÖĞRETMEN: Günaydın. Sizi bu sanat eseriyle ilgili düşüncelerinizi ve fikirlerinizi paylaşmaya davet ediyorum. Metropolitan'daki büyük bir sanat eserine bakacak ve birlikte düşünecek bu vakte sahip olduğumuz için çok şanslıyız.

EMILY: Bana gerçekten çılgınca ve kaotik görünüyor, çizgiler her yöne birden gidiyor.

RACHEL: Bence, sen bakarken dışarı doğru patlıyor, sanki uzayın içine itilen bir çizgi bulutu gibi.

SARAH: Köşelerde boşluk var. Acaba aynı zamanda içe doğru da patlıyor olabilir mi?

ÖĞRETMEN: Pek çok insan ressamın, ki adı Jackson Pollock, rastgele çalıştığını düşünüyor. Ama ne kadar çok bakarsak, o kadar planlanmış geliyor. Ressam aynı anda dışa patlamaya da içe patlamaya da büyük ilgi duyuyor görünüyor.

SARAH: İnsanlar gerçekten bunun sanat eseri olduğunu mu düşünüyor? Bence kim olsa bunu yapabilir.

ÖĞRETMEN: Bunlar, tablonun ortaya attığı iki önemli soru. Bunun bir sanat eseri olup olmadığını sorguluyoruz. Ve bununla bağlantılı olarak, bir sanat eseri üretmenin zor mu olması gerekiyor, diye sorabiliriz.

BRILEY: Baktıkça ilginçleşiyor. Bunun bir sanat eseri olup olmadığı konusunda insan *kendi* kararını verebilir, diye düşündürüyor bana.

JAMES: Bir sürü resim bir öykü anlatır, ama burada kendi öykünü yazabilirsin.

RACHEL: Bir öykü yazabileceğine katılmıyorum, bence bu *ressamın* öyküsü; o öykünün ne olduğunu bulmalıyız.

EMILY: Bir anlamı olduğunu zannetmiyorum. Bir kompozisyondan çok önermeye benziyor.

ÖĞRETMEN: Bunun bir sanat eseri olup olmadığına, bir anlamının olup olmadığına karar vermek bir bakıma bir özgürlük meselesi. Bugün bu büyük fırsata sahibiz. Bu eserle ilgili konuşurken onu en derin anlamda değerlendirme fırsatımız var. Onun büyük bir

SOHBET, TARTIŞMA VE DİYALOG | 157

sanat eseri olduğuna ya da modernizmin radarında bir noktadan ibaret olduğuna karar verebiliriz.

JAMES: Jackson Pollock bize ne düşündüğünü anlatmış mı?

ÖĞRETMEN: Resimleriyle ilgili hiç yazmadı, sadece birkaç röportaj yaptı. Ama bu tabloyu yaptığı dönemde, 1950'deki bir röportajında birisi ressama bu resmin anlamını sordu. Ve Jackson Pollock, "Soyut resim, soyuttur," dedi.

RACHEL: Bizim fikirlerimize açık olduğunu, düşüncelerimizle ilgilendiğini düşünmek hoşuma gidiyor. Ressam bize kendi fikirlerini dayatmıyor. Burada bir sonsuzluk fikri var, gerçekten ilgimi çekiyor. Çizgilerin, uzayın, anlamın sonsuzluğuyla ilgili. Benim zihnimin içi de olabilir, bütün evrenin bir tahayyülü de.

BRILEY: Ya da hiçbir şey olmayabilir, olamaz mı? Jackson Pollock'un eserini başkaları nasıl değerlendiriyor?

ÖĞRETMEN: Bazıları Pollock'un eserlerini Batı resim geleneğinin bir devamı ve nesnelden nesnel olmayana giden genel ilerlemenin bir parçası olarak görüyor. Bazılarıysa çarpıcı bir deha örneği, sanat tarihi geleneklerinden bir kopuş olarak görüyor. Bazıları bu iki görüşü birbirine karşıt, bazılarıysa icat geleneğinin parçası olarak görüyor.

SARAH: Resmin yapılış şekline bayıldım. Çok özgür, enerji dolu. Ona bakmak, boya girdaplarını izlemek, dans edip, pıhtılaşıp devam ettiklerini görmek hoşuma gidiyor. Bir anlamı olup olmaması umurumda değil.

JAMES: Tuhaf, değil mi, hâlâ bu sanat eserini nasıl değerlendireceğimizi merak ediyoruz?

ÖĞRETMEN: 1950'lerde edebiyat kuramı alanında çalışan büyük bir düşünür, Wimsatt diye biri, okurken doğrudan doğruya sözcüklerin içinden o şeye bakarız, diyordu. Tıpkı bizim bir İtalyan Rönesans'ı ya da bir 17. yüzyıl Hollanda'sı eserine bakmamız gibi. Tablonun içinden konuya bakarız. Ama diyordu Wimsatt, şiir, aracı "yoğunlaştırır" ve böylelikle dikkatleri kendi üzerine çeker. Modern resmin de bunu yaptığını söyleyebiliriz. Örneğin, Manet'yi düşünelim; konuyu görmemize izin verir, ama aynı zamanda onun boya olduğunu da bize hatırlatır. Jackson Pollock aracı o derece "yoğunlaştırır" ki meselenin sadece boyayla ilgili olup olmadığını merak ederiz.

SARAH: Ben ikisinin de muhtemel olması fikrini sevdim. Aynı anda hem bir şey hakkında hem hiçbir şey.

JAMES: Evet! Katılıyorum. Karmaşık olması hoşuma gitti.

ÖĞRETMEN: Bir bakıma, yapılalı elli yılı geçtiği halde tablo hâlâ bizi farklı şekillerde düşünmeye, sanatın ne ve nasıl olması gerektiğini sormaya itiyor. Bir seferinde biri bu resmin bir resim değil, bir *durum* olduğunu söylemişti. Bugünse içinizden biri onun bir *önerme* olduğunu söyledi. Kavrayışlarınız muhteşem ve bu hem önemli hem zorlu resimle ilgili süregiden düşüncelere katkıda bulunuyor. Belki bugünlük durmak için burası iyi bir noktadır.

Öğretmenin diyaloğun ilerleyiş yönü konusunda ne kadar açık olduğuna dikkat edin. Öğretmen, Jackson Pollock'un eserini düşünmüş ve incelemiş, ama öğrencileri önceden tasarlanmış bir plana göre yönetmektense, birincil olarak, onları takip etmekle ve algılarını desteklemekle ilgileniyor. Başarılı bir diyalogda sorular esasen öğrencilerden gelir, öğretmenden değil ve öğretmen bir soru sorduğunda, bu onun için gerçek bir soru, öğrencilerle paylaşmak istediği bir sorudur ve yanıtını henüz kendisi de bilmiyordur. Pek çok kaynaktan bilgi taşıyarak hem öğretmen hem öğrenciler diyaloğa sürekli bilgi katarlar. Bazen bir katılımcı bir iddiaya karşı çıkmak, bazen diyaloğa yeni bir yön vermek için bilgiden faydalanır. Yukarıdaki diyalogda fikir ayrılığı belirdiğinde öğretmen özgürlükle ilgili bir fikir sunarak hamle yapar ve öğrencilerin düşüncelerini özgürleştirir; farklı görüşlerin ortak bir sonuca yönelmesine yardım eder. Sonunda resim bütün katılımcılara fazlasıyla açığa çıkmış göründüğünde diyalog bir dinlenme noktasına gelir ve artık öğretmen diyaloğu sona erdirebilir.

Ziyaretçiler otomatik olarak müze öğretmenlerinin uzman olduğunu varsayar ve konumları nedeniyle onlara otorite atfeder. Diyalojik ilişkide otoriteye de bir yer vardır, fakat fikir ve bilgi alışverişi tarafından desteklenmelidir. Galeri öğretmenleri, kendilerine otomatik olarak bahşedilen otoritenin ziyaretçilerin görüş alışverişini engellememesine dikkat etmelidir. Diyalogda otorite, diyaloğun seyri boyunca bilgi, gözlem ve kavrayış katkısında bulunarak bütün ziyaretçilerin gözünde *kazanılır*.

SOHBET, TARTIŞMA VE DİYALOG | 159

Galeri öğretmeni bu uğraşın bütününü destekler. Bir diyaloğun farklı noktalarında hamle yaparken, takip ederken, seyrederken ya da muhalefet ederken, girişimin gidişatına vakıftır. Deweyci bir açıdan bakarsak öğretmen; korunum, birikim ve gerilim evrelerinden beklenti evresine ve sonunda doruk ve doyum evresine bir ilerleyiş olarak tasavvur edilen "*bir* deneyim"in katalizörüdür. Öğretmenin deneyime müdahalesi, katılımcıların diyaloğun ileri hareketine katılmayı sürdürmesini sağlar.

Bizi, üretken konuşmalara teşvik eden galeri dersine yaklaşımlar üzerine düşünmeye itecek bu üç galeri konuşması tarzını –sohbet, tartışma ve diyalog– sunduk. Amacımız, bir grup bir sanat eseriyle ilgili konuştuğunda meydana gelen karmaşık dinamikleri açıklığa kavuşturmak. Bu üç tarz, turlarımızda ve galeri programlarımızda olup bitenler üzerine düşünmemiz ve neyin iyi gittiğini, neyin gitmediğini anlamamız için yollar gösteriyor. "Konuşma saatimizde fazla bir şey çıkmadı, ama çok hoştu ve sanat eserlerinden keyif aldık," diyen bir müze rehberi, grubu belli bir sonuca ulaştırma niyetinde idiyse pek hoşnut olmayabilir, ama başında olduğu turun bir *sohbet* turu olduğunu düşünüyorsa memnun olabilir. "Baştan sona ben liderlik ettim ve önemli olan her şeyi söyledim!" diyerek dönerse, *tartışma* tarzında ustalaşmıştır. "Bugün galeride çok ilginç bir saat geçirdik, canlı bir fikir alışverişi oldu, bir sürü fikir çıktı, resim çok ilgi çekti!" derse, başarılı bir *diyalojik* tarzdan bahsediyordur.

Aynı zamanda bu kavramlar biz öğretmenleri işimizin hedef ve amaçları hakkında etkin şekilde düşünmeye de teşvik edebilir. Sohbet, tartışma ve diyalog tarzları aynı turda bile farklı sonuçlar üretir. Analitik netlik adına bu üç tarzı şimdilik ayrı ayrı ele aldıysak da, aynı galeri turunda bile elbette kesişebilir ya da bir araya gelebilirler. Bir galeri öğretmeninin ulaşmayı umduğu şeye dair görüşü, yaklaşım tercihini etkileyecektir. Örneğin, bir turda öğretmen grubu bir araya getirmek için *sohbet*le başlayıp bir yandan uygun bilgileri verirken, bir yandan *tartışmak* istediği sanat yapıtına doğru ilerleyebilir ve sonra da bu yatırıma yaslanarak başka bir esere ilerleyip *diyalog* içinde farklı –ve hatta birbiriyle çelişen– yorumların özgür bir şekilde doğmasını sağlayabilir.

Bu modeller biz öğretmenleri sanat eserlerini konuşmak ve anlamak arasındaki ilişki üzerine düşünmeye teşvik edebilir. Konuşma, anlayışı ileten araç mıdır, yoksa üreten araç mı? Biz ikisinin de doğru olduğunu iddia ediyoruz. Deneyimin, Dewey'in tanımladığı şekliyle, "*bir* deneyim"in, galeri dersinin gerçek amacı olduğunu iddia ediyoruz. Maxine Greene bize ziyaretçilerin bir deneyim yaşayacağından asla emin olamayacağımızı hatırlatır, ama böyle bir deneyimin gerçekleşmesinin en muhtemel olduğu, bu kitapta tarif edilen koşulları hazırlayabiliriz. Galeri programlarımızda sohbet, tartışma ve diyaloğu geliştirmede kullanılan bilinçli bir yaklaşım, öğrencilerimizin sanat eserleriyle ilgili bilgisinin ve anlayışının artmasına yardımcı olacak, derin ve unutulmaz deneyimler için gereken koşulları yaratacaktır.

ALTINCI BÖLÜM

Soru Kullanımının Sorgulanması

Rika Burnham ve Elliott Kai-Kee

İhtiyaç duydukları zaman, fırsat ve rehberlik sağlandığında müze ziyaretçilerinin sanat eserleriyle aydınlatıcı deneyimler yaşayacağına inanıyoruz. Ders verdiğimiz sınıflarda ziyaretçilerimize bilgimizle rehberlik ediyoruz, ama yeni olasılıklara her zaman açık duruyoruz çünkü sanat eserlerine dair en unutulmaz anlayışların, ziyaretçilerin kendi inşa ettiği anlayışlar olduğuna inanıyoruz. Derslerimiz, öğretmen ve öğrencilerin yan yana oturup dikkatle baktıkları bir sanat eseriyle ilgili fikir ve gözlemlerini paylaştığı müze galerilerinde düzenleniyor. Diyalogları sanat eserinin kendisi açıyor, yönlendiriyor ve bitiriyor. Galeri öğretmenleri olarak biz, sanat eserlerini yorumlama konusunda keşfi teşvik eden diyalojik bir yaklaşımı destekliyoruz. Ziyaretçilerimizin paylaştığı yorumları desteklemek için gerektiğinde sanat tarihi bilgisi ve eleştirel perspektifler sunuyoruz. Her sınıfın, birlikte izlediğimiz sanat eserine dair bir anlayış ve geçici de olsa, hem öğretmen hem öğrenciler için etkisi uzun süre devam eden, tatmin edici yorumlar geliştirmesini hedefliyoruz.

21. yüzyılda, bir sanat eserinin tek bir hakikatle tanımlanabileceğini iddia edecek çok az insan çıkar; müzelerdeki her eser, görünmez bir yorumlar halesi ile çevrelenmiş şekilde sürdürür hayatını, buna ziyaretçilerin yaptığı yorumlar da dahildir. Etkili galeri dersinin, yorumların diyalojiyle gelişebildiği benzersiz bir açık forum sunduğuna inanıyoruz. "Diyalog," diye yazar William Isaacs, "birlikte düşünme sanatıdır" ve aslında müzelerde konuşmak, sanat eserlerini birlikte düşünerek daha

fazlasını görmemizi, daha fazlasını öğrenmemizi sağlar.[1] Ziyaretçilerle paylaştığımız diyaloglar, güven ve saygıya dayalı, işbirliği temelli, karşılıklı bir girişim içinde incelediğimiz her sanat eserine dair paylaşılan anlayışlara doğru ilerler. Galeri derslerimizde ziyaretçilerimizin bizden öğrendiği kadar, biz de onlardan öğreniriz. Diyaloglarımızda bir zaruret yükü vardır çünkü diyalog etkinliği içinde eserler kendilerini tek başına bir izleyicinin genellikle göremeyeceği şekillerde açığa vururlar.

Baktığımız her sanat eseri, sonsuz bir olası yorumlar ufkunda yaşar.[2] Onunla ilgili konuşmaya başladığımız anda o yorum ufku kapanmaya başlar. Bir izleyici grubuna verdiğimiz her bilgi –her fikir, her görüş– katılımcıların sanat eserine bakma ve onu yorumlama şeklini değiştirir, sınırlar. Bu, galeri öğretmenleri için çok önemli bir anlayıştır; yorumlama sürecini daraltabileceklerinin farkında olmalı, bilgiyi ve kendi fikirlerini dikkatle sunmayı öğrenmelidirler. Artık soruları da bu şekilde ele almayı öğrenmemiz gerektiğine inanıyoruz: eleştirel ve dikkatli.

Diyaloğa girdiğimizde öğrencilerimizi ve ziyaretçilerimizi sanat eserini incelerken gözlerini, zihinlerini ve "yaşanmışlıklar"ını kullanmaya davet ederiz.[3] Ziyaretçiler, bir özgürlük ve oyun havasında, kendilerinin sorma ihtiyacı hissettikleri soruları sorarak anlamalıdır sanat eserini. Ziyaretçi soruları zorludur; bu soruları önceden kurgulayamayız ve göz ardı etmememiz gerekir.

> Emma, ailesiyle birlikte yaşadığı Minneapolis'teki ünlü sanat müzesini daha önce bir kez ziyaret etmişti ve müzeye yapılacak okul gezisini gerçekten dört gözle bekliyordu. Ortaokulda neredeyse iki yıl sanat dersleri almıştı ve bilim müzesinin daha ilginç olduğunu söyleyen annesiyle aynı fikirde değildi. Daha sonra, sanat müzesi ziyaretini nasıl bulduğu sorulduğunda, bir dakika tereddüt etti ve

---

1 William Isaacs, "Dialogic Leadership," *The Systems Thinker: Buılding Shared Understanding* 10, sayı 1 (Şubat 1999): 2; ayrıca http:///www.dialogos.com/resources/files/systhink.pdf adresinde de bulunabilir.

2 Bkz. Hans-Georg Gadamer, *Truth and Method*, çev. Joel Weinsheimer ve Donald G. Marshall, gözden geçirilmiş 2. basım, (Londra ve New York: Continuum, 2004), 367-8. [*Hakikat ve Yöntem*, 2 cilt, çev. H. Arslan, İ. Yavuzcan, Paradigma, 2008].

3 Maxine Greene, *Releasing the Imagination: Essays in Education, the Arts, and Social Change* (San Francisco: Jossey-Bass Education, 1995), 150.

SORU KULLANIMININ SORGULANMASI | 163

dedi ki, "Ah, müze çok güzeldi. Gördüğümüz tablolara bayıldım. Ama kafam karıştı –tek yaptıkları bize soru sormaktı!"

Emma kafası karışmış hissetmekte haklıydı çünkü o ve sınıf arkadaşları, müzeye yapılan okul gezisini meraklarını ve hayal güçlerini serbest bırakma fırsatından çok, bir sözlü sınav gibi deneyimlemişlerdi. Öğrencilerin deneyimi, galeri öğretmeninin hazırlayıp yazdığı sorularla önceden belirlenmişti. Keşfin yolunu haritalandıran, tartışmayı şekillendiren, onun sorularıydı. "Hiç kimse *benim* sorularımla ilgilenmedi," demişti Emma.

Bu makalede günümüz müze derslerinde egemen olan soruları sorguluyoruz. Bugün galerilerimizde yaygın olarak kullanıldığı haliyle sorular çoğu zaman öğretmenin ilgisini, gündemini ve önceliklerini yansıtıyor, kendi anlayışlarını arayan ziyaretçilerin merak ettiği şeyleri değil. Ziyaretçilerin gönüllerinden ve akıllarından geçtiği gibi tahminlerde bulunmalarına, düşünmelerine, gözlemlemelerine, temaşaya dalmalarına, hayal etmelerine ve sorgulamalarına izin verilmesi gerektiğini iddia ediyoruz. Keşfe giden yolları ancak ziyaretçiler kendileri bulabilirler. Gerçekten açık bir diyalogda biz öğretmenler, grupları sorgulayan değil, onlarla birlikte keşif yapan kişiler olarak işlev görürüz.

Emma'nın deneyimi, öğrencilere ve ziyaretçilere her gün sayısız sorunun sorulduğu pek çok müzede istisna olmaktan çok, kuraldır. Los Angeles'taki J. Paul Getty Museum'da, Baba Jan Brueghel'in *Hayvanların Nuh'un Gemisine Girişi* önünde bir galeri öğretmeni ilkokul öğrencilerine soruyor: "Bütün bu hayvanlar sizce niye bir araya toplanmış?" Üç bin mil ötede, The Metropolitan Museum of Art'ta başka bir öğretmen Rembrandt'ın otoportrelerinden birine dikkatle bakan bir grup lise öğrencisine soruyor: "Rembrandt'ın talihinin kötüye gittiğini nereden alıyorsunuz?" Her iki soru da öğretmenin gündemini yansıtıyor, grubun tartışmasının içinden doğal bir şekilde çıkmıyor.

Sınıftaki Sorular

Amerika okullarının sınıflarında sorular elbette uzun zamandır önemli bir rol oynuyor. Bütün öğretmenler bilgileri hatırlatmak için öğrencilere rutin olarak sorular sorar.[4] Eğitimciler, en azından 1950'lerden beri dönem dönem öğretmenleri kuru ezberden çok problem çözme ve eleştirel düşünmeyi teşvik etmek için sorulardan faydalanmaya çağırıyor. 1950 ve 1960'larda araştırma ve keşif müfredatının gelişmesiyle birlikte okul eğitmenleri "düşünce üretmeyi teşvik eden" ve "düşünmeyi tetikleyen" sorulara odaklanır oldular.[5]

Eğitimciler ve araştırmacılar, "öğrencilerin düşünme şekli"ni tarif etmeyi amaçlayan geniş ölçekli bir araştırmanın parçası olarak, farklı derecelerde ve karmaşıklıkta birkaç sınıflandırma sistemi ürettiler. Bunlar arasında en çok bilineni, *Eğitim Amaçları Taksonomisi: Eğitim Hedeflerinin Sınıflandırılması*'dır. 1956'da eğitim psikoloğu Benjamin Bloom ve arkadaşları tarafından önerilen sınıflandırma genellikle "Bloom taksonomisi" olarak adlandırılıyor. Bloom'un "eğitimin ana düşünsel amaçları" olarak belirlediği kategorilerin –bilgi, kavrama, uygulama, analiz, sentez ve değerlendirme– özetleri, pek çok alandan eğitimci üzerinde muazzam ölçüde etkili oldu.[6] Ardından, Bloom'un kategorilerine uydurulmuş soru "taksonomiler"inin de uzun bir ömrü oldu. Bu taksonomiler, öğretmenlerin sorularının çeşitliliğini ölçmesine ve daha yüksek düzeylerde düşünce üretecek sorular hazırlamasına yardımcı olmak üzere tasarlandı.

Soru taksonomileri Bloom'un ardından hızla çoğaldı: 1970'lere gelindiğinde öğretmenlere sınıfta soracakları sorularla ilgili en az yirmi

---

4   1970 yılında sınıf öğretmenliği üzerine bir inceleme yapan Meredith Gall şu sonuca varıyordu: "Öğretmenlerin sınıfta üzerinde durduğu soru tiplerinde yarım yüzyıldır temel bir değişiklik olmadı. Öğretmen sorularının yaklaşık yüzde altmışı öğrencilerin somut bilgileri hatırlamasını, yaklaşık yüzde yirmisi düşünmesini gerektiriyor ve kalan yüzde yirmisi de usulden sorulan sorulardan oluşuyor." Meredith D. Gall, "The Use of Questions in Teaching," Teacher Education Division Publication Services, Report A70-9; yeniden basım: *Review of Education Research* 40, sayı 5 (1970): 713.

5   Bkz. O. L. Davis, Kevin R. Morse, Virginia M. Rogers ve Drew C. Tinsley, "Studying the Cognitive Emphases of Teachers' Classroom Questions," *Educational Leadership* 26, sayı 7 (Nisan 1969): 711; ve Mary J. Aschner, "Asking Questions to Trigger Thinking," *NEA Journal* 50, sayı 6 (Eylül 1961): 44.

6   Benjamin S. Bloom ve David R. Krathwohl, *Taxonomy of Educational Objectives: The Classification of Educational Goals. Handbook 1: Cognitive Domain* (New York: David McKay, 1956).

bir sınıflandırma öneriliyordu.⁷ Bazıları geneldi, bazılarıysa belirli bir müfredata özel hazırlanmıştı.⁸ Sanat eğitimi alanında, stüdyo derslerinden çok sanat değerlendirme dersi verilmesinden yana olan eğitimciler, soru sorma stratejilerini sınıfta sanatla ilgili tartışmaların ilerlemesine yardım etmenin bir yolu olarak görmeye başladılar. Bu eğitimciler –sanatla ilgili– üst düzey düşünmeyi harekete geçirmekle ilgileniyordu. Sanat eğitmenleri soru sorma stratejileri konusunda iki ana kaynağa yöneldi.⁹ Bunlardan biri, sanat eleştirisi disiplininden türetildi. Ünlü sanat eğitmeni Edmund Feldman, öğretmenlerin, temel düşünsel etkinlik biçimlerini ortaya çıkarmak üzere tasarlanmış sorular sorması gerektiğini iddia etti. Feldman, bu temel düşünsel etkinlik biçimlerinin sanat eleştirisi disiplinini oluşturduğunu söylüyordu. "Çocukların yanıtlamak zorunda oldukları, yanıtların tarif etme, analiz etme ve gördüklerini açıklama biçiminde geldiği" bir soru sorma tekniği tavsiye etti.¹⁰ İkinci strateji, Bloom'unki gibi eğitim amaçları taksonomilerinden türetildi. "Art Teacher Questioning Strategy"de [Resim Öğretmeninin Soru Stratejisi] Carmen ve Nolan Armstrong, "öğrenciyi daha ileri öğrenme türlerine –ayırt etme, kavramlaştırma ve genelleme– aktif bir şekilde dahil etmek üzere tasarlanmış sorulardan faydalanarak öğrenci merkezli eğitimin teşvik edilmesi"ni öneriyorlardı.¹¹ 1984'te Karen Hamblen bu iki yaklaşımın benzerliklerine dikkat çekerek onları bir araya getirdi. Her iki sistem de olgusal, hazır bilgiyle başlıyor, giderek karmaşıklaşan uygulama ve analizle ilerliyor ve değerlendirmeyle son buluyordu.¹² Hamblen, "düşünce düzeylerine özel dikkatle, uygun şe-

---

7   Rodney Riegle, "Classifying Classroom Questions," *Journal of Teacher Education* 27, sayı 2 (Haziran 1976):156-61.

8   Bkz. Gall, "The Use of Questions in Teaching," 711 (bkz. dipnot 4).

9   Bkz. Martha Taunton, "Questioning Strategies to Encourage Young Children to Talk about Art," *Art Education* 36, sayı 4 (1983): 40.

10 Edmund B. Feldman, "The Teacher as Model Critic," *Journal of Aesthetic Education* 7, sayı 1 (Haziran 1973): 56.

11 Carmen L. Armstrong ve Nolan A. Armstrong, "Art Teacher Questioning Strategy," *Studies in Art Education* 18, sayı 3 (1977):53.

12 Karen A. Hamblen, "An Art Criticism Questioning Strategy within the Framework of Bloom's Taxonomy," *Studies in Art Education* 26, sayı 1 (Sonbahar 1984): 46.

kilde hazırlanmış soruların, öğrencileri öğrenme sürecine aktif şekilde dahil edebildiğini ve bağımsız eleştirel araştırmayı geliştirebildiğini gösteren araştırmalara dayanarak," Bloom taksonomisinde yer alan bir soru stratejisinin kullanıldığı bir sanat eleştirisi modeli önerdi.[13]

Sorular Müzeye Giriyor

1980'lerde, soru stratejileri, giderek daha demode ve güncel eğitim felsefesinden kopuk görünen galeri konu anlatımı formatının yerine geçecek bir metodoloji aramakta olan müze eğitmenleri arasında hemen kabul gördü. 1985'te, Denver Art Museum Eğitim Direktörü Patterson B. Williams, Amerika müzelerinde, Amerika'nın bütün eğitim sisteminde talep edilen reformlara paralel bir eğitim reformu dalgası olacağını öngörmüş ve haklı çıkmıştı. Williams, müze eğitiminde Sokratik yaklaşımın yenilikler yaratabileceğini şevkle onaylıyordu: "Sokratik eğitimin ürettiği deneyim tarzını teşvik edecek şekilde tasarlanmış kalıcı koleksiyonlar ve geçici sergiler hayal edin!"[14] Çoğu müze eğitimi departmanı, okul gruplarıyla çalışan ve hatta bazıları yetişkinlere yönelik konuşmalar yapan galeri öğretmenlerinden, konu anlatımı formatından, soruları merkez alan, interaktif bir formata geçmelerini istedi. 1980'lerin ortalarında yazılmış popüler bir el kitabı olan *The Good Guide: A Sourcebook for Interpreters, Docents and Tour Guides* ve ondan kısa süre sonra çıkan *New Frontiers in Touring Techniques: A Handbook of the 1991 National Docent Symposium*, "soru stratejileri"yle ilgili bölümler içeriyordu.[15] "Müze rehberi davranışlarını incelemek" için 1986'da yayımlanan bir değerlendirme modeli, gözlemcilerin, "müze rehberinin ziyaretçilerle diyaloğa girmek için ilk adım olarak kullandığı soru tiplerini ve sayısını kaydetmesi"ni

---

13 Agy., 41.
14 Patterson B. Williams, "Educational Excellence in Art Museums: An Agenda for Reform," *Journal of Aesthetic Education* 19, sayı 2 (Yaz 1985): 110.
15 Bkz. Alison L. Grinder ve Sue E. McCoy, *The Good Guide: A Sourcebook for Interpreters, Docents, and Tour Guides* (Scottsdale, AZ: Ironwood Publishing, 1985); ve Daryl K. Fischer, *New Frontiers in Touring Techniques: A Handbook of the 1991 National Docent Symposium* (Denver: Denver Art Museum, 1992).

öneriyordu.¹⁶ 1986'da College Board'un Yaz Enstitüsü'nde açılış konuşması yapan konuşmacı, yüzden fazla öğretmenden oluşan gruba şöyle sesleniyordu: "Bir öğretmene nasıl öğrettiğini sorun, muhtemelen, yanıt, 'Soru sorarak' olacaktır."¹⁷ Bugün bir müze öğretmeninin nasıl öğrettiğini sorun, muhtemelen, o da 'Soru sorarak,'" diyecektir. Müze dersinde neden bu kadar çok soru sorduğumuzun yanı sıra, neden soru sorduğumuzu da sormanın zamanı geldi. Şurası muhakkak ki derse hazırlanırken, bir esere tek başımıza bakarken ve araştırma yaparken biz eğitmenlerin kendimize sorduğumuz sorular, sanat eserleriyle ilgili keşiflerimizin seyrini haritalandırmada önemli bir bulgusal rol oynayabilir. Anlama ve bilme arzusunun kökünde yatan merak, doğal olarak kendini sorularda dışa vurur. Düşünür Hans-Georg Gadamer, kendi alanı olan felsefi yorumbilgisini aşıp geniş bir alanda etkili olan *Hakikat ve Yöntem* adlı eserinde şöyle yazıyor: "Her bilgi patikasına soru kılavuzluk eder." Soru sormak, bir şeyi açığa çıkarmaktır. Böyle bir işlev görmesi içi soruların da belli bir sahici açıklık sergilemesi gerekir; yanıtlar beklenen, aşikâr neticeler olmamalıdır. Gadamer'in bize hatırlattığı gibi, "Sorudaki açıklık, cevabın belirli olmamasından kaynaklanır. [...] Her gerçek soru bu açıklığı gerektirir."¹⁸

Pratikte Sorular

Sorular, galeri dersinde haklı bir yere sahip; sanat eserlerinin incelemeye değer yönlerini açığa çıkarmada ve ziyaretçilerin seslendirdiği meseleleri bir noktada toplamada etkili şekilde kullanılabilirler. Gelgelelim galeri öğretmenleri, ziyaretçilerin konuşmasını sağlamaktan galeri konuşması

---

16 Inez S. Wolins, Sherry Spires ve Helen Silverman, "The Docent as Teacher: Redefining a Commitment to Museum Education," *Museum News* 64, sayı 4 (Nisan 1986): 45.

17 Dennie Wolf, "The Art of Questioning," *Academic Connections* (Kış 1987): 1; http://exploratorium.edu/IFI/resources/workshops/artofquestioning.html adresinden de ulaşılabilir.

18 Gadamer, *Truth and Method*, 357. (bkz. dipnot 2).

öncesinde varmış oldukları sonuçları seslendirmeye kadar düşünülebilecek bütün *diğer* amaçlarla soru sormaya başladılar.

New York'taki The Metropolitan Museum of Art'ta bir aile programına katılan ziyaretçiler, Avrupa Heykel ve Süsleme Sanatları galerisinde, dört elementin –Toprak, Su, Ateş, Hava– adını taşıyan dört büyük heykel önünde büyülenmiş şekilde duruyor. Galeri öğretmeni soruyor, "Sizce bu heykeller nereden gelmiş olabilir?"

Öğretmenden söz almak için birbiriyle yarışan çocukların hepsi de heyecanla ellerini kaldırıyor. "Rusya!" diyor biri.

"Çin!" diyor bir başkası.

Ne harika bir grup, diye düşünüyor öğretmen, hepsi konuşmak istiyor! "Hayır, tekrar deneyin," diyor.

"İspanya?"

"Hayır!" Bu, bir süre devam ediyor, sonunda öğretmen: "Size sanatçının adını söylüyorum: Jean-Pierre de France."

"Aaa!" diyor bir çocuk. "Fransa'dan gelmiş!"

Öğretmen, çocukları konuşturmada başarılı oluyor. Çocuklar, tahmin oyununu çok seviyor ve sonunda bir öğrenci "yanıtı" buluyor; ama üzüntüyle belirtiyoruz ki böyle bir oyunda çocuklardan çoğunun tahmini her zaman "yanlış"tır. Dahası, dikkatli bir gözlemci, öğretmenin sorularının aslında sanata bakmakla hiçbir ilgisi olmadığını fark edecektir.

Galeri dersinde bazı soruların, yukarıda belirttiğimiz gibi, birincil amacı katılıma davet etmektir. Oradan geçen biri, "Ne kadar hayat dolu! Çocuklar çok ilgili!" diye düşünecektir. Diğer sorular, insanları, sanat eserlerini kendi yaşamlarıyla ilişkilendirmeye teşvik etmek için özellikle tasarlanmıştır.

Sekizinci sınıf öğrencileri, The Metropolitan Museum of Art'ın Yunan ve Roma galerilerinde, MÖ 5. yüzyıldan kalma, bir kız çocuğuna ait, mermer bir mezar taşı etrafında toplanmıştır. Öğretmen, taş üzerine yontulmuş bir figüre, iki kuş tutan küçük bir kıza işaret eder. "Bu mezar taşına bakmak size ne hissettiriyor?" diye sorar.

"Üzgün," diye yanıt verir bir kız.

SORU KULLANIMININ SORGULANMASI | 169

"Sizce ölüm fikrini mi anlatıyor?" diye sorar öğretmen.

"Şey, kız güzel görünüyor, o yüzden herkese onu sevdiğini hatırlatacaktır, tıpkı yedi yaşında ölen kız kardeşim gibi."

Öğretmen grubun bütününe seslenir. "Kendi mezar taşınızı yapsanız, neye benzerdi?" diye sorar.

"Ben kendimi basket topu tutarken gösterirdim," der bir erkek çocuk.

"Ben el sallardım," der bir diğeri.

Çocukların yanıtları enerji dolu ya da dokunaklı olsa da öğretmenin soruları öğrencilerin dikkatini eserden çok kendilerine çekmiştir.

Los Angeles'taki J. Paul Getty Museum'da bir öğretmen, grubunu Jacques-Louis David'in bir tablosu önünde topluyor. David'in hayatı ve kariyeriyle ilgili konuştuktan sonra, kompozisyonun netliğine ve figürlerdeki heykelciliğin kalitesine işaret ediyor. Sonra sanki birden bire amirinin *interaktif* olması konusundaki direktifini hatırlamışçasına –Ziyaretçileri konuşturma vakti! Şimdi bunu yapmamız gerekiyor!– konuşmasını kesip, soruyor, "Peki siz ne düşünüyorsunuz? Bu tabloda size çarpıcı gelen ne?" Ziyaretçiler şaşırmış görünüyor ve nasıl yanıt vereceklerinden ya da hatta gerçekten yanıt vermelerinin beklenip beklenmediğinden bile emin değil gibiler.

Belki de ziyaretçiler, "Müze rehberi olan o, bize sanatçıdan bahsetti ve neye bakacağımızı gösterdi, şimdi niye *bize* soruyor ki?" diye düşündüler. Öğretmenin soruları, ortada hiçbir şey yokken aniden ortaya çıkıyor. Ziyaretçiler kendini zor durumda bırakılmış buluyor; rahatsız, mahcup hissediyorlar. "İlginç, düşündüren sorular sor ki insanlar yanıtlamaya çalışsın!" der *The Docent Educator*.[19] Ama bu örnekte görebildiğimiz gibi, bu her zaman doğru olmayabilir. Ayrıca soru sorma sebebi de açık değil.

Bu ve bunun gibi durumlarda sorun ne yazık ki, genellikle hepimizin fark edeceği gibi, konuşmanın gerçek amacının düşünülmemesidir. Sırf konuşmuş olsunlar diye "insanları konuşturmak" yanlış ve yanıltıcı bir amaçtır. Her konuşma gerçekten iyi bir tur çıkarır mı? Buna yanıtımız,

---

19 Alan Gartenhaus, "Asking Questions," *The Docent Educator* 9, sayı 2 (Kış 1999-2000): 2.

hayır, çıkarmaz. Bir müze galerisinde, sanat eserine bakmanın yerini konuşma mecburiyeti aldığında, sahiden yorumlamaya dönük bir gündemin yerini de konu dışı bir pedagojik gündem alır.

Müzelerde soru sorulmasından yana olanlar, soruların insanların keşfederek öğrenmesine yardımcı olduğunu ve *gerçekten de* sanatla ilgili bir şeyler öğrettiğini iddia ediyor. Görevşinas galeri öğretmenlerine konu anlatımını bırakıp soru sormaya başlamaları söylendiğinde çoğu zaman yaptıkları konu anlatımlarını bir dizi yönlendirici soruya tercüme etmekten ibaret oluyor. Örneğin bir müze rehberi, soruları bu şekilde kullanarak, müze rehberlerinin küratörlerden aldığı yorumları ziyaretçilerin "keşfetmesi"ne yardım edebiliyor. 1999 yılında *The Docent Educator*'da Linda Osmundson, "İyi düşünülmüş sorular dinleyicilerinizi genellikle biz müze rehberlerinin verdiği bilgilerin büyük kısmını keşfetmeye yönlendirebilir," diye yazıyordu. "Tur gruplarının neler keşfedebildiğine şaşırırsınız [...]. Grubun ne öğrenmesini istediğinize karar verin ve sorularınızı o noktaya odaklayın."[20] Ama yönlendirici sorular –yanıtları önceden belirlenmiş sorular– sonunda hiçbir yere götürmez. Soruların bu şekilde kullanılması çoğu zaman öğretmenler için bıkkınlık, öğrenciler içinse hüsranla sonuçlanır. Niçin mi? Çünkü sorular sahici bir bilme arzusundan kaynaklanmıyordur.

J. Paul Getty Museum'dan bir galeri öğretmeni, Peter Paul Rubens'ın Flaman galerilerinde yer alan *Defin*'ini tartıştıktan sonra genç öğrencilerini Hollandalı ressamların eserlerinin bulunduğu galerilere getirir. "Sizce hâlâ Katolik bir ülkede miyiz?" diye sorar. Sessizlik. Oradaki ABD'de yaşayan öğrencileri mi kastediyor? Hayır, burası Hollanda, bu tabloların yapıldığı dönemde Protestan bir ülkeydi, diye bilgilendiriyor grubunu. Gerard ter Borch'un zarif giyimli genç bir kadını müzik dersi alırken resmeden bir tablosuna dönerek, soruyor, "Bu ressam neyle ilgilenmiş?" Şaşkınlık. "Yani, dikkatini en çok nerede yoğunlaştırmış? Resim yapabildiğini nerede göstermiş?" Sessizlik. "Kumaşa bakın!" diyor öğretmen, biraz bıkkın. "Giysi resmi yapmayı seviyordu!"

---

20 Linda Osmundson, "Involving Your Audience," *The Docent Educator* 9, sayı 2 (Kış 1999-2000): 18.

Israrla farklı şekillerde tekrar etmesine rağmen galeri öğretmenimiz istediği yanıtları bir türlü alamıyor. Öğrencilerden biri, "Giysi resmi yapmayı seviyor!" deseydi, galeri öğretmeninin, "Evet, çok akıllısın. Kesinlikle doğru!" dediğini duyardık. Emma'nın da diyeceği gibi, *Neden öğretmen öğrencilerine ne duymak istediğini söylemiyor?* Vermek istediği bilgi ile öğrencilerini o bilgiyi seslendirmeye çekme ya da zorlama arzusu arasına sıkışmış olan öğretmen, öğrencilerine onun beynini okumak gibi imkânsız ve nafile bir görev veriyor."

Daha yakın bir zamanda eğitim teorisyenleri bu tip "kapalı uçlu" –önceden belirlenmiş kesin yanıtları olan– sorular kullanmanın beraberinde getirdiği kaçınılmaz sorunları fark ettiğinden, "açık uçlu," yani pek çok yanıta izin veren sorular sormayı tavsiye etmek olağan hale geldi. Ama sözde açık uçlu sorular bile, her zaman, hem sorana hem yanıtlayana makul görünen yanıtların çeşitliliğini sınırlayan sonlu bir yanıt ufku şekillendirir.

> Öğrenciler, bir New York müzesinde küçük ama büyüleyici bir fotoğrafa bakıyorlar. Fotoğrafçıyı hiç duymamışlar, adı Walker Evans, ama fotoğrafta görünen yer, bir New York metro treni, hepsi için tanıdık. "20. yüzyılda fotoğrafın önemi nedir?" diye sorar galeri öğretmeni.
>
> "Deklanşör sesini duymak," der bir öğrenci.
>
> "Hayır. Seçeneklerden biri bu değil," diye yanıt verir öğretmen. "Fotoğrafçı neyle ilgileniyor?"
>
> "İnsanların daha iyi metro trenlerine ihtiyacı olduğunu göstermeye çalışıyor," der bir diğeri.
>
> "Peki," der öğretmen. "Sizce sanatçı gerçek yaşamla mı ilgileniyor? Toplumsal eleştiri? İşe giden sıradan insanlar?"
>
> Bu noktada öğrencilerden bazıları galerideki diğer fotoğraflara bakmaktadır. Öğretmen, kararlı, devam eder. "Sizce fotoğraf bir şeyleri anlatmanın bir yolu mu?" Yanıt yok. "Sizce Walker Evans bu fotoğrafları nasıl çekmiş?"
>
> "Fotoğraf makinesiyle!" diye bağırır grubun arkalarından bir öğrenci.

"Aslında," der öğretmen, "Evans bu fotoğrafları insanlar fotoğraflarının çekildiğini fark etmesin diye makineyi gizleyerek çekti."

Bu örnekte galeri öğretmeni farklı yanıtlara izin veren açık uçlu sorular soruyor ve öğrenciler samimiyetle yanıtlıyor. Ama öğretmenin yanıtlarla ilgili beklentisi çok dar. Öğrencilerin yanıtları, öğretmeninkinden çok farklı bakış açılarını içeriyor, öğretmen de yanıtlara daha fazla soruyla karşılık veriyor ve sonunda, son çare olarak, esasen sanat tarihine dayanan ve kendi görüşünü açığa çıkaran bir bilgi sunuyor.

Bu örneklerde dersleri yönlendiren, galeri öğretmenlerinin pedagojik gündemleridir. Öğretmenler, öğrencilerin bakışına şekil veriyor, sanat eserlerinin önemli gördükleri yanlarını sorularıyla öne çıkarıyor ve önceden tasarladıkları bir yorumu aktarıyorlar. Soru sormak, öğrencileri, kendilerini fikir alışverişi yapılan bir diyaloğun parçası olarak görmeye davet eder, ama aslında geçerli tek yanıtın *öğretmenin istediği yanıt olduğunu* hemen anlarlar. "Niye konuşayım ki?" diye fısıldar bir öğrenci, arkadaşına. "Müze rehberi nasıl olsa dinlemiyor."

Soru Sorma Yöntemleri

Pek çok müze eğitmeni pedagojik amaçlarını yakın zamanda yeniden tanımladı. Amaç, "eleştirel düşünme becerileri" ya da "bilişsel öğrenme becerileri" gibi "becerilere" odaklanmaktı; ve sanatla ilgili bir kategori, "görsel düşünme becerileri" de bunlar arasına eklendi. Beceri odaklı öğretimden yana olanlar, öğrencilerin bu becerileri sadece müzede değil, genel olarak okul derslerinde de kullanabileceğine inanır. Öğrencilerin, örneğin, "koleksiyonu inceleyerek elde ettikleri bilgiyi özümsemek, düzenlemek ve kullanmak," aynı zamanda "çözümlemek ve nihayetinde, kendi başlarına yorum yapmak" için soruları yanıtlaması beklenir.[21] Becerilere verilen bu önem, neler başarabilecekleri konusunda abartılı iddialarda bulunan, kullanımı kolay birkaç yöntemle sonuçlandı.

1988'de, Columbus Museum of Art, "katılımcılara, sorular vasıtasıyla düşüncelerini toplamanın, sanat eserlerini çözümlemenin yolunu göstermek üzere" tasarlanmış bir program geliştirdi. Bir nesne etrafında

---

21 Alan Gartenhaus, "What is It to You?" *The Docent Educator* 7, sayı 3 (Bahar 1998): 2.

toplanan katılımcılara sanat eserini birlikte tartışıp çözümleyecekleri söylendi. Tartışma lideri tartışmayı önceden tasarlanıp sıraya konmuş bir dizi soru kullanarak yapılandırdı. "Birileri doğru soruları sorduğunda, sanata yüzeysel ve öznel bir tepki vermenin ötesine geçebildiklerini keşfetmekten sahiden mutlu" görünen katılımcılarıyla program "dikkate değer bir başarı" elde etti. Sonunda program "doğru sorular"ı sormayı katılımcılara da öğretme, "arkadaşlarıyla bir müzeye gittiklerinde kendi başlarına kullanabilecekleri [bir] nesne çözümleme yöntemi" öğretme varsayımında bulunuyordu.[22]

Columbus projesi nasıl soruların "doğru" sorular olabileceğinin ipuçlarını veriyordu. Bir de yanıtları veren iki proje var. 1994'te, Harvard Eğitim Fakültesi bünyesindeki Project Zero'da bir araştırma projesi olan Project Muse (Museums Uniting with Schools in Education – Müzeler ve Okullar Eğitimde Birleşiyor), Generic Game adında, "soru tabanlı bir öğrenme aracı" tasarladı. Oyun, önceden hazırlanmış on sorudan oluşur. Sorular, "öğrenirken –hepsi de hem öğrencinin bildiklerine dayanıp hem de öğrenciyi bu bilgileri özgürce geliştirmeye teşvik eden açık uçlu sorular vasıtasıyla ortaya çıkarılmış– fikirlerin ve algıların birbirleri üzerine inşa edilmesini sağlayan araştırma süreçlerine dair teknikler barındıracak şekilde planlanmıştır."[23] Soruların sıralaması değişmez; yanıtlar basitten karmaşığa gider. Yani sorular, *Eserde hangi renkleri görüyorsun? Eserde neler görüyorsun"* ile başlayıp, *Gerçek hayatta da böyle mi? Sence hangi duygu ve/veya fikirleri anlatıyor?* sorularına geçer ve öğrencilerin önceki gözlemlerini tekrar düşünüp, kendilerine, *Bu esere bakarken neler keşfettin? Kendinle ya da başkalarıyla ilgili bir şey öğrendin mi?* sorularını sorması talimatıyla sona erer.

"Oyun, pek çok farklı sanat eserinde ve pek çok farklı durumda tekrar tekrar kullanılabilir" –en azından Generic Game'in talimatları böyle iddia ediyor. Ama rastgele bir eser seçkisini –Kongo'dan bir *nkisi nkondi*; Vermeer'den bir iç mekân resmi; MÖ 5. yüzyıldan bir kırmızı figürlü Yunan çanak krateri; Calder'den bir hareketli heykel; Ellsworth

---

22 Sharon Kokot, "Museums and Visual Literacy for Adults," *Journal of Aesthetic Education* 22, sayı 3 (Sonbahar 1988): 107-8.

23 Jessica Davis, *The Muse Book* (Cambridge, MA: Project Zero, 1996), 79.

Kelly'den bir soyut resim– düşünmek ve aynı soruları bu eserler için de kullandığımızı hayal etmek bize yetiyor. Önceden hazırlanmış bu sorular, izleyenlerin bu ve başka eserleri anlama yeteneğini nasıl geliştirebilir ki?

Görsel düşünme stratejileri (GDS) adı verilen diğer bir yaklaşım, "öğrencilerin gözlemleme, düşünme, dinleme ve anlatma yeteneklerini geliştirmek için sanattan faydalanır"[24] ve "eleştirel düşünme, iletişim ve görsel okuryazarlık becerilerini geliştirme"yi[25] vaat eder. Yaklaşımın kullandığı temel araç, önceden hazırlanmış üç sorudur: *Bu resimde ne oluyor? Eserde bunu söylemene neden olan ne görüyorsun? Başka neler bulabilirsin?* GDS eğitimi almış galeri öğretmenleri sadece bu sorularla sınırlıdır. Bir de kullandıkları üç "kolaylaştırma tekniği" vardır: Söylenenleri tarafsız bir şekilde başka sözcüklerle tekrarlar", "[eserin] tartışılan yer[in]i gösterir" ve "birbirine zıt ve birbirini tamamlayan yorumlar arasında bağlantı kurar"lar;[26] ama hiç bilgi vermez, öğrencilerin yanlış anladıkları şeyleri düzeltmez, kendi yorumlarını katmazlar.

Aşağıdaki seans, New York'ta bulunan American Folk Art Museum'da gerçekleştirilen bir GDS "mesleki gelişim enstitüsü" videosundan alınıp kâğıda dökülmüştür.[27] Stajyer öğretmen grubu, Jamaikalı ressam Everald Brown'ın (1917-2002), *Simón Bolívar'ın Jamaika Dağı üzerinde Yükselişi* adlı eserini tartışıyor.[28] Eser, Güney Amerikalı büyük liderin halk sanatı tarzında canlı bir temsili portresi. (Öğretmen, grupla ne eserin ne ressamın adını paylaşıyor.) Brown, Bolivar'ı, bütün

---

24 Visual Thinking Strategies, "A VTS Discussion: VTS Facilitation 101," http://www.vtshome.org/pages/a-vts-discussion#discussion adresinden elde edilebilir.

25 Visual Thinking Strategies, "What Is VTS?" http://www.vtshome.org/pages/what-is-vts adresinden elde edilebilir.

26 Visual Thinking Strategies, "A VTS Discussion: VTS Facilitation 101," (bkz. dipnot 24).

27 Bu video, VTS'nin internet sayfasında yer alan ve farklı yaş grupları için düzenlenen örnek VTS seansı görüntüleri arasında bulunmaktadır ve Visual Thinking Strategies, "A VTS Discussion: VTS Discussion Videos with Teachers/A VTS Discussion with Adults," http://www.vtshome.org/pages/a-vts-discussion#discussion adresinden elde edilebilir.

28 Everald Brown'ın eseri müzenin internet sitesinde, http://www.folkartmuseum.org/?p=folk&t=images&id=4296 adresinden görülebilir.

SORU KULLANIMININ SORGULANMASI | 175

Jamaika adasının üstüne binmiş ve adanın Güney Amerika'nın "El Libertador"una hürmeten doğal zenginliğini önüne sermesiyle etrafı da kendisi kadar devasa meyvelerle çevrilmiş dev bir figür olarak resmediyor. Öğretmen, GDS'nin standart açılış sorusuyla başlıyor, "Bu resimde ne oluyor?" İlk birkaç açıklamadan sonra, öğrencilerin o ana kadarki gözlemlerini özetliyor:

ÖĞRETMEN: Peki, mısırdan bahsettin, bütün bu sebzeler var, sonra bu adamın bir tür fatih olabileceğini düşündün. Eserde bunu söylemene neden olan ne görüyorsun?

ANNA: Giyim tarzı. Bir tropik ada yerlisi gibi giyinmemiş çünkü iklim sıcak ama onun üzerinde kalın giysiler var. Ceket ve uzun binici çizmeleri giymiş, şapka takmış, ortama gerçekten uygun görünmüyor.

ÖĞRETMEN: Peki, giyim tarzının ortamla biraz uyumsuz olduğunu düşünüyorsun. Giyimi biraz – giysileri çok kalın, adam başka bir yerden gelmiş olabilir, o yüzden bir şekilde adayı fethetmeye geldiğini düşünüyorsun. Tamam. Başka neler bulabiliriz? Evet, Tracy?

TRACY: Şey, sağ elindeki bibere benzeyen şeyi kılıç gibi tutmuş olması da bir fatih olduğunu ima ediyor olabilir ya da buraya iyilik için gelmediğini.

ÖĞRETMEN: Kılıç tutar gibi tuttuğunu söylemene neden olan nedir, ne görüyorsun?

TRACY: Onu tutuş şekli, yukarı doğru, nişan alır gibi, sanki onunla birine ya da bir şeye saldıracakmış gibi.

ÖĞRETMEN: Tamam, demek bedeni ileri hareket edecekmiş gibi hazır.

TRACY: Saldıracakmış gibi.

ÖĞRETMEN: Yani, biberi neredeyse bir silah gibi tutmuş görünüyor.

TRACY: Evet.

ÖĞRETMEN: Bu da üzerinde durduğu ada için iyiye işaret olmayabilir.

TRACY: Öyle görünüyor.

ÖĞRETMEN: Peki. Teşekkürler. Stephanie, başka neler bulabiliriz?

Bu seanstaki stajyer öğretmenler belli ki tabloyla ilişki kurmuş ve onu dikkatle inceliyor. Seans ilerledikçe, tuval üzerindeki ana figür ve bu figürün üzerinde durduğu adanın halkıyla ilişkisi konusunda birbiriyle çelişen yorumlar yapıyorlar. Çelişen yorumlar, stajyer öğretmenlerin ressamın imge örgüsüne dair anlayışlarına dayanıyor: "kurtarıcı", barış veya umut mesajı ya da "propaganda" taşıyan biri, "halkı doyuran kişi," "halkı kontrol altına almak için halkın kaynaklarını kullanıyor" görünen bir sömürücü. Öğretmen seans boyunca stajyerlerin açıklamalarını doğru şekilde özetliyor, farklı sözcüklerle yeniden ifade ediyor. Ama stajyerlerden biri resmin bir öğesini yanlış anladığında –Bolívar'ın şapka taktığını söylediğinde (aslında takmıyor), Bolívar'ın sol elinde tuttuğu hindistancevizini futbol topu ya da bomba sandığında ya da Bolívar'ın "bacakları yok" zannettiğinde– ve sonra da bunu temel alarak bir yorum inşa ettiğinde, öğretmen hatalarını düzeltmiyor, *düzeltemiyor*, hatta onu yeniden düşünmeye bile yönlendiremiyor.

Brown'ın ikonografisi son derece karmaşıktır. American Folk Art Museum'un web sitesinde verdiği tarife göre tabloda "bir horoz generalin kulağına ötmektedir; horozun getirdiği mesaj (Kurtuluş? Özgürlük?) Bolívar'ın kafasının içinden geçip tablonun sağ tarafında başka bir büyük kara parçası, o zamanlar bir ezilen ve sömürülen ülkeler bölgesi olan Batı Afrika kıyısı üzerine sarı, bulutumsu bir formda çöker."[29] İki stajyer, bu formun kompozisyonu nasıl "bir araya getirdiğini" ve resmin anlamı açısından kilit önemde göründüğünü belirtir. Ama gruptakiler, gördükleri "adalar"ın Jamaika ve Afrika olduğunu ya da ana figürün Bolívar olduğunu hiç anlayamayınca ve bu hayati önemdeki olgulara erişim olmayınca, ilerleme göstermeksizin daireler çizme eğilimine giren yorum süreci başladığı yerde sona erer:

---

29 Metnin bütünü http://www.folkartmuseum.org/?p=folk&t=image&id=4296 adresinden elde edilebilir.

STAJYER: Anna meyve ve sebzeleri gördüklerini söylediğinde ben de elinde görünen acı kırmızıbibere baktım, sanki halkı kontrol altına almak için halkın kaynaklarını kullanıyor.

ÖĞRETMEN: Peki, burada biberi tutuşuyla ilgili konuştuk, nasıl ifade etsem, sanki adanın kaynaklarını, bu insanlara faydalı şeyleri alıp bir şekilde bunları halka boyun eğdirmek için kullanıyor.

STAJYER: Doğru. Tutma şekli, gerçekten de bıçağa benziyor.

ÖĞRENCİ: Peki, yani şiddet içeren bir eylem gibi göründüğü fikrine katılıyorsun.

STAJYER: Evet.

ÖĞRETMEN: Pekâlâ, çok teşekkür ederim. Harika bir seans oldu.

Bir GDS seansını "harika" yapan nedir, diye düşünebiliriz. Simón Bolívar Jamaika'yı hiç fethetmedi; İspanyol sömürge güçlerini Kolombiya'da yendikten sonra kısa süre buraya sığınarak, 1814 ile 1815 yılları arasında adada sürgün hayatı yaşadı. Öğretmen resmin tarihsel ya da kültürel bağlamıyla ilgili hiçbir bilgi –hatta resmin adını bile– vermediği –ve GDS tekniğinin kısıtlamaları bunu yapmasına izin vermediği– için, izleyenler resmi hiçbir zaman gerçekten kavrayamıyor.[30] Brown'ınki

---

30 Bu GDS seansındaki en tuhaf anlardan biri, kursiyerlerden biri olan Yuen, grubun resimle ilgili çelişkili yorumlarından bir anlam çıkarmasına yardımcı olacak bir bağlam ararken seansın yapıldığı müzeye baktığında yaşandı:

YUEN: Propagandayla ilgili söylediklerinize geri dönersek, Stephanie resmin barış ve umutla ilgili olduğunu söylediğinde ben de öyle düşünmüştüm, ama resmin tarzı, düşünüş şekli yüzünden propaganda olup olmadığını sorguluyorum. Eğer ressamın geldiği kültürün propagandası ise – bence Batı Avrupalı olabilir – o zaman, bu Batı Avrupa sanatı ya da resmi geleneğine daha yakın olabilir. Ve bu resme baktığımda, buradaki Folk Art Museum'daki koleksiyondan olduğunu da bilince, dışarıdan, eğitimsiz yapılan sanatı düşünerek, belki daha Batı Avrupa kültürüne ait insanlar tarafından üretilmiş olabilir diyorum; bu yüzden de o kısmını sorguluyorum. Bir de eskiden bildiğim bir öyküyü düşünüyordum, galiba Şili'de bir generaldi, Bernard O'Higgins. Bir halk devrimine liderlik eden İrlandalı bir askerdi. Şili'de bu kahramanlıkları yapıyor ama aslında beyaz bir adam.

ÖĞRETMEN: Kültürün dışından biri?

YUEN: Evet. Bir İspanyol istilacı olarak geliyor, ama muktedirlere karşı bu devrimi yönetiyor.

gibi kendine özgü ikonografik programlara dayanan sanat eserleri bu kadar mekanik olmayan bir eğitimcilik yaklaşımı ister. Konusunu bile saptayamadıktan sonra bu grubun sanat eseriyle karşılaşmaktan "kazandığı" değer nedir? Onu gerçekten *gördükleri* söylenebilir mi? Belki de resimle sahici bir karşılaşmadan mahrum edilmiş olmuyorlar mı?

GDS'nin sordurduğu bu üç soru kadar açık uçlu sorular, sanat eserleriyle ilgili açık ve "demokratik" sohbetler üretmek için tasarlanmış görünüyor.[31] Ama öğretmenin sadece bu üç GDS sorusunu kullanmakla ve söylenenleri başka sözcüklerle yenide ifade etmekle sınırlandırılmış olması ve eserle ilgili bilgi verilmemesi, öğrencilerin eseri anlamasına yardım etme yeteneğini ciddi şekilde kısıtlayan bir yöntem oluşturuyor. Bu seansa katılanlar, Brown'ın resmiyle ilgili kendi hatalı sonuçlarına ulaşmak üzere yalnız bırakılıyor. Galeri öğretmenini, konunun çok dışına çıkan bir sohbette yol göstermesine yetmeyen araçlarla bırakan ve hepsinden öte, ona sonuçla ilgili hiçbir sorumluluk vermeyen bir yöntemi sorgulamamız gerektiğine hiç şüphe yok.

Niyet İyi, Sorunlar Ciddi

Galeri derslerinde ziyaretçilerimizi sanat eserleriyle anlamlı şekillerde ilişki kurmaya ve canlı bir fikir alışverişine katılmaya teşvik etmek isteriz –bu her zaman karmaşık bir iştir. Öğretmenler büyük bir iyi niyetle sorular sorar; gelgelim müze dersinde soru sorulmasının en ısrarcı savunucuları bile, pratikte soruların kusurlu olduğu konusunda bir dereceye kadar hemfikirdir. "Soruları düzeltmek" için hızla çoğalan makalelere ve kılavuzlara tanık oluyoruz. Çoğu müze eğitmeni olası soruların şaşırtıcı çeşitliliğini ve bu soruların ne çok şekilde kullanılabileceğini kabul ediyor. Yukarıda aktarılan gerçek öykülerde olduğu gibi, soru tabanlı seansların kötü sonuç verdiğini de görüyorlar. İşte buna bir yanıt olarak, sınıflandırma yazınına başvurdular ve kendi stratejilerini geliştirdiler.

---

31 VTS'nin internet sitesine göre Görsel Düşünme Stratejileri, "öğrencilerin saygılı, demokratik, işbirliği içinde problem çözme becerilerini kullanmasını mümkün kılan kolaylaştırılmış tartışmadan faydalanır ve bu beceriler zamanla diğer sınıf içi etkileşimlere ve dışarıya da aktarılır." Visual Thinking Strategies, "What Is VTS?" (bkz. dipnot 25).

SORU KULLANIMININ SORGULANMASI | 179

Stratejiler, yapılacaklar ve yapılmayacaklar listeleri ve talimatlarla ortaya çıkıyor; örneğin açık uçlu ya da düşündürücü ve zorlayıcı sorular sormak; yönlendiren, uzayıp giden, evet ya da hayır diye yanıtlanacak, muğlak, anlaşılmaz, cevabı belli ya da utandırıcı sorular sormamak.[32] Pek çok öğretmen sorularını önceden yazmaya yöneltiliyor ve galerilerde elinde "önerilen" sorularla dolaşırken görülebiliyor. Zihinleri listelerle ve tavsiyelerle meşgul galeri öğretmenleri, soru sormalarının asıl nedenini unutuyor.

The Metropolitan Museum of Art'ta uzun zamandır eğitim gönüllüsü olan biri şöyle diyor: "Geçenlerde gönüllülerimizden biri düzenlediği bir turda bir resmin her santimetrekaresiyle ilgili soru sordu. Her santimetrekare! Çocuklar soruları yanıtlamakla öylesine meşguldü ki resme bakmıyorlardı bile. Sadece soruları cevaplıyorlardı. Resmi algılayacak bir dakikaları olmadı."

Bu muazzam kafa karışıklığı içinde yolumuzu kaybettik. Taksonomilere, stratejilere ve iyi niyete rağmen, müze galerilerimizdeki dersleri seyrettiğimizde, *en kötü* derslerden bazılarının nedeninin soru sorma uygulaması olduğunu görürüz. Peki, ya şu tavsiyeden ne anlayacağız?: "İncelenen nesnelere değil, öğretilen becerilere odaklanırsanız, aktif öğrenme sağlayan sorular hazırlamak çok daha kolay olur."[33] Bir sanat müzesinde sanat eserleri önemsizleştiğinde kesinlikle çarpık bir şeyler vardır. En başa geri dönme zamanı gelmiştir. İnsan gruplarını galerilere götürürken amacımız nedir? Bu amaca nasıl ulaşırız? Günümüzde her yerde görülen –ve iddialı– *en iyi uygulamalar* terimi, galeri dersinde gerçekte ne anlama gelir? En mükemmel şekilde ders yaptığımızda, soruların pratiğimizdeki yeri nedir?

Sorusuz Diyalojik Ders

İyi müze dersinin nihai hedefi, ziyaretçileri ve öğretmeni sanat eserlerine dair derin ve tatmin edici bir anlayışa götürecek türden bir deneyimdir.

---

32 Karen A. Hamblen, "Don't You Think Some Brighter Colors Would Improve Your Painting? – Or, Constructing Questions for Art Dialogues," *Art Education* 37, sayı 1 (Ocak 1984): 12-4.

33 Alan Gartenhahus, "Active Learning, Thinking Skills, and Audience Participation," *The Docent Educator* 12, sayı 1 (Sonbahar 2002): 3.

Bir sanat eserini deneyimlemek sadece müzede mümkündür ve bizler diyalojik ilişki vasıtasıyla bu deneyimin kapılarını ziyaretçilerimize açma ayrıcalığına sahibiz. Ziyaretçilerimize sorular sormayı bırakıp sanat eserlerine dönmeyi, ama bunu konu anlatımıyla değil, ziyaretçilerimizi sanatla ve sanata dair diyaloglara katarak yapmayı öneriyoruz. Diyalog, sorular olmadan da zengin olabilir.

The Metropolitan Museum of Art galerilerinde bir öğretmen, ziyaretçilerini Rembrandt'ın 1646 tarihli *İbrahim ve Üç Melek*'i önünde toplar. Eser, müzeye ödünç olarak getirilmiştir. Galeri öğretmeni tartışmaya başlamadan önce herkesin resme bir süre yakından, dikkatle bakmasını önerir. Program, düşünceleri ve gözlemlerin ifade edilmesine yönelik açık bir davetle başlar. Öğretmen, ziyaretçilere, bu çok az görülen sanat eserine dikkatle bakarak hakkında bilinenlere katkıda bulunabileceklerini de söyler. Büyülenen katılımcılar etkileyici ışığın sırrını çözemeye çalışır.

"Hem böylesi parlak bir ışık hem böylesi bir karanlık!" der, biri.

Bir diğeri, "Bu belli ki bir öykü," der.

Bu sözler, başka birini, "Bir ziyarete benziyor," demeye yöneltir.

"Ama neden," diye sorar başka biri, "beyazlı, büyük figür ayağını öyle uzatmış?"

Herkes tekrar bakar ve ayağını uzatan figürün büyük ve muhteşem beyaz kanatları olduğunu görür. Başka biri, bu figür "ışık saçıyor," der. Öğretmen, figürün, gerçekten meleğe benziyor olsa da, aslında Tanrı'nın melek kılığına girmiş hali olduğunu ve bu resmin, Tanrı'yla insanın buluşmasının bir öyküsünü anlattığını belirtir.

"Özel biri olduğunu anlamıştım," der ziyaretçilerden biri.

"Ah," der bir diğeri, "sanırım Tanrı ayağını yıkansın diye uzatıyor! Çanağa ve sanki yıkamak için eğilen adama bakın!"

Dikkatle bakan başka bir ziyaretçi, "İncil'de de böyle yapmıyorlar mı? Tanrı'nın ayağını yıkayan adam galiba İbrahim!" diye ekliyor tereddütle.

Öğretmen, "Evet, bu küçük resmi yapan ressam, Rembrandt, İbrahim'e görünen Tanrı'yı gösteriyor," diyor. Rembrandt'ın, Haz-

SORU KULLANIMININ SORGULANMASI | 181

reti İbrahim'in üç yabancıyı evine yemeğe davet edişinin öyküsünü anlattığını söylüyor. Yabancıların ayaklarını yıkamak üzere eğilen İbrahim, onlardan birinin Tanrı olduğunu fark ederek hayrete düşer.

"Tanrı'nın etrafındaki parlaklık baktıkça güçleniyor," diyor ziyaretçilerden biri. "Çok güzel, gece içindeki güneş ışığı gibi." Beğeni dolu bir sessizlik anı oluyor.

"Ama her yer çok karanlık," diyor bir diğeri. "Gözlerimin alışması gerekiyor, gece karanlığında olmak gibi. Sağdaki küçük evin karanlık kapısında bir kadın görüyorum sanki."

Daha başka biri, "Şimdi ben de görüyorum. Acaba Bakire Meryem mi?"

"Çok karanlık," diyor öğretmen, "o yüzden kesin olarak söylemek güç. Ama tarih kayıtlarından biliyoruz ki Rembrandt, İbrahim'in öyküsünü Eski Ahit'teki Yaratılış kitabından alarak anlatıyor, İsa'nın doğumundan çok öncesi."

Ziyaretçilerden biri diyor ki "O zaman Sare olmalı."

"Evet, Tanrı İbrahim'e karısının bir erkek doğuracağı sözünü verir," diyor bir başkası. Yine sessizlik.

"Sanki bütün bunlar hayal meyal, ama parlak bir ışıkta gelişiyor," diyor öğretmen. Devam ediyor, "Bazıları Tanrı'nın bazı mesajlarının gece anlaşılabildiğini söyler." Sessizlik sürüyor.

Birisi, beklenmedik bir çıkışla, "Bu gerçek bir Rembrandt, değil mi?" diyor. Öğretmen eserin gerçekten orijinal ve hiç tartışmasız Rebrandt'a ait olduğu konusunda grubu temin ettikten sonra herkes dikkatini yeniden resme veriyor.

Birisi, sol tarafta bir flüt ya da blok flüt çalarmış gibi görünen melekten bahsediyor. "Çok yerinde," diyor, "Tanrı çıkıp evine gelirse, biraz müzik yapman gerekir."

Grup, kanatları alabildiğine açılmış Tanrı figürüne beğeniyle bakıyor yine ve bir başka ziyaretçi usulca şöyle diyor: "Tanrı'yı burada, yeryüzünde ayağını yıkatırken ne sıklıkta görebilirsin ki?"

Galeri öğretmeninin ateşlediği, ama ziyaretçilerin ilerlettiği diyaloğa bu küçük gruptaki herkes katılıyor. Keşfetmenin heyecanıyla birbirlerinin fikirlerine karşılık veriyor, onlar üzerinde yorum yapıyorlar. Sorular soruyor, sözleriyle diyaloğun seyrini belirliyorlar. Galeri öğretmeni dikkatle dinliyor, uygun kavşaklarda kendi düşüncelerini ekliyor, bilgisini paylaşıyor. Devinirlik istikrarlı şekilde artıyor. Bu galeri diyaloğu odaklanmış derinliği açısından o kadar dikkate değer ki Metropolitan'ın 17. yüzyıl Hollanda tabloları küratörü galeriden geçerken bu grubun tuvale gösterdiği fark edilir derecedeki olağanüstü ilgiyi merak ederek bir noktada yaklaşıyor ve Rembrandt'la, Rembrandt'ın baskı resimlerinin bu resim üzerindeki etkisiyle ilgili görüşünü kısaca paylaşıyor. Diyalog, bir süre devam ediyor ve bu küçük resmin ne kadar sihirli olduğu üzerinde hemfikir olunmasıyla, ortak, sessiz, derin bir saygıyla doruğa çıkıyor. *Öğretmen tek bir soru sormuyor.*

İyi galeri dersinde, soru sorma sanatı diyalog sanatı içine karışıp kayboluyor. Ziyaretçilerden, keşfetmenin olası yorumlara ve sorulara –ama katılımcılardan gelen sorulara– doğru akmasını sağlayan gözlem, açıklama ve parça parça bilgilerin bir araya getirdiği diyaloglara katılmalarını istiyoruz. İnsanları –bizimle, birbirleriyle ve hepsinden öte, eserin kendisiyle– diyaloğa davet ediyoruz. Ziyaretçilerin bir sanat eseriyle ilişki kurmasını istediğimizi söylediğimizde, aslında onlardan derinlemesine bakmalarını ve gördükleri şeye anlam vermek gibi zorlu bir işe girmelerini istediğimizi söylüyoruz. Dinliyoruz. Birlikte düşünüyoruz. Eseri "okuyarak," tek tek ayrıntılara odaklanarak, ayrıntılardan bir bütün oluşturmaya çalışarak, eserle birlikte bir ileri bir geri gidecekler. Ziyaretçilerimizden düşüncelerini ve hislerini sözcüklere dökmelerini istiyoruz, çünkü yorumları en başta sözcüklerle gelişecek, paylaşılacak, bütün ve anlaşılır hale gelecek.

İşimizi yaparken, küçük, geçici ziyaretçi gruplarıyla birlikte eşsiz bir yorum sürecine katılma fırsatına sahibiz. Pek çok göz, bir çift gözden yeğdir. Birlikte bakmak, tek bir katılımcının katkılarının ötesine geçecek bir yorumla sonuçlanan gözlemler ve kavrayışlar üretir. İzleyiciler, sanat eserlerine tepkilerini ve onlarla ilgili fikirlerini, daha kapsamlı anlayışların parçası olabilecekleri bir dinamik içinde birbirleriyle paylaşırlar. Sorulara gerek yoktur.

Soruların Diyalojik Ders İçindeki Yerini Yeniden Düşünmek

Soruları sorgulamak bütün kabullere aykırı görünüyor. Soru sormanın "özünde eğitimin tam merkezi" olduğunu John Dewey kendisi söyler.[34] Yorum sürecinde soruların *gerçekten de* bir rolü var çünkü düşünce ve gözlem alışverişi sırasında kaçınılmaz olarak ortaya çıkarlar. Gelgelelim eğitmen diyaloğu, grubu sorguya çekerek, her fikir ve görüş alışverişini yöneterek ilerletmemelidir. Diyaloğu, açıklamaları *ve* sorularıyla bütün grup yaratır ve sürekli yeniden yaratır. Metropolitan'daki bir programın katılımcılarından birinin sözcükleriyle, "Bize soru sormayarak, *kendi* sorularımızı sormamıza izin verdiniz."

Sanat eserleri ziyaretçilerimize çoğu zaman gizemli, göze dirençli görünür. Ziyaretçiler bazı sanat eserlerinin müzede ne işi olduğunu bile merak edebilir. Ya da neden bir sanat eserine bakmaları gerektiğini veya neyle ilgili olduğunu merak edebilir. Ama bir sanat eserinin dünyasına girme girişiminde bulunduklarında, zihinlerinde sorular şekillenir. Sorular belirir çünkü birileri bir şeyleri bilmek istiyordur. Gadamer'in deyişiyle, "Soru sormak bir eylemden çok bir tutkudur. Soru, bize baskı yapar; artık ondan kaçınamayız."[35] Tek bir soru da olabilir, daha fazlası da. Genellikle önemli, acil görünürler. Bazen, örneğin, *Ressamı kim?* sorusunda olduğu gibi bir soru, bilgi verilerek kolaylıkla yanıtlanır. Ama bazen izleyicilerin getirdiği sorular sanat eserlerinin yorum gerektiren yönlerine işaret eder ve birden fazla yanıtı olabilir. Aslında izleyicilerin yanıtları genellikle deneme kabilinden spekülasyona dayalı ve yaratıcı, hatta şiirseldir.

"Meleğin kanatları neden açık?" diye sorar bir ziyaretçi, Rembrandt'ın sahnesine dikkatle bakarken.

"Tanrı'nın ışığını yeryüzüne getirmek için," diye yanıtlar bir diğer ziyaretçi.

"İbrahim ayaklarını yıkarken rahatsız edilmemek için," der bir diğeri.

---

34 John Dewey, *How We Think*, Boston (MA: D.C. Heath, gözden geçirilmiş basım 1933), 266.

35 Gadamer, *Truth and Method*, 360 (bkz. dipnot 2).

"Ya da belki," der daha başka biri, "Tanrı'nın koruyucu kanatları altında olduğumuzu bize hatırlatmak için."

Ziyaretçilerimiz bize çok çeşitli sorular sorar: *Bu orijinal çerçeve mi? Vermeer, Barok mu kabul ediliyor? Gauguin dindar mıydı? Bütün bunları müze nereden alıyor? Neden bazı resimler cam içinde?* İnsanların neleri bilmek isteyeceğini önceden bilemeyiz –sordukları bazı soruları hayal bile edemeyiz– ama bu sorular, birlikte incelediğimiz sanat eserlerine dair anlayış ve algılarını şekillendirirken yaşadıkları deneyim açısından her zaman can alıcı öneme sahiptir. İzleyicilerin her sorusunun dikkate alınması önemlidir çünkü yanıtlanmayan sorular, ziyaretçinin eseri daha ayrıntılı incelemesinin önünü kesen bir engele dönüşebilir. Metropolitan'daki Rembrandt galerisine gelen bir ziyaretçi yakından bakmak için her bir resim önünde durarak koleksiyonu sistematik şekilde, dikkatle gezdi. Yaklaşık yarım saat sonra güvenlik görevlisine dönerek sordu: "Bunlar orijinal eserler mi?" Ancak orijinal oldukları konusunda temin edildikten sonra sanat eserleriyle anlamlı diyebileceğimiz bir ilişki kurmaya başlayabildi.

Bazı sorular dolaysızdır; bazıları ziyaretçilerin sözleri altında yatar, görünür hale gelmeleri için ifadeyi sadece biraz değiştirmek gerekir. *Monet geç dönem eserlerinde neden böyle tuhaf renkler kullanmış merak ettim,* cümlesinin altında, *Monet'nin bu tablosu başka yerlerde gördüğüm daha eski tarihli eserlerinden niye bu kadar farklı?* gibi bir soru vardır. *Monet bir deney mi yapıyordu? Etrafındaki dünyayı nasıl görüyordu? Büyük ustaların eski resimlerine bakmış olabilir mi?* Anlayışa götüren soruları, nesneyi ziyaretçilerimiz için ve bizler için, "kırıp içini açan" büyük, küçük bütün soruları dinlememiz gerekir. Bir ziyaretçimizin, "Van Gogh neden tek bir beyaz iris koymuş?" diye sorduğunu duyduk. Bir üçüncü sınıf öğrencisi, bir Rembrandt eseriyle ilgili, "Bu ne demek?" diye sorar. Bir üniversite öğrencisi, "Bu Rönesans portresi bütün insanlığı mı temsil ediyor, yoksa sadece o kişiyi mi?" diye bilmek ister. Bunların hepsi, basit bir yanıt vermenin güç olduğu, öğretmen ve diğer katılımcılar tarafından ciddiyetle değerlendirilmeyi hak eden özgün sorulardır. Galeri programlarımıza hiç şüphesiz ait olan türden sorulardır.

Sanat eserleriyle ilgili bizim de kendi sorularımız olacaktır. Sorularımızdan bazıları, derste işlediğimiz sanat eserlerini yorumlama çabalarımızı ifade eder; çalışmamızı ve hazırlıklarımızı çok daha ilerilere taşır. Bazı sorular, gruplarımıza liderlik ederken sınırımızı zorlayabilir. Ancak bu sorular arka planda kalmalı, ziyaretçilerimizle birlikte kolaylaştırdığımız diyalogda ön plana geçmemelidir. Diğer yandan, ziyaretçilerimizin sorularını, bilmek istedikleri ve bilme ihtiyacı duydukları şeyleri, can kulağıyla dinlemeliyiz.

O halde, ne yapacağız? Yapacağımız ilk iş, sanat eserini incelemek, soruların faydalı ve işe yarar olacağı bir bağlam, güven ve saygı, araştırma ve soruşturma, ama aynı zamanda haz ve umulan tatmini de içeren çevreyi ve koşulları yaratmak. İnsanları nazikçe içeri davet eder, düşünce ve gözlemleri birer başlangıç noktası olarak görür, teşvik ederiz. Sorular sorarak başlamayız. Diyaloğu izleyicilerin algılarını ve düşüncelerini temel alarak başlatır ve sürdürürüz. Soruları insanları katılıma zorlamak ya da bilgi veya yeterliğini sınamak için kullanmayız. Soruları önceden hazırlamayız. İyi soru, kötü soru ayrımı yapmayız. Sanat eseriyle yaşanan karşılaşmanın soruları doğurmasına izin veririz ve sorular doğduğunda, bizler hep birlikte bir anlam ararken bize yön gösterir. Sorular yanıtları ve fikirleri, yanıtlar ve fikirler de başka soruları doğurur. Öğretmen, ziyaretçi ve sanat eseri arasındaki bu alışveriş sırasında sanat eserleri, onları izleyenler için canlanır.

YEDİNCİ BÖLÜM
Galeri Dersinde Bilgi: Charles Le Brun İmzalı Goblen: *Su*
Rika Burnham

En effet, de quelle maniére pourroit-on assez bien écrire tout ce que SA MAJESTE a fait depuis qu'Elle est montée sur le Trône; & comment pourroit-on assez dignement representer leas avantages arrivez á l'Estat, de puis qu'Elle en a pris la conduite? Ce pendant, toutes ce merveilles sont si misterieusement dépeintes dans les quatre Tableaux, que je veux décrire, que l'oeil les decouvre d'abord avec plaisir, & l'entendement les cannoist avec admiration.

Aslında, Kral Hazretleri'nin tahta çıktığından beri yaptıkları layıkıyla nasıl anlatılır; ve O idareyi aldığından beri devlete dokunan faydaları gereğince nasıl gösterilir? Yine de bütün bu harikalar önce gözlerin hazla keşfettiği, sonra aklın bilip hayran olduğu dört resimde böylesine gizemli resmediliyor.

André Félibien[1]

17 Ekim 2007'de, The Metropolitan Museum of Art'ta "Barok Goblen" sergisi açıldı. Küratör Thomas Campbell'ın (bir yıl sonra Metropolitan'da direktör olacaktı), diğer ülkelerden gelecek ödünç eser-

---

1 André Félibien, *Tapisseries du roy, ou sont representez les quatre elemens et les quatre saisons: avec les devises qvi les accompagnent & leur explication* (Dört elementin ve dört mevsimin temsil edildiği kral goblenleri: üzerindeki yazılar ve açıklamalarıyla birlikte) (Ausburg: Krauss, 1687; yeniden basım 1690 civarı), 2. Getty Araştırma Enstitüsü Araştırma Kütüphanesi Kataloğu'nun bütünü için bkz. http://library.getty.edu/cgi-bin/Pewbrecon.cgi?BBID=839054. Metnin dijital kopyası için, http://www.archive.org/stream/duruyousontrepreoofeli#page/1/mode/1up. İki dilde (Fransızca ve Almanca) hazırlanmış bu kitapçığın içerdiği metin ve gravürlerin alındığı orijinal Fransız basımlar: *Les quatres élémens peints par M. Le Brun et mis en tapisseries pour Sa Maiesté* (Paris, 1665), çev. Christopher Caines. (Goblenlerin alt kısmında görülen Latince yazılar da Félibien'e aittir. Bu konu, makalenin devamında ele alınacaktır.)

lerle ilgili görüşmeleri son dakikaya kadar sürdü. Çalışanlar, Fransa'dan, İtalya'dan, Belçika'dan, İngiltere'den rulolar halinde gelen goblenleri gün ağarmadan önce müzenin ön merdivenlerinden yukarı taşıdı. Goblenler galerilerde tavandan yere bir bir açılırken, enstalasyonu denetleyen çalışanlar heyecanla nefesini tuttu. Serginin afişi ön cepheye asıldı. Müze bir gişe rekoru bekliyordu; basın, goblenlerin özelliklerini metheden öyküler üretmek üzere gerekli bilgilerle donatıldı. "Bu sergi," dedi, Metropolitan'ın o zamanki direktörü Phlippe de Montebello, "XIV. Louis'nin Versailles galerilerinde gezindiği günlerden beri en muhteşem Barok goblen sergilerinden biri olacak."[2]

"Barok Goblen," toplumsal, politik, stilistik açıdan önemli hususları birleştiriyor, goblen konusunda geniş bir tarihsel inceleme sunuyordu. Sergi, 1585'de Seksen Yıl Savaşları sona erdiğinde işgalci İspanyol ordularının Antwerp'i almasıyla Flaman dokumacıların göç edişini anlatarak başlıyordu. Flaman goblen üretimi, buraya yerleşen İspanyol asilzadelerin himayesi altında gelişmeye devam ederken, göç eden Flaman dokumacılar bütün kıtaya yayıldı ve Avrupa'daki prenslerin himayesinde, hayal bile edilmemiş bir zirveye ulaştı. Sergi, goblenleri 17. yüzyıl saray hayatı içindeki sanat ve törenler içine yerleştiriyor ve politik propaganda olarak kullanılışını da ortaya koyuyordu.[3] Ayrıca, Rubens ve Vouet gibi büyük sanatçıların goblen üretimi için çizimler tasarlamasıyla beliren devrimci stilistik değişimleri ve çalışma tekniklerini, yeni ve beklenmedik yönlere iten tasarımları uygulamaya dökmek için gereken usta işi teknik ilerlemeleri de açıklıyordu.[4]

---

2   Metropolitan'ın sergi için hazırladığı basın bildirisi, s. 1.

3   Sergi, kronolojik bölümler halinde düzenlenmişti. 1590'larda Flanders'da başlıyor, 1600 başlarında Paris sanayisinin kuruluşuna ayrılmış galeriler, Rubens ve çevresinin 1615 ile 1660 arasında Brüksel atölyeleri için yaptığı yenilikçi çalışmalar, 1620'ler ve 1630'larda I. Charles için yapılmış Mortlake işi eserler, Roma ve Floransa'da Medici ve Barberini imalathanelerinin kuruluşu, XIV. Louis'nin Paris'te Gobelins imalathanesini kurması ve burada Charles Le Brun'un tasarımlarından dokunan harikulade goblenler, Beauvais atölyesinin gelişimi ve Fransız asilzadeler için yaptığı üretim ve son olarak, Brüksel sanayisinin 1690'lar ile 1700 başlarında yeniden canlanmasıyla devam ediyordu.

4   Bu bölümün devamında aktaracağım galeri konuşmasında, baktığımız goblenin nasıl yapıldığını soran olmadı. Bu genellikle sorulurdu; ama 9 Aralık 2007, o

GALERİ DERSİNDE BİLGİ: CHARLES LE BRUN İMZALI GOBLEN: SU | 189

Sahne arkasında, Campbell ve serginin müze eğitmeni olan ben, eğitim programının nasıl şekilleneceği konusunda yakın bir diyalog içinde olduk. Goblenlerin sıra dışı boyutlarını ve güzelliğini, bir de bunca heybetli gobleni bir arada görme fırsatının insanın karşısına belki bir daha çıkmayacak olmasını göz önüne alınca, akademik bir sempozyum dışında, programa ayrılan bütün kaynakların ziyaretçilerin *galerilerdeki* deneyimlerine vakfedilmesi gerektiği konusunda anlaştık. Metropolitan'daki hemen bütün özel sergilerde olduğu gibi, bu sergi için de planlanan geniş kurum dışı destek programı düşünüldüğünde, bu kolay bir karar değildi, ama insanların bu muazzam ve muhteşem eserleri değerlendirebilmesi için *doğrudan deneyimlemesinin* hayati önem taşıdığı konusunda hem küratör hem eğitimci bakış açısıyla anlaştık. Galerilerde kapsamlı bir dizi konuşma düzenlemeye karar verdik. Konuşmaları, Campbell'in vereceği Galeri Konuşmaları ve benim liderlik edeceğim Galeri Sohbetleri olmak üzere ikiye ayırdık.[5]

Goblenlerin ölçüleri ve barındırdıkları tarihsel ve görsel ayrıntıların zenginliği, bu goblenleri halka tanıtma girişiminde bulunacak her insan üzerinde büyük baskı yaratır. Gösteri baştan çıkarıcı, büyüleyici ve karşı koyulmaz derecede etkileyiciydi. Her goblenin ardında derin bir bilgi madeni yatıyordu: sipariş edilmesiyle ilgili ayrıntılar, tasarım, üretim, parçanın menşei ve pek çok örnekte, ait olduğu seri; barındırdığı alegoriler, edebi ve politik göndermeler ve diğer imgeler; ve çağdaş resim, mimari, diğer güzel sanatlar ve süsleme sanatlarıyla ilişkisi.

Campbell sergide altmıştan fazla tur düzenledi. Bu bilgi dolu ve son derece popüler turlar, serginin genel anlatısını takiben kronolojik olarak ilerliyor ve bazen iki saatten fazla sürüyordu. Ben, goblenlere Campbell'in kurduğu anlatıdan ayrı bakılabileceğini iddia ederek, farklı bir yaklaşım benimsedim. Her bir goblen, onu izleyen kişiyi içine çekebilir, büyüleyebilir ve ilgiyi kendi üstünde tutabilir, sabırlı, dikkatli

---

günlerden biri değildi. Grup gobleni "okuma"ya o kadar kendini kaptırmıştı ki eserin imalatıyla ilgili teknik bilgi vermemeyi seçtim.

5 "Barok Goblen" için düzenlenen destek programının tanıtımında gerçekten de Galeri Sohbetleri terimi kullanılmıştı. Gelgelelim bu kitabın 5. bölümünde geliştirilen terimlere göre, benim liderlik ettiğim konuşmalar, Elliott Kai-Kee'nin de, benim *galeri diyaloğu* demeyi tercih ettiğimiz türden konuşmalardır.

gözlere hazinelerini açabilirdi. Her biri farklı bir goblene odaklanan, katılımcıları derinlemesine bakmaya ve eserle ilgili gözlemlerini, düşüncelerini, sorularını paylaşmaya davet eden yirmi beş civarında Galeri Sohbeti'ne liderlik ettim. Amacım bilgi vermekten çok, halka diyalogla gelişen zengin bir karşılaşma *deneyimi* yaşatmaktı.

Galeri Dersinde Bilgi: Kısa Bir Tarihçe

20. yüzyılın başında, Amerikan müzeleri galerilerinde ilk kez turlar düzenlemeye başladığında, akademik bir disiplin olarak sanat tarihi henüz emekleme dönemindeydi ve yeni atanmış müze rehber ve öğretmenlerinin ortak amaçlarını en iyi tarif eden şey *sanatın değerlendirilmesi* terimiydi. Müze öğretmenlerinin gündeme getirdiği ilk meselelerden biri, bilginin çalışmalarındaki rolüydü. "En yalın ifadeyle soru şudur: Müze rehberi nesneyle ilgili bilgi mi vermeli, yoksa ziyaretçilerin nesnenin niteliklerini değerlendirme becerisini mi geliştirmeli?"[6] 1916'da düzenlenen bir müze öğretmenleri toplantısında, Metropolitan'ın ilk müze öğretmenlerinden Agnes Vaughn, eğitimi ikiye ayırdı: "Bilgiyi temel alan" eğitim, sanat eserlerine ilgisi edebiyat, tarih ve sanat tarihiyle bağlantılı olan öğrencilere yönelikken, "yorumu temel alan" eğitim, "nesnelerdeki güzelliği bulmayı" hedefliyordu. Vaughn'a göre, "zihni [eserle] ilgili maddi gerçeklerden yalıtmak," yorumu temel alan eğitimin ilk esasıydı.[7] Diğer yandan, Indianapolis'teki John Herron Sanat Enstitüsü'nden H. H. Brown, öğretmenlerin iki aşırı uç olan sayısız maddi gerçeğin ezberlenip anlatılması ile sadece estetik niteliklerle ilgilenme arasında "makul bir orta yol" benimseyeceğini umuyordu.[8] Gelgelelim Brown'un uzlaşmacı yaklaşımı bile sanat tarihinin akademik uzmanlaşmasının elinden kurtulamadı.

---

6 Elizabeth M. Whitmore, "The Function of the Museum Instructor," *Bulletin of The Metropolitan Museum of Art* 11, sayı 9 (Eylül 1916). Whitmore, Worcester Museum of Art rehberlerindendi.

7 Agnes Vaughn, "Do Museum Instructors Teach Appreciation or Merely Facts?" *Museum Work* 1, sayı 5 (Şubat 1919): 144-5.

8 Agy., 148.

Giderek artan sayılarda küratör ve eğitmen lisansüstü çalışmalarını sahada yaptığından, sanat tarihi disiplininin 20. yüzyılda gösterdiği gelişme ve büyümenin müzelerdeki etkisi çok büyük oldu. "Bilgi," sanat tarihi disiplini içinde şekilleniyordu ve galeri eğitiminde "bilgiyi temel alan" ve "yorumu temel alan" yaklaşımlar, sanat müzelerinde bir asır boyunca sunulan çoğu konu anlatımı ve galeri konuşmasının özelliklerini belirleyen sanat tarihi yaklaşımında yavaş yavaş birleşti. Bununla birlikte, 1960 ve 1970'lerde, müzeler dinleyici kitlesini genişletip sanat tarihi de kendi yöntemlerini sorgulamaya başladıkça, ilk baştaki soru yeniden belirdi: Sanat tarihi insanların sanat eserlerine dair anlayışını güçlendirdi mi, yoksa sınırladı –hatta belki engelledi– mi?

Kısmen, müze eğitmenleri, müze rehberlerinin bilgi fazlalığıyla mücadelesine tanık oldu. Müze rehberleri, ezberlenmiş günlük turlarını görev bilinciyle yapıyor ve maddi gerçeklere boğulmuş nesneleri tanıtıyordu. Brown'un orta yolu, akademik buyruklara yenik düşmüştü. Müze eğitmenleri sonu gelmez görünen galeri turlarında müze ziyaretçilerinin gözlerinin donuklaştığını gördü ve sıkıcı rehberler yüzünden müzeleri sevmediklerini söylediklerini işitti. Bazı eğitmenler sanat tarihi bilgisinin insanların gözünü korkutacağından endişe ediyordu çünkü bu bilgiler sanat eserlerini sadece uzmanlar anlayabilirmiş gibi gösteriyordu. Kısacası, eğitmenler galeri dersinde sanat tarihine dayalı yorumun önemini sorguladılar. Şimdi, sanat eserlerinin çok sayıda yoruma kapı açtığı şeklindeki postmodern teorilere yanıt vererek, ziyaretçilere birden fazla sesi duyurmanın ve birden fazla anlatı sunmanın yollarını arıyorlar. Artık biliyoruz ki "sadece maddi gerçekler"i sunamayız çünkü "maddi gerçekler"in, neyin önemli olduğuna dair bizim verdiğimiz kararlarla belirlendiğini fark ediyoruz. Sanat tarihine dayalı bir anlatı ya da daha genel olarak, tarihsel bir anlatı, tek bir maddi gerçekler kümesi üretir. Çizgi, şekil, renk ve kompozisyonu –buna bazen "görsel bilgi" denir– inceleyen formalist bir yaklaşım, başka bir maddi gerçekler kümesi üretir. Ve gündelik yaşamımızdan getirip sanat eserlerine taşıdığımız bilgiler –bildik nesnelere dair tanımlamalar, okuduğumuz kaynaklardan öğrendiklerimiz, kendi kültürlerimizde olagelenler– daha başka bir küme üretir. Özetle, farklı bağlamlar, sanat eserlerinin farklı yönlerini görünür ve anlaşılır kılar; bir araya geldiklerinde, gündelik gerçeklerden ezoterik gerçeklere kadar uzanan geniş bir yelpazede pek çok farklı "maddi gerçeği" inşa ederler. (Tarihsel olmayan bilginin galeri dersindeki değeri üzerine farklı görüşlerin ayrıntılı bir incelemesi için bkz. İkinci Bölüm)

Eğitimcilikteki zorlu mücadele, ne türden olursa olsun bu "maddi gerçekleri," ziyaretçileri herhangi bir gerçek kümesine boğmak için değil, onların sanat eserleriyle ilişki kurmalarını sağlamak için kullanabilmektir. Bu, küratöryel araştırma ve sanat tarihi yorumlarının galeri dersinin vazgeçilmez temeli olmadığı anlamına gelmez. Formalist çözümlemenin göz ardı edilebileceği anlamına da gelmez. Gelgelelim çağdaş müze eğitmenlerinin bilgiyi nasıl kullanacaklarına karar vermek zorunda oldukları anlamına gelir. Derslerimizde bize rehberlik eden basit ilkeler vardır, ama bilginin nasıl bir rol oynamasının uygun olacağını söyleyen değişmez kurallar ve katı yöntemler asla olamaz. Galeri öğretmenleri olarak her birimiz kendi yolumuzu bulmak zorundayız. Ve her birimiz, bilgi ve yorumun karşılıklı etkisini, her sanat eserinin ve her grubun kendisinin belirlediğinin farkında olmalıyız.

O halde şimdi sırada "Barok Goblen" için verdiğim yirmi beş galeri konuşmasından birinde, sadece bir tanesinde, bilginin nasıl işlediğinin bir açıklaması var. Galeri Sohbetleri'ne hazırlanırken tartışılacak her gobleni araştırdım ve katalogda yer alan sanat tarihi bilgisini dikkatle okudum. Campbell'in konuşmalarının çoğunu dikkatle dinledim. Her goblenin ikonografik detaylarını ayrıntılı şekilde inceledim, muğlak ya da özel ilgi uyandıran öğeleri ve ne anlama geldikleriyle ilgili kendi sorularımı not ettim. Çoğu durumda sorularımı Campbell yanıtladı; bazılarını ise, eserlerin farklı yönlerini yorumlamanın yeni yollarını öneren başka uzmanlar. Campbell'in çoğu emsalsiz olan araştırmaları, kolaylaştıracağım galeri diyaloglarında goblenlerin keşfedilmesi için bir temel sağladı, ama keşiflerin ne yönde ilerleyeceğini asla belirlemedi. Ana nokta şu: İzlediğimiz araştırma hattını belirleyenler her zaman ziyaretçilerin kendileri oldu.

GALERİ DERSİNDE BİLGİ: CHARLES LE BRUN İMZALI GOBLEN: SU | 193

Bir Goblene Bakmak: Charles Le Brun, *L'Eau* [Su], 1664

Halka açık Galeri Sohbeti, 9 Aralık 2007, Pazar sabahı büyük bir kalabalığı çekiyor. Gelenlerin pek çoğu sergiyi daha önce ziyaret edip goblenlerin sadık birer hayranı olmuş. Büyük goblene izin verilebildiğince yakın şekilde altılı sıralar halinde yerleştirilmiş taburelere dizilen ve birkaçı da yanlarda ve arkada ayakta duran ziyaretçiler beklenti içindeler. Charles Le Brun'un 1664'te Petite Academie tarafından yapılan bir taslağa göre tasarladığı büyük ve gösterişli bir goblen, *Su*, önlerinde asılı duruyor (bkz. Resim 5). Paris'teki Gobelins imalathanesinin diğer devasa ve abartılı kraliyet goblenleriyle yarışarak serginin en büyük galerisindeki yerini alıyor.

Grubu uzun uzun ve sessizce bakarak başlamaya davet ediyorum. Goblenin boyutları, renkleri ve görünümleri birkaç dakika içinde herkesi esir alıyor –bu teşhir kapsamında yapılmış önceki Galeri Sohbetleri nedeniyle beklediğim ve benim de paylaştığım bir tepki. Bir filmdeki gibi gelişen olaylar dizisi dikkatimizi çekiyor. Geçit alayının bütününü görmek için sabırsızlanan birkaç katılımcı yer değiştirip arkaya geçiyor. Diğerleri ayrıntılarla büyülenmiş, daha da yaklaşıyor. Bir sanat eseriyle gücünü kaybetmeyen bir deneyim yaşamanın hazlarından biri, hem yakından hem uzaktan bakmanın hazzıdır. Özellikle de büyük bir Barok goblen söz konusu olduğunda. Yakından bakınca, zarafetle biçimlendirilmiş ayrıntılar baş döndürücü bir şekilde üç boyutluymuş gibi görünmeye, canlı renkler iyice güçlenmeye başlıyor. Uzaktan bakınca: görkemli, şatafatlı bir sahne. Paylaştığımız sessizlik uzuyor; görecek çok şey var.

İnsanları ilk gözlemlerini seslendirmeye davet ettiğimde, bakar bakmaz insanı hemen şaşırtacak imgeleri fark ediyoruz. Balıklar, ıstakozlar, kaplumbağalar, yengeçler... Hepsi de okyanustan –hatta goblenden– fırlıyormuş gibi görünüyor. Ne aydınlık renkler, ne hayret verici bir yaşam! Yuvasından fırlamış gözlerin ve nefes almaya çalışan ağızların neredeyse kulakların işiteceği ve gözlerden kaçması imkânsız hayat dolu ayrıntıları, topluluğu şaşkına çeviriyor. Birisi, sanki kabarıp, kumun üzerinden taşarak galeriye girip ayaklarımızın altına süzülecekmiş gibi goblenin kenarına kadar yükselen suyu fark ediyor. Bir başka katılımcı, biri deniz kabuğundan bir borazana deli gibi üfleyen, zorlanmaktan gözleri pörtlemiş, diğeri suratını asmış, balıkları denizden umutsuzca toparlamaya çalışan iki umutsuz, darmadağın adamı fark ediyor.

"Balıklar denizden dışarı mı fırlıyor? Sebebi ne olabilir?"

"Deniz canlıları, nefes almaya çalışıyorlar, aslında suda yüzüyor olmaları gerekir."

"Doğanın düzenine aykırı, kıyıya, kaçınılmaz ölüme yüzen balıklar görmek, öyle değil mi?"

"Kıyamet gibi, ya da küresel ısınma."

Biri, aniden, kolları balık dolu adamın kulaklarının sivri olduğunu ve hatta belki de balık gibi kuyruğu olduğunu fark ediyor.

"Ah, şuna bak, ne tuhaf."

"Bazıları ölmüş bile!"

"Ölmemiş olanlar sanki hâlâ üstümüze üstümüze geliyor!"

Alt kenarın ortasında deniz kabuklarıyla çevrili *trompe l'oeil* levha, grubun büyük kısmı gibi eserin yakınında oturan birinin gözüne de kaçınılmaz olarak takılıyor ve kadın bunun ne anlama geldiğini soruyor. Bir başkası, metnin Latince olduğunu söylüyor. Levhaya kartuş dendiğini söylüyor ve katalogdan aşağıdaki çeviriyi okuyorum:

> İnsan kardeşliğinin teminatı ve Fransız halkının itibarının kaynağı XIV. Louis, korsanları bütün denizlerde kovalayıp bütün deniz ablukalarını kaldırdı ve ülkesinin insanlarını bütün dünyadaki bereketli kolonilere doğru gönderdi.[9]

Grup bu açıktan açığa politik cümleyi etraflıca düşünüp hangi olaydan bahsettiğini merak ederken sessizlik hâkim. Sahnenin coşkun anlamsızlığına eşlik etmek için tuhaf bir cümle gibi görünüyor. "Goblen XIV. Louis'nin miydi?" diye soruyor biri. "Hem evet hem hayır," diye cevap veriyorum. "*Dört Element* olarak bilinen bir serinin parçası bu. XIV. Louis tarafından sipariş edildi, Le Brun tarafından tasarlandı ve Paris'teki kraliyet imalathanesinde en az altı kere yapıldı. Bu goblen 1669'da Toskana granduku III. Cosimo de' Medici'ye kraliyet tarafın-

---

9 *Tapestry in the Baroque: Threads of Splendor* (New York: The Metropolitan Museum of Art, 2007), 258. Bu kitap, sergi kataloğudur.

dan verilen bir grup hediyenin parçasıydı. Avrupa saraylarına hediye olarak verilen bu tip goblenler, tıpkı baskılar gibi, kralın resimlerinin çoğaltılıp dağıtılmasını mümkün kılıyor, böylelikle XIV. Louis'nin gücünü ve ihtişamını dilden dile yayıyordu."

Gözler ve düşünceler goblene geri dönüyor. "Ama ben burada XIV. Louis'nin resmini göremiyorum. Adam, Neptün olmalı; üç dişli mızrağını görüyorum. Ama endişeli gibi, sanki deliriyor! Mızrağı ata saplıyor!"

"Ama o Neptün ise, denizlerin tanrısı, balıklar neden denizden çıkıyor?"

"Burada bir şeyler fena halde ters gidiyor. Dalgalar kaynayarak kabarıyor, balıklar sudan dışarı çıkıyor."

"Aslında balıklardan bir kısmı zaten ölmüş, diğer deniz canlıları onların üzerinde ilerliyor."

"Ama bak, sanki geriye dönmeye çalışırmış gibi görünen başkaları da var, sağ alt köşede."

Ziyaretçileri goblenin dikey bir çizgiyle ortadan bölündüğünü düşünmeye davet ediyor, grubun bu gözlemin ne anlama gelebileceğini ve goblenin kompozisyon yapısını değerlendirmesini öneriyorum. Bir anda grup, Neptün'ün tarafında kaos ve karmaşa varken, kara bulutlardan yağmur dökülürken, diğer tarafta, sol yanda, tuhaf bir Fransız gemisinin ilerlediğini, dalgaların sakin olduğunu, fırtınanın dinmiş olduğunu, gökyüzünün açılmış, güneşin sıcacık parladığını görüyor. Deniz canlıları etrafa bakınıyor, tehlikeden uzak ve alımlı bir su samuru denize gitmek için sabırsızlıkla geri dönüyor.

Gruptaki herkesin goblenin ana kompozisyonundaki ikiliği anladığını görerek goblenden uzaklaşmalarını rica ediyorum. Mesafe arttığında, bir bütün olarak resmin mahiyeti netleşir. Grup, gelişen tantanalı olaylar dizisi içine sürüklenirken minik yengeçler, çakıl taşları ve parıldayan balık pulları görünmez oluyor. Sahneyi perdenin önüne taşıyan, *trompe l'oeil* tarzında olağanüstü resmedilmiş sahnelerle dolu olan ve tıpkı bir tiyatro sahnesinin kulisleri gibi solda ağaçlar ve büyük bir kayayla, sağda bir mağara ya da yüzeye fırlamış bir kayayla çerçevelenmiş olan goblen, artık minyatür bir barok tiyatro sahnesine benziyor." Havada duran bir kurdeleyle halelenmiş ve gösterinin tam merkezine yerleştirilmiş, endişeli ve dağılmış görünen Neptün, gizemli ve güzel bir kadınla birlikte, deniz kabuğundan bir araba içinde, dalgaların üzerinde duruyor; arabanın arkada itiş sağlayan bir çarkı var gibi görünüyor. Kadın oval bir kalkan tutuyor. Giysileri canlı renklerle parıldıyor, ışık saçıyor. Goblenin uzamsal düzenlenişini algıladıktan sonra bu izi takip eden grup şimdi sahnenin zamansal yapısını da algılıyor. Bu olaylar dizisi her ne ise, biz buna bir olayın ortasında, hayati önem taşıyan bir anda dahil oluyoruz. Neptün ve beraberindeki kadının kritik bir yol ayrımına, bir dönemece gelmiş göründüğü görüyoruz: birinci perde bitmiş, ikinci perde başlamak üzere.

"Repliğini unutmuş aktörler gibi duruyorlar!"

"Soldan onlara doğru gelen devasa gemiye bakın. Ama hiç farkında değiller... Kafaları çok meşgul."

"Görebildiğim kadarıyla gemide kimse yok, ama insan onun içinde olmayı nasıl istemez? Ne kadar güzel bir pembe kırmızı yelken."

"Sağ tarafta yağmur mu yağıyor?"

Gözler, solda bir çıkıntı üzerine terk edilmiş deniz kabuklarının tuhaf tanziminden, incelikli bir şekilde işlenmiş kenarlarda özenle düzenlenip çiçeklerle süslenmiş diğer deniz kabuklarına kayıyor. Sezgili bir izleyici "Kenarlar ana hadiseden bahsediyor," gözleminde bulunuyor. "Kenarlarda gördüklerimiz, denizin döküntüsü – her türden deniz kabuğu, çapalar ve üç dişli mızraklar, ama çiçek aranjmanları gibi düzenlenmiş, pembe kurdelelerle süslenmişler ve parıldıyorlar."

Galerinin ortasından baktığımızda kenarların sağda ve solda, minyatür gemi tablolarına benzediğini görüyoruz. "Resim sanatıyla goblen sanatının bir karşılaştırması," diyor birisi.

"Evet, çok muhtemel," diye yanıt veriyorum.

"Resimler çok küçük!" Bunu onaylayan gülüşmeler oluyor. Böyle bir goblenin devasa başarısına kıyasla çoğu resmin küçüklüğü –ve belki bununla ima edilen, resim sanatının küçük ölçekliliği– birdenbire açık hale geliyor. Aniden, hep birlikte, çok yönlü bir kavrayışa ulaşıyoruz: Bu eser hem onu sipariş eden mutlak kral adına hem kendi adına hem de bir örneğini sunduğu sanatın bütünü adına bir iddiada bulunuyor.

GALERİ DERSİNDE BİLGİ: CHARLES LE BRUN İMZALI GOBLEN: SU | 197

Gemi resimlerinin daha başka mesajlar da taşıdığını belirtip kaldığımız yerden devam ediyoruz. Soldaki resmin, bir korsan gemisinin peşindeki bir Fransız firkateynini gösterdiğine işaret ediyorum; sağdaki ise yabancı memleketlerdeki kolonilere giden bir Fransız ticaret gemisi. Bunları, küratörün ve diğer sanat tarihçilerinin araştırmalarından öğreniyoruz. Küçük, tablomsu imgelerde Fransız deniz gücüne yapılan gönderme şaşırtıcı gelmiyor. Kartuş metninde bu iki gemi türünden bahsedildiğini hatırlıyoruz: Sömürgelere giden Fransız filosu gemileri ve onları tehdit eden korsan gemileri. Eserin bütün ayrıntılarında XIV. Louis'nin şanının yansıtıldığını anladığımızda, goblenin esasında propaganda amacı taşıdığı tartışmasız şekilde ortaya çıkıyor. Orta üst kısımda, kraliyet tacını ve mavi zemindeki güzel altın zambakları, kraliyet armasını ve Fransa kralının amblemini fark ediyoruz. Dört köşede dört yuvarlak madalyon görüyoruz. Bunların da mesaj taşıdığını söylüyorum; kralın faziletlerini temsil ediyorlar: dindarlık, yüce gönüllülük, şefkat ve mertlik.[10]

Kıyıya vuran dalga ve denizin zengin, karmaşık, coşkun yaşamı tekrar dikkatimizi çekiyor şimdi: ıstakozlar, her türden balık, bir vatoz, bir deniz kaplumbağası, yengeçler, Nereid'ler (su perileri), *triton*lar [Neptün'ün hizmetindeki deniz tanrıları].

"Bu goblen kralın gücüyle ilgiliyse, deniz nasıl altüst olabilir?" diye soruyor biri.

"Peki, Neptün'ün yanındaki kadın kim ve *onun* verdiği mesaj ne?"

Kadın'ın adı Thetis, bir Nereid ve kalkanının üstünde Latince bir yazı var: *Paret minus unda tridenti*. Vecizeyi şöyle çevirmek mümkün: "Dalga üç dişli zıpkına daha az itaat eder" ya da daha uygun bir ifadeyle, "Dalga üç dişli zıpkına *asla* itaat etmez" – Neptün'ü hiç şüphesiz şoke edecek ani bir değişim mesajı. Ama ben, bunların yerine, katalogdaki çeviriyi vermeyi tercih ediyorum: "Dalga üç dişli zıpkına daha az bağlıdır," ki bu, Thetis'in Tanrı'ya haberi alıştırarak, hatta belki çekinerek verdiği anlamına geliyor.[11]

---

10 Agy., 358.
11 Agy.

Thetis'in kalkanını tutuşundan haberi tereddütlü bir şekilde verdiğini, sanki Neptün'den üç dişli zıpkınla atını dürtmeyi bırakıp XIV. Louis'nin armasına bakmasını ve getirdiği mesajı düşünmesini istermiş gibi durduğunu fark ediyoruz. Grup, sözcüklerin ne anlama geldiğini hemen anlamıyor. "Dalga üç dişli zıpkına daha az bağlıdır," ne demek olabilir? Katılımcıları, sözcükleri alıp farklı şekilde yeniden ifade etmeye ve bu yorum yapbozunun bir parçası gibi kullanmaya teşvik ediyorum. "Yani denizleri artık Neptün değil, XIV. Louis yönetiyor!" Bu yorum grubu güldürüyor. Böyle bir iddianın bir yandan komik, bir yandan trajik olduğunu anlıyorlar: XIV. Louis –bir ölümlü!– denizler üstünde, deniz tanrısından daha fazla gücü var. "Çoğundan aşağı değil" –aslında "Hepsinden üstün" anlamına geliyor– XIV. Louis'nin düsturuydu, diye belirtiyorum. Vecize, kralın maliye bakanı Jean-Baptiste Colbert tarafından Louis için üretilmişti ve yine bu galerideki bir goblende bu sözü görmemiz mümkün, diye açıklıyorum.[12]

O gün sergiye gelen bir ziyaretçinin benimle paylaştığı ilginç bir fikri aktarmamayı seçiyorum. Bu ziyaretçi, Yale'de İngiliz edebiyatı profesörü olan ve kalkan üzerindeki yazının *Aeneas*'ın açılış sahnesini anıştırdığını söyleyen Lee Patterson idi. Bu sahnede Neptün, Juno'nun [Hera] başlattığı bir fırtınayı durdurur.[13] Neptün, denizlere kendisinin hükmettiğini ve bu konuda Jüpiter'den [Zeus] bile üstün olduğunu söyleyerek böbürlenir.[14] Patterson'a göre, Avrupa'da *Aeneas* Latince okunurdu

---

12 Agy., 369.

13 Virgil, *Aeneid* 1.147-81, çev. Robert Fagles (New York: Penguin Classics, 2006). [Vergilius, *Aeneas*, 2. basım, çev. İsmet Zeki Eyüpoğlu. İstanbul: Payel Yayınevi, 2010].

14 Patterson, Juno'nun başlattığı bir fırtınayı Neptün'ün nasıl dindirdiğini anlatan şu çok önemli pasajı aktarır:

... Görülür güçlü toplumlarda sık sık ayaklanmalar,

Öfkelenen, azan bilinçsiz insanların saldırışları,

Taşlarla, sopalarla taşkınlık güç verir pusatlara.

Çıkar ortaya saygın, erdemli bir kişi toplumda,

Susar kalabalık, kulak verilir onun sözlerine,

Yumuşatır konuşmaları gönülleri, esenlik verir görüşleri. [Vergilius, *Aeneas* 1.148-53, s. 31-2.]

GALERİ DERSİNDE BİLGİ: CHARLES LE BRUN İMZALI GOBLEN: SU | 199

ve hiç şüphe yok ki Louis, *Su* gibi sanat eserleri vasıtasıyla bu büyük epik şiirin azametini kendisiyle ilişkilendirtmek istemişti. Goblenin taşıdığı mesajda ironik bir dönemeç vardır; XIV. Louis, Neptün'ün şiirdeki böbürlenmesini –"ona değil bana verilmiş üçdişlisi / Deniz egemenliğinin, öyledir yazgı"– alıp deniz tanrısına kralın sözleri olarak iletmesi için Theitis'i gönderir. Bir tür böbürlenme matematiğiyle, eğer Louis Neptün'den büyükse, Neptün de Jüpiter'den büyükse, Louis'nin aslında tanrıların babası Jüpiter'den bile daha güçlü olduğunu iddia ettiğini söyleyebiliriz! Bu tip edebi göndermeler, ister mitolojiden ister tarihten olsun, ister metinde ister imgede olsun, geçmişin büyük insanlarını anımsatarak, öğrenilenleri pekiştiriyor, goblenin ilk izleyicilerinin zekâsına övgüde bulunuyordu. Bu galeri konuşmasında katılımcılardan birinden gelen bir gözlem ya da soruda edebi gönderme ya da öncül konusu açılmış olsaydı, diyaloğu genişletmek ve zenginleştirmek için *Aeneas*'tan bu alıntıyı verirdim. Ama ziyaretçilerin diyaloğunun gelgiti

> Bir kez işaret edildikten sonra, goblenin bu pasaja yaptığı göndermeyi görmemek imkânsız hale geliyor. Patterson, XIV. Louis'nin Neptün'ü yerinden edişini görmek 17. yüzyılın tahsilli izleyicilerine hem eğlenceli gelecek; hem de bu gönderme iki *pietas*, erdemli büyük lider olan Aeneas ve Agustus'u akla getirecek, XIV. Louis'nin bilge yöneticiliğini övecekti, der. İlginçtir, goblende XIV. Louis'yi ve yelken açmış Fransız gemisini övmek için resmedilen ayrıntılar, Neptün'ün denizi nasıl sakinleştirdiğiyle ilgili eksiksiz açıklamalar içinde de yer alıyor. Neptün, henüz sakinleştirdiği denizi "karıştıran" doğu rüzgarına sesleniyor; "kral", rüzgâr tanrısı Ailos'tur:
>
> [...] Yapacağım gerekeni ben de, gidin söyleyin
> Kralınıza: ona değil bana verilmiş üçdişlisi
> Deniz egemenliğinin, öyledir yazgı. [...]
> [...]
> Böyle söyler, yatıştırır kabaran dalgaları kolayca,
> Kovar toplaşan bulutları, getirir güneşi. Elbir ederek
> Triton'la Cymothoe, güçlükle kurtardılar sivri kayalarda
> Sıkışan gemileri, yüzdürdüler. Çeker gemileri Neptunus
> Üçdişli'siyle, açar suların akışına kumsalları, geçer
> Dalgalar üzerinden yeğnik tekerli arabasıyla kayar
> Gibi. [...] [Vergilius, *Aeneas* 1.137-48, s. 31.]
>
> Ayrıca Patterson, goblendeki kasıtlı anlam çokluğundan –kraliyet gobleninin abartısına paralel bir ikonografik bolluktan– da bahseder. Bu fikri, sergi için ileride yapılacak galeri konuşmalarında kullanmak üzere mutlulukla bir kenara ayırdım.

goblenin edebi kaynakları konusuna hiç yönelmedi ve ben de kendi seyrinde ilerleyen bir diyaloğa hiç açılmamış bir konuyu zorla dahil etmemeyi seçtim.

Artık herkesin kafası karışmış durumda. Dalgalar üç dişli zıpkına itaat etmiyor?

"Ama belki itaat ederler! İmparatorluğun muhteşem gemisi geliyor, kralın iktidarı düzeni geri getirecek, yüce Fransız kralı denizlere hükmedecek." XIV. Louis'nin, burada son derece şaşkın ve beceriksiz görünen Olimposlu deniz tanrısı Neptün'ün yerini alıp okyanusları ve barındırdığı bütün canlıları yöneteceği düşüncesi bir an çok komik geliyor.

Sonra birisi, "Ne kibir ama!" diyor. Zavallı Neptün ve efendisini dalgalar üzerinde artık hükmü olmadığı haberinin şokuna hazırlamak için tatlılıkla çabalayan eşlikçisi, zavallı Theitis. Biri, goblen kralın iktidarının mecazi bir beyanı olmanın yanı sıra, bir uyarı olarak da görülemez mi, diye soruyor – "Bak, sakın krala bulaşayım deme!". Katılıyoruz. *Su*, eski dünya düzeninin sonunu ilan ediyor. Tanrılar, tanrıçalar, deniz canlıları, amblemler, kenar süsleri, metin –bütün görsel alegori aygıtı– goblenin her bir öğesi, XIV. Louis'nin koruyucu hükmü altında yeni bir dünya düzeninin yükselişini ilan etmede bir rol oynuyor.

Seansın sonuna yaklaşırken grup kralın mesajı ve resmin anlatımının güzelliği karşısında huşu içinde sessizleşiyor. "Siz burada olmasaydınız, hepimiz burada olmasaydık, bütün bunları nasıl bilecektik?" diye soruyor bir katılımcı. Katılımları için herkese teşekkür ediyor, bakarken gösterdikleri sabır ve diyaloğun zenginliği için şükranlarımı ifade ediyorum. Bunun gerçekten karmaşık bir eser olduğunu, çok fazla alegorik gönderme içerdiği için 1660'larda eserin ikonografik programını titizlikle çözümleyen kral danışmanlarının, yani Petite Académie'nin, alegorinin doğru anlaşılmasını sağlamak için küçük bir kılavuz yayımladığını ekliyorum. *Su*'yun da dahil olduğu goblen serisinin karmaşık ikonografisini açıklayan otuz bir sayfalık kitapçığın (bu makalenin başındaki alıntı buradan yapılmıştır) başlığı, *Les quatres élémens peints par M. Le Brun et mis en tapisseries pour Sa Maiesté*. [Bay Brün tarafından resmedilen ve Majesteleri için goblenlere eklenen dört element]. "Bu tablo," diye açıklıyor elkitabı, "iç savaşların ihtilaf ve kargaşasından sonra Majesteleri'nin evliliğinin ve huzurun ülkeye getirdiği dinginliğin bir tasviri olarak görülmeli. Sudan dışarı ve kıyıya fırlayan balıklar, huzuru bozan kargaşalar yüzünden toprağından olan insanların bir resmi gibi, ki bu insanlar kralın himmeti ve gerçek bir babanın özeniyle geri getirilip, ait oldukları ortama iade edildiler."[15]

Bu çok büyük ve yaratıcı goblen, kılavuzun ifadesiyle, "sözcüklerin tek başına yeterince güçlü ifade edemeyeceği şeyleri" alegori vasıtasıyla anlatır.[16] Bununla birlikte, "okurlar" bu gobleni, sıkı dokunmuş ikonografik programının şifrelerini çözdükçe yavaş yavaş deneyimler. XIV. Louis'nin resmi saray tarihçisi André Félibien şöyle demişti: "Büyük adamların erdemlerini ve en yüce gizemleri sanat eserlerinde alegorik kompozisyonlar aracılığıyla bir masal örtüsü altına gizlemeyi bilmek gerekir."[17] Kralın erdemlerini ve iktidarının gizemlerini sergilemek hiç basit bir iş değil; goblenin yaratıcıları, o zamanki izleyicilerden çoğunun gobleni anlayıp keyif alabilmesi için bilgiye gereksinim duyacağını biliyorlardı. Benzer şekilde, aradan geçen yüzyıllara rağmen, bu programa katılanlar da, uygun bilgileri aldığında, 17. yüzyıldaki izleyicilerin yaptığı gibi eseri "okumanın" hazzına varabiliyor. Bunları söyleyerek diyaloğu sona yaklaştırdım. Büyük goblen, uzun süre benim de –umuyorum ki– diyaloğa katılan diğerlerinin de aklından çıkmadı.

"Barok Goblen," eğitmenlerin önüne benzeri olmayan güçlükler çıkarmıştı. Sergi, Ekim 2007'de açılır açılmaz anlaşıldı ki yapılan bilimsel araştırmaların orijinalliği ve büyük oranda unutulmuş karmaşık bir sanat tarihi anlatısını anlatma kararlılığı açısından sergi bir çığır açıyordu. Campbell, goblenin, sanat tarihinden neredeyse *yoksun* olduğu fikrini ön plana çıkardı ve bir küratör olarak tutkusunun, bu sanatı hak ettiği yere geri getirmek olduğunu vurguladı. Bu dönemde goblenlerin en az resim kadar büyük değer gördüğünü, bir süsleme

---

15 André Félibien, *Les quatres élémens peints par M. Le Brun et mis en tapisseries pour Sa Maiesté*, 2. basım, (Paris, 1665 dolayları; İngilizce çevirisi, *Tapestry in the Baroque*, 355'te verilmiştir (bkz. dipnot 9).

16 *Tapestry in the Baroque*, 355 (bkz. dipnot 9).

17 Agy., 363.

sanatı olarak tanımlanmaması gerektiğini savunuyordu. Aslında, "17. yüzyılın zengin hamilerinden çoğu için goblen, başlıca propaganda ve figürlü süsleme aracı olarak kaldı. Ancak bu konu modern tarih kitaplarında neredeyse hiç geçmez. 'Barok Goblen,' geçmişe dönük bu miyop görüşe bir denge getirmektedir."[18] Halka sunulan tez buydu. Campbell'in sergi için goblen seçerken yaptığı küratörlük araştırmaları ve öne sürdüğü coşku dolu savları anlamak, benim çalışmam açısından hayati önem taşıyordu.

Bir küratör ve bir eğitmen olarak bizler, bu makalenin başında da belirtildiği gibi, bu muazzam goblenleri doğrudan deneyimlemenin önemi üzerinde hemfikirdik. Fakat ister istemez görevlerimizde farklı yaklaşımlar benimsedik. Küratörün benimsediği konu anlatımı ve eğitmenin benimsediği diyalog, ziyaretçi gruplarına teşhire nasıl yaklaşacakları konusunda çok farklı yollar öneriyordu. Her Galeri Sohbeti'nde tek bir goblene odaklanma kararımın, ziyaretçilere Campbell'in bütün sergiyi kapsayan haşmetli turlarından tamamen farklı türden bir deneyim sunması da eşit derecede önemliydi. Tarih bilgisini farklı şekillerde kullanmamız, amaçlarımızın farklı olmasının doğal bir sonucuydu. Campbell, kendisinin de açıkladığı gibi, bilgiyi bütün eserleri tek tek içine alan karmaşık bir sanat tarihi anlatısından oluşan bir çerçeve inşa etmek için kullanıyordu. Yaklaşımında, konu anlatımını dinleme şansına erişenlere sunduğu bir davet saklıydı: Tekrar gelin, kendiniz bakın, size verdiğim bilgilerin bakışınızı nasıl zenginleştirebileceğini kendiniz görün. Bense katılımcıların bir goblene dair kendi anlayışlarını inşa etmek için ihtiyaç duyduğu kadar bilgi verdiğim bir yaklaşım geliştirdim. Bir küratör olan Campbell'e göre nesneleri bilgi şekillendiriyordu, oysa bir eğitmen olan ben, bilgiyi izleyicinin nesneye dair deneyimi içinde şekillendiriyordum. Ziyaretçilerin böylesine olağanüstü karmaşık sanat eserlerini anlamasına ve algılamasına yardımcı olmak ortak amacımızdı ve bu iki yaklaşım birbirini destekliyordu. İkimiz için de bilgi hayati öneme sahipti.

Belli ki goblenleri tasarlayanlar o çağın izleyicilerinin eseri algılamasında bilginin esas olduğunu düşünmüş, eserin ikonografisiyle ilgili

---

18 Metropolitan'ın sergi için hazırladığı basın bülteni, 3.

bahsi geçen kılavuzu önceden yayımlamışlardı. Çeşitli deniz canlılarını (ve deniz kabuklarına üfleyerek onları doğal yuvalarına geri çağırmaya çalışan daha altsınıftan deniz tanrıları olan *triton*ları) teşhis ettiğimizde, üç dişli zıpkınıyla Neptün'ü tanıdığımızda, kartuş, madalyon ve plakaların üzerindeki metinler ve semboller hakkında sorular sorduğumuzda, galeri konuşmasına katılan günümüz izleyicileri de bilgi almak istediler. Hem ikonografiyi yorumlayan hem de goblenin tasarımı ve yaratımının tarihsel koşullarını tarif eden Campbell ve diğer akademisyenler, sergiye eşlik eden kapsamlı katalogda, izleyicilere goblenle ilgili bilgiler verdiler. Eserin anlaşılmasında bilginin hayati öneme sahip olduğuna elbette ben de inanıyordum ve hazırlığımı buna göre yaptım.

Goblenlerle ilgili yaptığım araştırma anlayışımı şekillendirdi ve eserleri düşünmenin farklı olası yolları ve maddi gerçekler için kavramsal bir iskele inşa etmemi sağladı. Bununla birlikte, bir goblen üzerine diyalog başlattığımda, katılımcıların merakının yolu göstermesine izin verdim. Eserle ilgili topladığım bilgileri ve geliştirdiğim fikirleri kenarda tuttum. Böyle yapmasaydım, grubun diyaloğu sırasında ortaya çıkacak bireysel deneyimleri ellerinden alabilirdim. Diyalog gelişirken, bilgiyi vereceğim zamanı ve nasıl vereceğimi bana gösterebilecek sorulmuş ya da sorulmamış soruları dikkatle dinledim. Grup, keşfettiği şeyden anlam çıkarmaya yönelik daveti memnuniyetle karşıladı. Her yere yayılmış görünen canlı ve cansız varlıkların tahrik ettiği katılımcılar hevesle goblenin imge örgüsünü incelemeye koyuldu. Diyalog kendi yolunu çizerek sıkı dokunmuş bir soru, gözlem ve öneri goblenine dönüşürken bir saat geride kalmıştı.

Bilgi verilmemesi durumunda bu diyaloğun nasıl ilerleyeceğini hayal ettiğimizde bilginin önemi daha da açık hale geliyor. Kilit noktalarda mitoloji ve tarih bilgisi vermesem ne olurdu? Grup tanımlanması gereken bir figür ya da nesne veya çeviri gerektiren bir metinle karşılaştığında, bilgimle ve zaman zaman da görüşlerimle katkıda bulunarak araştırmanın ilerlemesini mümkün kılmak, galeri öğretmeni olarak bana bağlıydı. Aslında söylediklerimden çok daha fazlasını biliyordum fakat bazı bilgileri paylaşmadım; çünkü örtük bir şekilde sanat eserlerini anlama yeteneklerine değer vermeye ikna etmeye çalıştığım ziyaretçileri baltalamak veya ezmek istemedim. Bilginin ziyaretçilerin deneyimini hem sınırlama hem genişletme gücünün şiddetle farkında olduğumdan, bildiklerimi, ortak yorum süreci içinde dikkatli ve stratejik bir şekilde kullandım.

Su ile ilgili bu galeri konuşmasını bir vaka çalışması olarak seçmemin nedeni tam olarak, bütün profesyonel eğitmen ve müze rehberlerinin bildiği gibi, bu kadar yoğun işlenmiş alegorik eserlerin galeri dersinde sıra dışı güçlükler çıkarmasıdır. Eski tarz alegorinin şifreli, bulmacamsı karakteri, derslerimizin en kötü yanlarını ortaya çıkarma tehdidini doğurur. Tarihsel ve toplumsal bağlamlar arasındaki uyumsuzluğu –eserin yaratıldığı ve ilk alımlandığı geçmiş ile bizim baktığımız ve konuştuğumuz şimdiki zaman arasındaki uçurumu– en keskin şekilde hissederiz. Sanat eserini anlaşılır kılmayı başaramama kaygımızı yatıştırmak için ortaya bilgi yığarız. Öte yandan, *Su*'yun da gösterdiği gibi, böyle bir eserin yaratıcıları, kendi eğitimli çağdaşlarının bile bu kadar karmaşık ve zor bir ikonografik programın şifresini çözmek için bilinmesi gerekenleri bildiklerinden çok emin olamamıştır. Günümüzde hiç rehberlik almadan böyle bir eserle karşılaşan pek çok ziyaretçinin yolda kalacağı açıktır; tıpkı *Su*'yun kıyıya vurmuş, nefessiz canlıları gibi: yabancı bir yerde, kaybolmuş. Ama eseri açmak, açığa çıkarmak için can atarken çok erken, çok hızlı, yanlış sırayla ya da fazla miktarda bilgi yağdırmanın baştan çıkarıcılığına yenik düşersek, biz eseri anlatırken dikkatle dinleyen ama önlerindeki imgeye aslında hiç bakmayan, onu görmeyen ve kendileri için keşfetmeyen bir grupla baş başa kalabiliriz. Bu tip Barok –ve *barok*– eserler, bütün hassasiyet ve sabır kaynaklarımız üzerinde en büyük baskıyı oluşturtur.

"Barok Goblen" için düzenlenen Galeri Sohbetleri şaşırtıcı sayıda müze ziyaretçisini goblen meraklısına dönüştürdü ve pek çoğu hem Campbell'in konuşmalarına hem benim liderlik ettiğim sohbetlere büyük bir hevesle katıldı. Bir katılımcı gururla şöyle demişti: "Campbell'in Galeri Konuşmaları'ndan üçüne katıldım; her seferinde bir şeyler öğrendim. Gidebildiğim bütün Galeri Sohbetleri'ne de gittim. Goblenlerin üç, beş eski kilim olduğunu düşünürken şimdi bazılarının dünyanın en güzel sanat eserleri olduğunu düşünüyorum." Bir küratör ve bir müze eğitmeni daha başka ne ister?

SEKİZİNCİ BÖLÜM
Galeri Dersi: Bir Yorum Oyunu
Rika Burnham ve Elliott Kai-Kee

Biz müze eğitmenleri, en tatmin edici galeri dersi deneyimlerimizi, katılımcılar tek bir sanat eseri ile ve onun hakkında uzun bir diyaloğa girmek için geldiklerinde yaşarız. Bu tip seanslarda insanları –bizimle, birbirleriyle ve hepsinden öte, sanat eseriyle– açık uçlu diyaloglara davet ederiz. Bu diyaloglar sırasında onları gördüklerini, hissettiklerini ve sanat eseriyle ilgili bildiklerini geliştirmeye teşvik ederiz. Genel izlenimler yerini özel gözlemlere, sonra varsayımlara ve sonunda, umuyoruz ki, kavrayış ve anlayışa bırakırken, tek tek katılımcıların düşünceleri üzerinden ortak düşüncemizi kurarız. Her izleyicinin gözlemleri önceki bir anlayış tarihçesi içinde şekillenmiştir ve her izleyici eldeki sanat eseriyle ilişkilendirmek üzere kendi anılarını ve hayal gücünü yanında getirir. Fikir ve görüş alışverişine rehberlik ederken, diyaloğumuzun sanat eserini beklenmedik ve şaşırtıcı şekillerde aydınlatacağı umudu hep içimizde, ortak yorumumuzu bir noktada toplamak için uğraşırız.

2004 yazında bir grup lise öğrencisi The Metropolitan Museum of Art galerilerindeki bir ders için bir araya geliyor. Okul sonrası derslerine sık sık katılan bu öğrenciler, Caravaggio'nun, Londra'daki National Gallery'den ödünç getirilmiş, görkemli *Emayus'ta Akşam Yemeği* adlı tablosu etrafında toplanıyor (bkz. Resim 6). Kısa fakat derin bir sessizlikten sonra seans canlı bir şekilde başlıyor.

Bir öğrenci şöyle diyor: "Tablo beni çok çekti, meyve sepetini masanın kenarından düşmeden koşup yakalamak geliyor içimden."

Başka bir öğrenci, soldaki adamı fark ederek, sandalyeden kalkıyor mu, yoksa sandalyeye oturmak üzere mi olduğunu merak ediyor. Daha başka biri, sağdaki, ellerini uzatmış adamı fark ediyor: "Bize yakın olan eli neredeyse yüzümüze değecek. Karanlığın içine doğru giden elin ne kadar büyük ve bulanık göründüğüne bakın, sanki şiddetle titriyor." Sonra birisi, ellerini kemerinin altına sıkıştırmış halde duran adama, masadaki tuhaf, sıska, pişmiş tavuğa ve yanındaki şeffaf cam kaba işaret ediyor.

Birisi, ana figürle ilgili olarak, "Güzel, kahverengi lüleleri olan kadının eli kabın üstünde havada duruyor," diyor.

"Evet," diyor bir diğeri, "suyun içindeki ışık, kadının parmaklarındaki ışık ve cam kap üzerindeki ışık; hepsi de aynı kaynaktan geliyor." Sessizlik oluyor.

Bir diğeri ekliyor, "Kadının dudakları büzülmüş, sanki bir şey söylemek istiyor." Daha uzun bir sessizlik oluyor.

Sonra birisi soruyor, "O kadın mı? Ben erkek sanmıştım." Bunu bir tartışma izliyor ve öğretmen, figürün geleneksel olarak bir erkek olarak tanımlandığını, aslında onun İsa olduğunu söyleyene kadar bir süre devam ediyor.

Müze öğretmeni öğrencilerinin ana figürün İsa olduğundan emin olmamasına ilk başta şaşırdı, ama diyaloğun kendi seyrinde ilerlemesine izin vermeye karar verdi. Bu öğrencileri iyi tanıyordu. Öğrenciler bu programa pek çok kez gelmiş, hatta bazıları yıllardır gelen, deneyimli katılımcılardı. Dahası, Metropolitan'ın koleksiyonunda yer alan birkaç dini sanat eserine onunla birlikte bakmışlardı. Öğretmen, öğrencilerin, bildikleri ya da tahmin ettikleri maddi gerçekleri kabul etmeyi reddederek ve bunu erteleyerek keşfetme hazzını uzatmak için *bilmemeyi* tercih ettiklerinden şüphelendi. Daha sonra, ders bitince, müze öğretmeni öğrencilerinden bazılarıyla konuştu. Ana figürün İsa olduğunu başından beri bilmiyorlar mıydı gerçekten? "Elbette biliyorduk," dediler. "Bu çok ünlü bir Barok resim. Lisedeyken üniversiteye yönelik aldığımız sanat tarihi derslerinde zaten görmüştük." Bazı öğrenciler Caravaggio'nun hayatını ve kariyerini sadece bu ünlü eserin ötesine geçen bir şekilde biliyordu. Öğretmen, "Ama bunlardan hiçbiri sohbette geçmedi!" diyerek öğrencileri daha da sıkıştırdı. "Evet," diye yanıtladılar. "Hepsini biliyorduk, ama resme bu şekilde bakmak çok daha iyi, çok daha ilginç, çok daha eğlenceliydi!"

Bütün öğrenciler, üstü kapalı bir şekilde birlikte *bir oyun oynayarak*, belli maddi gerçekleri *bilmemeyi* ya da en azından araştırmayı çok çabuk sonlandırabileceğini düşündüklerinden bilgi vermemeyi tercih ettiler. Sadece eğleniyorlar mıydı, hatta öğretmenleriyle dalga mı geçiyorlardı, yoksa akıllarında, bilinçli ya da bilinçdışında, daha derin bir amaç mı vardı? Biz müze eğitmenleri ziyaretçilerin programlarımıza sanatla ilgili bir şeyler öğrenmeye geldiğine inanırız. Ve inanıyoruz ki bir müzeyi ziyaret etmek, düşünür Hans-Georg Gadamer'in yazdığı gibi, "büyük zihinsel ve ruhsal faaliyet isteyen bir iştir."[1] Öğrenmeyi genellikle bir *iş* olarak görürüz. Müzeye *oyun* oynamaya gidebileceğimiz fikri, yaptığımız *işin*, müze öğretmenliğinin misyonuna aykırı görünür.

Gelgelelim bu makalede, oyunun, müze eğitmenleri olarak yürüttüğümüz eğitim pratiğinin çok önemli bir unsuru olduğunu iddia ediyoruz. Oyun fikrine başvurmak, müze dersinde açıklığa ve özgürlüğe değer verdiğimizi söylerken ne kastettiğimizi açıklamaya yardım eder. Oyunu konu alan yazarlar, örneğin Johan Huizinga ve Roger Caillois, oyunu enerjisi, hareketi ve olasılık hissiyle niteler.[2] İyi bir ders, içinde yorum oyununun gerçekleşebileceği, beklenmedik yorumların ve kavrayışların sürekli ortaya çıkabileceği bir boşluk açar. O boşlukta, bakan, yanıt veren ve deneyimlediği şeyleri ifade etmenin yollarını arayan izleyiciler arasındaki diyaloğun ileri geri hareketini teşvik ederiz. Sanat eseri yorumlamanın daima bir parçası olan tereddüt, yön kaybı ve kestirilemezliği yansıtan sürekli ve enerjik bir hareket vardır.

Yorum oyunuyla şekillenen bir eğitimcilik sanat eserlerini belli bir şekilde düşünmeyi de beraberinde getirir. Doğası gereği sanat eserleri izleyicilerin görmeleri ve üzerine düşünmeleri için vardır. Eserlerin dünyasına giren ve onlarla birlikte oynayan izleyiciler eserleri deneyimler ve alımlar. Sanat eserleri statik, pasif, sadece yorumlanan taraf değildir. İzleyiciye *oynar*, onlar üzerinde etkinlik gösterir, çarpıcı bir ayrıntıyla (örneğin yukarıda tartışılan Caravaggio tablosunda, bir cam kap için-

---

1 Hans-Georg Gadamer, *The Relevance of the Beautiful and Other Essays* (Cambridge: Cambridge UP, 1986), 26.

2 Bkz. Johan Huizinga, *Homo Ludens* (Boston: Beacon, 1955) [*Homo Ludens*, çev. Mehmet Ali Kılıçbay (İstanbul: Ayrıntı, 1995)]; Roger Caillois, *Man, Play and Games*, çev. Meyer Barash (Urbana & Chicago: University of Illinois Press, 2001).

de kırılan bir ışık) ya da iki şeyi kafa karıştıran bir şekilde yan yana koyarak (figürlerden biri karşısındakini kutsar gibi elini kaldırmışken, diğeri kollarını çarmıha gerilmiş gibi açmıştır) dikkatlerini çeker. Lise öğrencilerinin katıldığı dersimizde dipteki bir gizem akıntısı hemen öğrencilerin dikkatini cezbetmiş, onları Caravaggio'nun tablosunun oyunu içine çekmişti. Bir öğrenci "Kim bu insanlar?" diye sormuştu. Esere anlam vermeye çalışan öğrenciler önce bir gözlemi, sonra bir diğerini öne sürüp sınarken, resimdeki muğlaklıklardan ve resmin barındırdığı yorum olasılıklarının açığa çıkmasından keyif aldılar.[3]

Yorum oyununun katılımcıları, sonuca ulaşmak için acele etmeyi reddeder ve yorumlama oyununun kendisini değerli bulur; varacağı sonuç kadar diyalog sürecine de kıymet verirler. İster dört saatlik bir operayı dinlemek, ister iki gün süren bir satranç oyunu oynamak ya da bizim öğrenciler gibi, tek bir tabloyla ilgili bir saatlik bir diyaloğa girmek olsun, yapmanın, keşfetmenin, gitmenin *ve* nihayetinde varmanın verdiği mutluluklar aslında birbiriyle ayrılmaz şekilde bağlantılıdır. Burada tarif ettiğimiz oyun bir amaca yöneliktir ve ciddiyeti nedeniyle çok etkilidir. Sanat eserinden, uzun uzun bakmanın ve konuşmanın vesile olduğu, örtük bir anlamın açığa çıkması umudunun desteklediği bir gözlemler ve düşünceler dizisi üretir. *Emayus'ta Akşam Yemeği*'ne bakan öğrenciler için diyalog oyunu sadece keyifli değildi, aynı zamanda yeni ve belki de hayal edilmemiş bir bilgi olasılığı vaat ediyordu. Artık görülüyor ki oyun da sanat hakkında öğrenmenin bir yolu.

Tabloyla ilgili diyalog ilerlerken öğretmen resmin metinsel kaynağını paylaşır. Caravaggio'nun konusu, başlıktan da anlaşıldığı gibi, Emayus'taki akşam yemeğinin Yeni Ahit'teki öyküsüdür (Luka 24: 13-32). Çarmıha gerilmenin üzerinden henüz fazla zaman geçmemiştir. İsa'nın iki öğrencisi Emayus yolunda yürümektedir. Bir yabancıyla karşılaşır ve yol boyunca onunla konuşurken çarmıha gerilmekten bahsederler. Gece çökerken Emayus köyüne yaklaşırlar ve yabancıyı, yakındaki bir handa akşam yemeğini birlikte yemeye davet ederler. Yabancı evet der, onlara katılacaktır ve yemek için masaya oturduklarında yabancı yiyecekleri kutsar ve ekmeği böler. O an onun İsa olduğunu anlarlar ve

---

3   Gadamer'in bu süreci ele alan tartışması için bkz. *The Relevance of the Beautiful*, 28.

bunun üzerine İsa bir anda buhar olur. Ya da Luka'nın ifadesiyle, "O zaman onların gözleri açıldı ve kendisini tanıdılar. İsa ise gözlerinin önünden kayboldu" [Luka 24: 30].

Müze öğretmeni bu öyküyü öğrencilere anlattığında öğrenciler, "O zaman burada İsa'nın ölmüş olduğunu görüyoruz, öyle değil mi? Yani önceden olduğu şekilde geri gelemez artık, çünkü o zaman sanki hiçbir şey olmamış gibi olurdu. Onu tanımamamıza şaşmamak gerek. Ölmek – *büyük* bir şey. Yani eğer ölmüşse, ama yine de hayata geri geliyorsa, kısa süreliğine de olsa, sanki hiçbir şey olmamış gibi görünemez, değiştiğini göstermesi gerekir." Teolojik bir üslup kullanacak olursak, *ölümle dönüşüme uğramış* görünmeli. "O yüzden havariler o uzun Emayus yolu boyunca onu tanımadılar," der. "Belki Caravaggio biz de tanıyamayalım diye çizdi İsa'yı."

Bir anlatısı olan bir resme bakan birinin öncelikle ve her şeyden çok, o resimde tasvir edilen figürleri tanımakla ilgilenmesini bekleyebiliriz. Ama burada, öğrenciler İsa'nın ilk başta kadın mı, erkek mi olduğunu bile saptamayı, ardından da İsa olduğunu fark etmeyi ya da teşhis etmeyi reddederek diyaloğu açık tuttular. Tabloyla kurdukları ilişkinin süresini uzatarak, tablonun açığa çıkarken ortaya koyduğu dramatik oyuna kendilerini büsbütün bırakıp, İsa'nın ölümle dönüşüp değişmiş, tanınamaz bir biçimde, havariler arasında yeniden ortaya çıkışına tanıklık ettiler. Böylelikle, Caravaggio'nun resmettiği havariler İsa'yı ressam çizmeden hemen önce nasıl deneyimlediyse, öğrenciler de onu öyle deneyimledi: *aralarındaki bir yabancı olarak.*

Galeri dersinde, öğrencilerimizin sanat eserleriyle ilgili diyaloglarına, artan bilgilerinin ve anlama beklentisinin yön vermesini sağlamaya ve diyalogları bir noktaya odaklanmış halde tutmaya çalışırız. Ama aynı zamanda deneye ve doğaçlamaya da yer bırakır ve derinlikli, belki beklenmedik yorumlara ulaşmayı umarız. Böyle odaklanmış bir oyun, bir gerilim ve çözüm öğesi de içerir. Zor bir şeyi elde etmeye güdülenmiş, başarılı olmak için çabalayan oyuncular, bir sona ulaşma gayretindedir: sadece geçici de olsa, sanat eserinin anlamının inşasına.[4] Maxine Greene'in ifadesiyle, "deneyimi mümkün kılıyoruz, o deneyimin ne

---

4 Bkz. Huizinga, *Homo Ludens*, 10-1.

olması gerektiğini önceden belirlemeden."⁵ Yorum oyunu dediğimiz şeyin güzelliği de buradadır. Sonucu belirsiz olsa da insanı umutla çabalamaya teşvik eder.

Bu tip programlara liderlik eden müze öğretmenleri olarak bizlerin –ideal durumda öğrencilerimizle birlikte– rastlantısallıkla odağı, düzensizlikle disiplini sürekli dengelememiz gerekir. Bir yandan anlamsızlık ve kaosun, diğer yandan katılık ve dar kafalılığın tehlikesini görürüz. Galeri öğretmeninin getirdiği biçim ve yön olmadığında ziyaretçilerin diyalogları, çılgınca uçuşabilir, bir sanat eserinin neredeyse her anlama gelebileceği yorumlara yol açabilir; ama diyalog çok katı bir şekilde sınırlandırıldığında da önceden belirlenmiş bir sona doğru ağır ağır ya da hızla ilerleyen bir tartışmaya kolaylıkla dönüşebilir. Oyun hakkında yazan Fransız düşünür Roger Caillois, oyun oynamanın iki zıt yönünü tarif eder. İlki, "kargaşa, özgür doğaçlama ve kaygısız neşe"yle tanımlanır; ikincisi, "keyfi, zorunlu ve mahsus sıkıcı uzlaşımlar"la, ilkinin coşkusunu zapt eder.⁶ Diyalojik yorumun hep ileri hareket edebilmesi için müze eğitmeni bu iki zıt enerjiyi dengeleyen bir eğitimcilik anlayışı geliştirmek zorundadır.

Caravaggio'ya geri dönelim. Müze öğretmeni öğrencilerin tahminleri sanat eserini anlama amacından saptığında ve diyalog bir o yöne bir bu yöne gitmeye başladığında, öğrencilerin ana figürün kim olduğuna dair sürdürdükleri diyaloğu dizginledi. Aynı zamanda, Caravaggio'nun eserinin konu aldığı İncil öyküsünü anlatmayı geçici olarak erteleyip diyaloğu açık tuttu. Öyküyü çok erken anlatmanın resmin anlamını önceden belirleyeceğini, aynı zamanda fikir alışverişini vaktinden önce sonlandırabileceğini hissediyordu. Dewey'in *Art as Experience*'daki en etkili vecizelerinden birinde belirttiği gibi, "Tanıma, özgürce gelişme şansını bulamadan engellenmiş algıdır." Ziyaretçilerimizin, Dewey'in bahsettiği tanımanın, yani *sadece* tanımanın ötesine geçmesini isteriz. Onları "bilinç tazelensin ve canlansın," böylelikle anlayışları büyüyebilsin diye yavaşlamaya, Dewey'in dediği gibi, "incelemeye ve 'anlama'ya"

---

5   Maxine Greene, Rika Burnham'la sohbetinden, 20 Mayıs 2004.
6   Caillois, *Man, Play and Games*, 53.

sevk ederiz.⁷ Eğer oyuna çok az yer varsa, yorum hareketsiz kalır; tıpkı somunları çok sıkılmış bisiklet tekeri gibi. Ama teker çok gevşek olduğunda, yorum yönsüz kalır ve tekerlek yalpalayarak yerinden çıkar. Biz, dengeli bir tekerlek, ilerlerken vızıldayan bir tekerlek elde etmeye çalışırız.⁸ Yazarlar, oyunun geçici dünyasında, genellikle, oyuna *sınırlar getiren* kurallar olduğu konusunda hemfikirdir. "Her oyunun kendi kuralları vardır," diye yazar Huizinga ya da Gadamer'in dediği gibi, oyunu mümkün kılan ona yüklediğimiz düzen ve disiplindir.⁹ Caravaggio'muzu tartışan öğrenciler, bazı kurallarla, dikkatlerini sanat eseri üzerinde tutan ve belli bir işbirliği yanında büyük bir özgürlüğü de teşvik eden kurallarla oynuyor görünüyor. Ancak diyaloglarını hangi kuralların yönettiğini öğrencilere sorsak muhtemelen şaşkınlıkla karşılık verirlerdi. Öğretmen onlara yorum oyununun kuralları olduğundan hiç bahsetmemişti. Yine de öğrencilerin nasıl ilerlemeleri gerektiğini sezgisel olarak biliyor olması örtük kurallar olduğunu, yorum oyununu şekillendiren ve hatta bir şekilde onu mümkün kılan kuralların bulunduğunu gösteriyor gibidir.¹⁰ *Emayus'ta Akşam Yemeği*'yle ilgili

---

7   John Dewey, *Art as Experience* (New York: Milton, Balch, 1934; yeniden basım: New York: Perigree, 1980, 2005), 54.

8   Bu metafor, Gadamer'le David Miller arasındaki bir sohbetten gelir: "[Gadamer] bana oyunun spor ve eğlenceyle ilgili olduğunu düşünerek hata ettiğimi açıkladı. 'Çok Amerikanvari!' dedi, hiç de rahatlatmayan bir tavırla. O zaman oyunun ne anlamı vardı? Gadamer, bisiklet sürüp sürmediğimi sordu. Sürerim, dedim. Sonra, ön tekeri, aksı ve somunları sordu. Somunları çok sıkmamanın önemli olduğunu, yoksa tekerin dönmeyeceğini muhtemelen bildiğimi söyledi. 'Biraz oynaması gerekir!' dedi, öğretmen edasında ve biraz heyecanlı şekilde diye düşündüm. Sonra ekledi, 'Çok da oynamamalı, yoksa teker düşer. Bilirsin,' dedi, 'Hareket alanı [*Spielraum*]'." Bkz. David Miller, "The Bricoleur in the Tennis Court: Pedagogy in Postmodern Context," *Proceedings of the Conference on Values in Higher Education, Ethics, and the College Curriculum: Teaching and Moral Responsibility* içinde, University of Tennessee, 11-13 Nisan 1996; ayrıca http://www.imaginalinstitute.com/bricoleur.htm adresinde de bulunabilir. Miller'ın bibliyografyası oyun kavramını farklı perspektiflerden inceleyen pek çok farklı kaynak içermektedir.

9   Huizinga, *Homo Ludens*, s. 11; Gadamer, *The Relevance of the Beautiful*, 22 (bkz. dipnot 1 ve 2).

10 Bkz. Ludwig Wittgenstein, *Philosophical Investigations* (Oxford: Basil Blackwell, 1958), 54. kısım [*Felsefi Soruşturmalar*, çev. Semih Sökmen, (Metis, 2014)].

aktardığımız galeri diyaloğunda, sezinlenmiş ve icat edilmiş bu kurallar muhtemelen şöyle olurdu:

Caravaggio'nun resmine gözünüzü dört açarak bakın ve ona bütün dikkatinizi vermeyi sürdürün, hem de her an. Sanat eseriyle ilgili gözlemlerinizi ve hislerinizi paylaşın. Aklınıza gelen soruları o anda sorun. Herkesin konuşma fırsatı bulmasına izin vermeye çalışın. Cevap vermeden önce dinleyin ve başkalarının söylediklerine saygı duyun; dikkate değer olmayan şey yoktur. Katkılarınız kısa, fakat ilgi çekici olsun. Özgürlüğe katkıda bulunun ve düşündüklerinizi söyleyin. Sadece grup diyaloğuna katılın, yanınızdakiyle sohbete girmeyin. Diğerlerinin gördüklerinin ve söylediklerinin ışığında sanat eserine anlam vermeye çalışmayı kesintisiz sürdürün. Sabırlı olun. Sanat eserlerini anlamak zaman alır.

Biz müze öğretmenleri kolektif çalışmadan en nihayetinde her zaman sorumluyuz. Diyaloğu, herkesten katılmasını rica ederek açarız. Şevkle ve girişime saygılı bir şekilde başlar, yorum oyununa pek çok şekilde rehberlik ederiz. Grubun dikkatini eser üzerinde tutar, gerilim ve heyecanı teşvik ederiz. Ziyaretçilerimizin sorularını dinleriz; kendi araştırma yollarını izlediklerinde eserle ilişkilerinin derinleştiğini biliriz. Oyunun hep ileri gitmesini sağlamaya çalışırız. Sözlerindeki imaları bulur, çıkarır, ilerleyişi onlar üzerine inşa eder, önerileri destekler, daha önce söylenenleri başka sözcüklerle yineler, tercüme eder, gruba hatırlatır, diyaloğun akışına rehberlik ederiz. Çabalarımızı kolektif bir anlayışa ulaşacağımız beklentisi yönlendirir, kesinliği değil. Bu beklentiyi sürdürmeye, bir sonuca ulaşmak üzere, Dewey'in ifadesiyle, "biriktirmeye" çalışırız. Ama yorum sürecinin nerede son bulacağını bilmeden başlamak zorundayızdır.

Biz müze öğretmenleri ziyaretçilerimizin arasındaki oyuncularızdır. Esere bakar ve tepki veririz, ama aynı zamanda ziyaretçilerimizin gözünden de görmeye çalışır, önerilerini dikkatle dinleriz. Çalışmaya kendi fikirlerimizi getirir, kendimizi ziyaretçilerimiz arasındaki fikir ve görüş alışverişinin akışına bırakıp, onların düşünce ve gözlemlerinden bir şeyler öğreniriz. Eseri önceden çalışır, onunla zaman geçirir, okumalar yaparız. Öğrencilerimize sanki bilginin ve akademik yorumların muhafızı gibi görünürüz. Ama eser hakkında zaten biliniyor olanları, ziyaretçilerimizin önerdiği fikirleri desteklemek ya da araştırılacak

GALERİ DERSİ: BİR YORUM OYUNU | 213

başka yönler önermek için kullanırız, kesin yanıtlar vermek için değil. Bir oda müziği topluluğundaki birinci keman gibi düşünebiliriz kendimizi; başlatır, rehberlik eder, hatta yönetiriz – *bir yandan da* kemanı çalar/yorum oyununu oynarız. Oyunu yönetirken bile oyunun parçasıyızdır, tam ortasındayızdır.

Yorum oyunu fikri, yorum özgürlüğüne kucak açan, diyalojik, açık bir eğitim yaklaşımını tanımlamamıza yardımcı olur. Oyun hakkında düşünmek, bir sanat eserine dair derin bir anlayışa ulaşmanın yollarını bulma arayışımızda, *o yollarda ilerlemenin* böyle bir anlayışın ayrılmaz ve vazgeçilmez bir parçası olduğunu öğretir bize. Oyun fikri, yolda olmanın verdiği hazza değer vermeyi, hemen bir sona varma baskısından kaçınmayı, özgürlüğü muhafaza etmeyi ve bu yolda, belirli türden yaratıcı, üretken bir verimsizliğe de değer vermeyi hatırlatır.

Kendimizi oyuncu olarak gördüğümüzde, galerilerimizde gerçekleşen ortak yorum sürecinin kontrolünü bütünüyle terk etmeye hazır olmamız gerektiğini daha kolay ve rahat kabullenebiliriz. İzleyiciler oyun süreci içine bütünüyle çekildiğinde artık *oyun oynadığımız* söylenemez; bunun yerine oyun *meydana gelir* ve *oyunda* olduğumuzda hem eden hem edilenler olarak oyuna kapılırız.[11] Bir sanat eserini değerlendirme ve onunla ilgilenme durumundan, ona kendimizi tamamen verme durumuna geçer ve ayrı bir kendiliğimiz olduğu algısını kaybederiz. Sanat eserleri bizi sürükler; kurallar ve teori kaybolmuş gibidir. Elbette müze eğitmenleri her zaman gelişen diyaloğun bir adım arkasına veya yanına çekilebilmeli ya da ötesine geçebilmelidir. Bu kitabın beşinci bölümünde tartıştığımız gibi, öğretmen liderlik ettiği grubun ihtiyaçlarını her an en iyi şekilde karşılayabilmek için hamleci, takipçi, seyirci ve muhalif rollerinden herhangi birini bilinçli ve kasıtlı bir şekilde benimseyebilmelidir. Ama galeri diyaloğunun yapısını tanımlayan bu dört kilit role hepsini kapsayan bir rol olan *oyuncu* rolünü de eklememiz gerekir burada. Eğer en az öğrencilerimiz kadar hakkıyla oynayamazsak, zaman zaman diyaloğun içine onlar kadar çekilmeye, kapılmaya, sürüklenmeye razı olmazsak, onlar için mümkün kılmayı

---

11 Bkz. Hans-Georg Gadamer, *Truth and Method*, çev. Joel Weinsheimer ve Donald G. Marshall, gözden geçirilmiş 2. basım (Londra ve New York: Continuum, 2004), 102-10.

umduğumuz deneyimi onlarla hiçbir zaman paylaşamaz, eseri hiçbir zaman onların gözünden göremeyiz.

İyi müze dersinin nihai amacı, bizce, belli türden bir ortak deneyimdir; ziyaretçiyi ve eğitmeni sanat eseriyle derin ve tatmin edici ilişkiler içine çeken bir deneyimdir, kendini bakmaya kaptırma ve sonunda, görebileceğimizi hiç düşünmediğimiz kadar çok şeyi, daha önce bilmediğimiz şekillerde görme deneyimidir. Geri dönüp bu tip deneyimlere tekrar baktığımızda anlamlı olaylar olarak bir bütünlük içindeymiş gibi görünürler. John Dewey, bu tip deneyimleri, "deneyimlenen madde seyrini doyumla tamamlar" ve durum "öyle olgunlaşır ki kapanışı bir son değil bir tamamlanma olur (ise,) *bir* deneyim" olarak adlandırır.[12] Çoğumuz sanat eserleriyle unutulmaz deneyimler yaşamışızdır, ama müzelerdeki en iyi öğretmenler bile bilir ki sanat eserleriyle yaşanacak derin deneyimleri kolaylaştırmak zorlu bir iştir. Yorum oyununa katılmak bize bu amaca ulaşmak için bir araç sağlar.

Şimdi son kez oyuna dönelim. *Emayus'ta Akşam Yemeği* üzerine diyaloğumuz sessizlikle başladı. Bu, öğrencilerimize sanat eserinin içini görmelerini, onu kısa bir süre için ve güçlü bir şekilde kendilerine ait saymalarını sağladı. Sanat eserini görme anı, tiyatro perdesinin kalktığı andır. Sahneyi hazır halde görürüz ve olaylar dizisi gözlerimizin önünde gelişmeye başlar. Önce, analizlere başlamadan, sanat eserini bir bütün olarak görürüz. Sonra karakterler hayalimizde canlanmaya başlar. Gerçek hayat geçici olarak askıya alınır, hatta unutulur. Öğrencilerimiz, Greene'in yazdığı gibi, sanat eserlerini "olağan, sıradan dünyada değil, başka bir dünyada, estetik bir uzamda geçen canlandırmalar" olarak görür.[13] Sonunda, oyunun parçaları bir araya gelmeye başladığında izleyiciler daha da yaklaşır ve son derece dikkatlidirler. Bir kez daha, oyunumuzun başında olduğu gibi, eserin bütünlüğünü algılarız, ama onu oluşturan bütün öğeleri –karakterleri, karakterlerin duruş ve jestlerini, belki onlar adına hayal ettiğimiz diyaloğu; dekoru, aydınlatmayı,

---

12 Dewey, *Art as Experience*, 37 (bkz. dipnot 7).
13 Maxine Greene, "Aesthetic Literacy in General Education," Jonas F. Soltis, der., *Philosophy and Education: Eightieth Yearbook of the National Society for the Study of Education* içinde (Chicago: University of Chicago Press, 1981), 132.

atmosferi– daha derinlerine inerek değerlendiriyoruzdur artık. İşte bu yüzden, öğrenciler Caravaggio'nun tablosunu incelemeyi bitirdiklerinde sanat eserine daha da yaklaştılar ve tekrar dikkatle bakarak onu sessizce geri kazandılar:

Şimdi, ressamın parlak ışığıyla aydınlanan öğrenciler ve öğretmen, Caravaggio'nun *Emayus'ta Akşam Yemeği*'ndeki figürlerin, çevrelerini saran karanlığın içinden bir kez daha çıkışını izliyor. *Çabuk, meyve sepeti düşmeden kenardan uzaklaştır!* Uyanıyoruz, gözlerimiz dinamik jestleri, yüzlerdeki duygu yoğunluğunu, bir anda hareket ediveren beyaz kumaş parçalarını ve ayrıntıları takip ederek bir figürden diğerine, sonra tekrar öncekine hareket ediyor. *Eli mi kıpırdadı yine? Masa örtüsü öyle ışık saçıyor ki!* Ana figür üzerindeki koyu, hacimli kırmızılarda biraz duraklıyor, arkadaki loş, karanlık haleyi fark ediyoruz. Canlı diyaloğumuzdan pek çok düşünceyi resim karşısında bir kez daha sınıyoruz. Sonra, seslerini duymak istercesine yüzlere eğiliyoruz. Havarileri duyar gibiyiz, *Onu gördün mü? Burada mıydı? O muydu? Çarmıha gerilen?* Hancı mırıldanıyor. *Emin değilim.* Bize de bir yer olduğunu düşünüyoruz. Görecek miyiz, tanır mıyız, katılır mıyız? Bu masaya gelmeye cesaret edebilir miyiz?

DOKUZU BÖLÜM
Bir Eğitim Yeri Olarak Barnes Vakfı
Rika Burnham

Tren istasyonundan ayrılıp, tepeyi yavaşça tırmanıp North Latch's Lane'e dönerken Merion, Pensilvanya'ya karanlık çöküyor. Yıl 2003, ama rahatlıkla 1950 de olabilirdi. Değişmeyen Barnes Vakfı sessiz, gururlu, dimdik duruyor; yalnızca Albert C. Barnes 1951'de öldüğünden beri kaynayan sonu gelmez anlaşmazlıklar ve zaman onu biraz soldurmuş. Ön bahçe kapısındaki gece bekçisi kafasını dışarı uzatıp beni beklediklerini söylüyor. Devasa ahşap kapılara yürüyüp büyük kapı tokmağını kaldırıyorum ve içerideki hazineleri hayal etmek için bir an duraklıyorum. Tokmağın çıkardığı ses ağır ve boğuk. Kapı yavaşça açılıyor; içerinin yumuşak, sıcak ışığı, üzerinde durduğum basamaklara dökülüyor. Girişin ağırbaşlı Dorik sütunları arasından, Matisse'in uzak duvar üzerinde dans eden hayat dolu figürlerini görüyorum.[1] Güvenlik görevlisi Ish, dışarı bakıp, "İyi akşamlar," diyor.

Bilim insanı ve sanat koleksiyoncusu Albert Barnes'ın bir hayali vardı: "eğitimde ilerlemeyi ve güzel sanatlar algısını teşvik" edecek büyük sanat eserlerinden oluşan bir koleksiyonu halkın kullanımına sunmak.[2] 1922'de Barnes Vakfı'nı kurdu ve ertesi yıl sanat algısıyla ilgili formel dersler başladı. Bugün bildiğimiz galeri binası 1925'te açıldı. Bu bir müze olmayacak, ama bir sanat koleksiyonuna ev sahipliği yapacaktı. Barnes Vakfı büyük bir deney, bir laboratuar ve sanatla ilgili dersler verilen bir okul olacaktı.

---

1 Albert Barnes'ın 1931 yılında Barnes Vakfı'nın ana galerisindeki üç lünet için sipariş ettiği ve 1933'te bizzat Matisse tarafından yerleştirilen bir fresk olan *The Dance* [Dans], koleksiyondaki hazinelerden biridir.

2 Barnes Vakfı Tüzüğü (Pensilvanya Eyaleti, 1922).

1917'de Barnes, Columbia Üniversitesi'nde John Dewey ile tanıştı ve aralarında ömür boyu süren bir arkadaşlık ve işbirliği başladı. Barnes, Dewey'den eğitim hakkında bir şeyler öğrenmek için Columbia'ya gitti. Zaman içinde, Dewey sanatla ilgili bir şeyler öğrenmek için Barnes'a gitti. 1923'te Barnes, Dewey'i Barnes Vakfı'nın eğitim direktörü olarak atadı. 1925 tarihli *The Art of Painting* [Resim Sanatı] kitabını, "deneyim, yöntem, eğitim konusundaki anlayışları bu kitabın da bir parçası olduğu çalışmalara esin kaynağı oldu" dediği Dewey'e adadı. Dewey de 1934 tarihli *Art as Experience* [Deneyim Olarak Sanat] kitabını Barnes'a "minnetle" ithaf etti.[3]

Barnes, öğrencilere sanatı nesnel şekilde algılamanın öğretilebileceğine inanıyordu. Kendi sanat eğitimini geliştirirken algılama ve değerlendirme arasındaki ilişkiye odaklandı. Barnes şöyle diyordu: "Neye bakmayı öğrendiysek onu algılıyoruz; hayatta da, sanatta da [...] Sanatçının deneyimi, belirli bir arka plandan, bir grup ilgi alanından ve algılama alışkanlıklarından kaynaklanır. Bilim insanının düşünce alışkanlıkları gibi bunlar da başka insanlarla paylaşılabilir. Gelgelelim bu ancak kişi kıyaslanabilir bir alışkanlıklar grubu ve arka plan edinmek için gereken çabayı göstermeye gönüllüyse mümkündür. Sanatçının gördüğü gibi görmek, kestirme yoldan varılamayacak bir başarıdır."[4]

Barnes, bütün sanat eserlerinin "plastik form"una bakılarak değerlendirilebileceğine inanıyordu. "Plastik form," "renk, ışık, çizgi ve mekân" gibi –günümüzde daha çok sanat eserinin "biçimsel öğeleri" dediğimiz– "plastik öğeler"i içine alan bir kavramdır.[5] Barnes, görmeyi öğrenmeye odaklanan, öğrencileri eski görme alışkanlıklarını terk etmeye sevk eden bir eğitimcilik geliştirdi. Böylelikle öğrenciler, örneğin, konunun biçimden bağımsız olduğunu anlayacaktı.[6] Barnes'ın

---

3   Barnes ve Dewey arasındaki ilişkinin genel bir değerlendirmesi için bkz. Robert Newman Glass, "Theory and Practice in the Experience of Art: John Dewey and the Barnes Foundation," *Journal of Aesthetic Education* 31, sayı 3 (1997): 91-105.

4   Albert C. Barnes, *The Art of Painting* (New York: Harcourt, Brace, 1925), 6-7. Bu kitabın üçüncü bir baskısı Barnes Foundation Press (Merion, Pensilvanya) tarafından 2000 yılında yayımlanmıştır.

5   Agy., 55-6.

6   Agy., 72.

Art of Painting'de açıkladığı ve bir eğitim sistemine tercüme ettiği bu yaklaşım o gün bugündür "Barnes yöntemi" olarak bilinir. Paradoksal olarak, belki de, çok dogmatik bir düşünür olduğundan Barnes hiçbir zaman bir müfredat yazmamıştır. Barnes yöntemi özünde sözlü bir gelenek olarak gelişmiştir. Vakıftaki öğretmenler, ki çoğu burada verilen derslere gelen eski öğrencilerdir, Barnes'ın ölümünden beri bu geleneği sürdürüyor.[7] Yaklaşık elli yıldır öğretmenlik yapan Barton Church, bu koleksiyonda ders vermenin, "resimlerin birbiriyle ilişkileri"ni açığa çıkardığını söylüyor. Öğrenciler, bir yıl süren, haftada bir gün galerilerde yapılan ve katı devamlılık koşulları olan sınıflara kaydoluyor. Barnes Vakfı'nı kuşatan bütün güçlüklere rağmen bu sınıflar devam etti ve ediyor. 1999'dan 2006'ya kadar Barnes'ta eğitim direktörlüğü yapmış olan Robin McClea, bir yandan çağın beklentilerini karşılama mücadelesi verirken, bir yandan da dersleri onurlandırmış ve görev süresi boyunca desteklemiştir.[8]

2003'te Barnes öğretmenlerinden biri, Dr. Robert Troxell hastalandığında McClea, ikinci yılda gerçekleştirilen bir ders olan Sanat Gelenekleri için geçici bir öğretmen bulmak zorunda kalınca beni aradı. The Metropolitan Museum of Art'ta uzun yıllardır müze eğitmenliği yapıyordum ve sanat eserlerini incelerken "*bir* deneyim"i amaçlayarak ve bu fikrin bir savunucusu olarak Dewey'in izinden gidiyordum. En az bir ay, hatta muhtemelen daha uzun bir süre, haftada bir kez vekil öğretmenlik yapar mıydım? Barnes'taki sanat değerlendirme dersi, Barnes yöntemine sıkı sıkıya bağlı eski öğrenciler tarafından kıskançlıkla korunur. Bildiğim kadarıyla, bugüne kadar Barnes'ın ayrı, kendine özgü kültürü içinde ders vermeye ancak birkaç "yabancı" davet edilmiştir. Rica ettiklerinde hemen kabul ettim.

Ön kapı açılırken kalbim çarpıyor. Metropolitan'da yirmi yıl ders vermek bile beni böyle bir enstalasyonda ders vermeye hazır hale getirmemiş. Gözlerim karmaşık düzenlemelere, yumuşak fakat loş aydınlat-

---

7   Randy Kennedy, "After 50 Years, the Barnes Way, Still," *The New York Times*, 22 Temmuz 2007, 2. Kısım, 1.

8   Chicago'daki Hyde Park Sanat Merkezi'nin eski eğitim direktörü Blake Bradford, 2008'de McClea'nın yerine geçerek Barnes'ta eğitim direktörü olmuştur.

maya yavaş yavaş alışırken, bu sanat eserleriyle ders vermek mümkün mü, diye düşünüyorum. Sanat nesnelerinin bu kakofonik düzenlemesi içinde nasıl ders verebilirim? Ağzına kadar dolu, hatta hiperaktif görünen bu mekânlarda öğrencilerimin sanat eserini görmelerine ve ona anlam vermelerine nasıl yardım edebilirim? Bana verilen Sanat Gelenekleri ders programında ilk dersim, iki minik erken dönem Flaman dini resmine odaklanmak. Biri *Bakire ve Çocuk*, diğeri *Bakire, Aziz Yahya ve Magdalalı Meryem ile Çarmıha Gerilme*. Her ikisi de Gerard David okuluyla ilişkilendiriliyor. Ama bu şüpheli ilişkilendirilme, endişelerimden sadece biri. Her iki tablo da vernikle karartılmış ve çevrelerinde pek çok nesne ve resim var. Kalbim burkuluyor. İncelemeyi ve diyaloğu sürdürmek bir yana, pek fazla bir şey görebileceğimizi bile düşünmek güç.

Bu bir akşam dersi. Koleksiyonun halka açık olduğu sınırlı saatler geride kalalı çok oldu ve Barnes bütünüyle sessiz. Ish, gelen öğrencileri tek tek içeri alıyor. Gerçek Barnes deneyimi böyle başlıyor, sıradan insanlara sanatın dilini öğretmek üzere bir araya getirilmiş bir koleksiyona çalışma saatleri dışında erişerek. Ish beni bu geceki dersin yapılacağı galeriye götürüyor. Geleneksel düzen onlarca yıldır her derste olduğu gibi hazır bekliyor: öğretmen için meşe ağacından yapılma ufak, kırıldı kırılacak bir kürsü, öğrenciler için muntazam düzenlenmiş iki sıra katlanır sandalye, notlar ve kitaplar için büyük bir sehpa.

Bastıran ziyaretçi selinin sanat eserleri etrafında toplaşıp tekrar harekete geçmeden önce eserlere hızlıca bir bakmak için zikzaklar çizdiği ve akşam derslerinin nadiren görüldüğü bugünün büyük kent müzelerinde yaşanan tipik deneyimlerle hiç ilgisi olmayan bir akşam. Ayrıca, çoğu müze ziyaretçisi tabloların düzenli, ferah bir şekilde, kronolojik olarak, yan yana sıralar halinde asıldığı duvarlara alışıktır. Barnes ise küçüklü büyüklü, iki boyutlu, üç boyutlu, yan yana sanat eserleriyle dolu duvarlarıyla modern izleyicileri şaşırtır. Bir Picasso ve bir Modigliani, bir Afrika heykelinin yanında; bir Navajo kilimi, ortaçağdan bir heykelin yanında durur. Barnes, sanat eserlerini öğrencilerin ilgisini çekecek, zihnini uyaracak, karşıtlık yaratmak amacıyla şaşırtıcı şekilde yan yana koyulan "topluluklar" halinde düzenlemiştir. Sonuçta ortaya çıkan çapraz tozlaşmalar, biçimsel, kültürel, tarihsel, kuramsal, hayali ve şiirsel olabilir; bunların belirli bir sırası da yoktur. Barnes

BİR EĞİTİM YERİ OLARAK BARNES VAKFI | 221

onları sürekli değişen şeyler olarak tasavvur etmiş ve öğretmenlerin koleksiyonu gerektiği ya da istediği gibi yeniden düzenleyebileceği bir dinamik yaratmıştır. Dewey'in yazdığı gibi, "İmgeler ve fikirler bize kendi irademizle değil, ani parlamalar halinde gelir; parlamalar yoğun ve aydınlatıcıdır, bizi ateşe verir."[9] Öğrencilerim geldi. Bütün akşam buradayız ve galeri bizim. Oturacak, sanat eserlerinin tadını çıkaracak ve tıpkı bir akşam oda müziği dinlemeye gittiğimizde ya da bir şiir dinletisine katıldığımızda yapacağımız gibi keyif alacağız. Barnes'ın var olma nedeni biziz. Bu, ikinci sınıfta verilen bir ders; öğrenciler bir önceki yılı Barnes yöntemiyle görmeyi öğrenerek geçirdiler. Öğrencilerden biri psikolog, biri avukat ve diğerleri de sanatçı. İçeri girerken birbirleriyle itişiyor, gülüşüyor ve sohbet ediyor, sonra onları bekleyen sandalyelere yerleşiyorlar. Oturuyor ve sessizlikle başlıyoruz. Sözcükleri arıyor, gördüklerimizi başlarda duraksayarak, sonrasında daha güvenle tarif ediyoruz. Ortak diyaloğumuz vasıtasıyla yavaş yavaş küçük *Bakire ve Çocuk*'u açmaya başlıyoruz. Öğrenciler sabırlı ve disiplinli bir şekilde bakıyorlar, ısrarcılar. Küçük eser gözümüze büyük ve parlak görünmeye başlıyor, manevi gizemi zirveye çıkıyor. Bu arada, atfedildiği okul ve yapım tarihiyle ilgili sorular, şimdilik, geride duruyor. Etrafının kimi büyük ve görkemli pek çok başka sanat eseriyle çevrili olduğunu düşününce tablonun dikkatimizi üzerinde tutma gücü beni şaşırtıyor. Resimlerin, toplulukların birer parçası olsalar da, hâlâ dikkati kendi üzerlerine çektiklerini fark ediyorum. Çok küçük ve cazibesiz olan *Bakire ve Çocuk*, başka ama komşu bir evrene açılan bir pencere oluyor. Öğrencilerim tablonun yapısı, kusursuz ayrıntıları ve mücevherimsi renkleriyle ilgili gözlemlerden semavi hayallerle ilgili düşüncelere geçiyorlar. Bebek İsa bir dizi inciyi derin düşünceler içinde tutuyor. Meryem bir meyveyi zarafetle tutuyor; bu cennete dönüş davetiyemizin bir simgesi. Bir öğrenci bunu "ilahi bir dünyaya nüfuz etmek, ama bu sırada bu maddi dünyaya ait olduğumuzun da bilincinde olma şansı" olarak tarif ediyor. Hemen bitişiğindeki *Çarmıha Gerilme*'de Bakire'yi çarmıhtaki İsa'nın ayağını kucaklarken görüyoruz. İsa'nın haç üzerindeki biçimlenimi

---

9 John Dewey, *Art as Experience* (New York: Milton, Balch, 1934; yeniden basım: New York: Perigree, 1980, 2005), 287.

gökyüzüne doğru hareket ederken, Meryem'in kederini belirgin ayrıntılarla görüyoruz. "Bu dünyayla öteki arasındaki zarı inceliyoruz," diyor başka bir öğrenci.

İncelediğimiz erken Flaman tabloların etkisi, çevresindekiler tarafından artırılıyor. Barnes'taki bütün sanat eserlerinin etrafında mobilyalar, kumaşlar, dekoratif madeni parçalar, resimler, heykeller var. Öğrenciler bunları bakışlarını yenilemek için kullanma konusunda uzmanlar. *Bakire ve Çocuk*'un yanında küçük bir Java figürü ve Meksika'dan Kolomb öncesi bir taş yüz var. Öğrenciler, ruhu, kültürü aşan bir şekilde temsil etme zorunluluğu üzerine tahminlerde bulunuyor. Tekrar tekrar plastik öğelere geri dönüyorlar – bir sanat eserindeki üçgen form, bir anda kompozisyonu görmemize yardımcı oluyor. Yakında duran madeni bir nesne değerlendirmemizi bir başka eserdeki ayrıntılara yöneltiyor. Bu benim için şaşırtıcı. Ama öğrencilerim koleksiyonun soruşturmamız için olası yönler öneren, ama ısrar etmeyen düzenine alışkınlar. Hangi sanat eserine bakmayı seçsek, onunla birlikte kendimizi küçük, ama sonsuz genişleyen bir evrenin merkezinde buluyoruz.

Bir hafta bir sonrakini izlerken sanat eserleri hayat buluyor. Ders programında sıra El Greco'nun. *Aziz Hyacinth'in Rüyası*'nı inceliyoruz (bkz. Resim 7). Belki El Greco, belki oğlu Jorge Manuel'e ait resim, konuyu ele alan üç yorumdan biri. Anlam ve anlayış peşinde dikkatle bakıyoruz ve yine resim karartılmış verniği altından parlıyor. El Greco, incelikli bir mimari dekorda bol giysiler içinde ve kendinden geçmiş bir Aziz Hyacinth, havada duran bir piskopos heykeli ve bir öğrencinin sözcükleriyle, "bir bulut içinde beliren parlak, muhteşem, koruyucu bir Bakire" resmetmiş. Sündürülmüş ve maddi niteliğini yitirmekte olan formlardan bahsedip Aziz Hyacinth'in bütün dünyevi şeylerden feragat edişini tartışıyoruz. "Çizgi asabi, yılanımsı ve kıvrılarak hareket eder; renkler yanardöner, fosforlu, hayaletimsi ve buğulu; ışık titrek, uğursuz ve neredeyse korkunç hale geliyor," diye yazan Barnes, bizi El Greco'nun Aziz Hyacinth'i yer çekiminden ve sıradan olandan azat edişini görmeye davet ediyor.[10]

---

10 Barnes, *The Art of Painting*, 166 (bkz. dipnot 4).

BİR EĞİTİM YERİ OLARAK BARNES VAKFI | 223

Ertesi hafta, Jean-Baptiste-Siméon Chardin'in *Natürmort*'u (*Les préparatifs d'un repas*) dikkatimizi çekiyor ve bize gündelik şeyleri gözlemlemenin ödüllerini hatırlatıyor. Chardin'in, yumuşak akşamüstü ışığını yakalayan güzel, kalın bir raftaki büyük bir lahananın yanında duran küçük bakır kabının tadını çıkarmak için yavaşlıyoruz. Barnes'ın topluluklarını oluşturan nesneler arasındaki ilişkiler bir kayboluyor, bir beliriyor; incelememiz için gerektiğinde hazır oluyor. Yakındaki bir duvardan Paul Cézanne'ın *Elmalar ve Örtü*'sü dışarı fırlıyor ve hem resimden hem resmedilen şeyden aldığımız hazzı artırıyor. Chardin'in yanında yer alan bir Gustave Courbet şaşırtıcı bir şekilde benzer bir paleti paylaşıyor. Barnes sadece bir sanat eserindeki biçim ve fikir ilişkisini değil, sanat eserleri arasındaki ilişkileri de aramamızı ve görmemizi istiyor. Richard Wattenmaker "Barnes, araçları karıştırmak ve gelenekleri birbirine harmanlamak konusunda hiç tereddüt etmedi –ister Doğu'yla Batı, ister *tribal* ile *haute époque* olsun," diye yazar. "1927'de çekilen fotoğraflar, eski ve yeni üstatları nasıl dinamik bir şekilde gruplandırdığını, öğrencileri aynı sanatçının farklı eserleri ya da çoğu zaman farklı görünen gelenekler arasındaki ilişkileri bulup birbirleriyle bağlantılarını görmeye zorlayan, yan yana getirilmiş nesneleri gösteriyor."[11]

Cam bir muhafaza üzerinde yükseğe asılmış, ilk başta erişilmez görünen bir Claude Lorrain manzarası, loş akşam ışığına ve yıllanan, sararmış verniğe galip geliyor (bkz. Resim 8). Claude'un resminde, hayali ve kusursuz bir dünya olan Arcadia'yı keşfediyoruz. Bir öğrenci resmin altındaki muhafazanın içindekilere işaret ediyor. Topluluktaki parçaların yan yana getirilerek vurgulanışına beğeniyle gülüyoruz. Alttaki muhafazada küçük Yunan ve Roma antikaları ve aralarına serpiştirilmiş Amerikan yerlileri zamanından nesneler var. Bu, "uygar dünya"nın klasik geçmişi ile "uygarlaşmamış dünya"nın sınırsız ruhuna bir gönderme mi? Kurnaz Dr. Barnes hayal gücümüzü çalıştırıyor! Her iki kıtada da yer alan kayıp bir cenneti düşünüyoruz. O akşam Barnes'a gelirken geçtiğimiz yolları, kapıların ardındaki küçük Arcadia'dan ge-

---

11 Richard J. Wattenmaker, *Introduction to Great French Paintings from the Barnes Foundation* (New York: Knopf, 1993), 15.

çişimizi ve Barnes'ın, doğal dünyanın güzelliğinin bizi sanat eserlerinin güzelliğine hazırladığı konusundaki ısrarını düşünüyoruz.

Birkaç hafta sonra Barnes'ın her yerine serpiştirilmiş canlı ve güçlü Paul Gauguin eserlerini işliyoruz. 1890 tarihli *Mr. Loulou*'ya ve 1892 tarihli *Haere Pape*'ye bakıyoruz. Gauguin'in renkleri, yarattığı canlı hülyalı dünyalar gözlerimizi kamaştırıyor. Sonraki hafta konservatör Barbara Buckley, Japon baskılarını getirip galerilerdeki bir masanın üzerine dikkatle yerleştirdiğinde Barnes'ın hareket eden, sürekli değişen enstalasyon hayalini ilk kez deneyimliyorum. Gauguin'in kaynakları, esin kaynakları, Japon estetiğine ilgisi, ele aldığı konulara esin veren Brittany, Martinique, Arles ve Tahiti'ye yaptığı yolculuklara dair efsaneleri kendimiz sınıyoruz. Vincent Van Gogh ve Gauguin'in tablolarıyla yan yana duran baskılara bakarken öğrencilerim Avrupalıların biçim konusunda ödünç aldığı şeyler olduğunu kabul ediyor, ama Doğu dünyasının etkisiyle hiç ilgisi olmayan radikal yeni icatlar bulunduğunu iddia ediyorlar.

Barnes'ın fikri, koleksiyonun verilen derslere ve sorulan sorulara göre böyle sonsuz kere yeniden düzenlenebilmesiydi. Ölümünden sonra dondurulup bugün gördüğümüz düzende korunması gibi bir niyet hiç olmadı. Galerilere bir giren bir çıkan seyyar sanat eserleriyle koleksiyon sonu gelmez bir kaynak işlevi görüyor. Bir yerde beklenmedik bir göndermeyi, başka yerde bir gizin açığa çıkmasını mümkün kılan, cebinden hazineler çıkarıp bizi bir sihirbaz gibi eğlendiren seyyar sanat eserleriyle, sınıfımızda Barnes'ın hayalini bir nebze deneyimliyoruz. Barnes, kendi anlamlarımızı, kendi yollarımızı bulacağımıza güveniyor. Her karşılaşma, beklenen ve beklenmeyen derslerle, sınırsız ve keşfedilmemiş deneyimlerle sonuçlanıyor.

Sonunda koleksiyonun en zengin kısmına, 19. yüzyıl resimlerine geliyoruz. Mücevher kutusundaki inci tanesi gibi koleksiyondan tek tek çıkan sanat eserleri yerine, değerli taşlardan bütün bir kolye buluyor ve koleksiyonun akıl almaz büyüklüğüyle şaşkına dönüyoruz. Cézanne'ın eserleri Barnes'ın her yerinde öyle çok sayıda ki insanın hayal gücünü zorluyor ve sınırsız inceleme, sürekli yeniden düzenleme, anlama ve tadını çıkarma potansiyelini deneyimliyoruz. Cézanne'ın *Kâğıt Oynayanlar*'ı ile vakit geçiriyor, kartları görmek için masaya ge-

BİR EĞİTİM YERİ OLARAK BARNES VAKFI | 225

çiyor, oyuncularla dirsek dirseğe oturuyoruz. Sonra, dikkatimizi yine Cézanne'ın büyük ve muhteşem natürmortu *Le vase paille*'ye [Zencefil Kavanozu ve Mevyeler] yöneltiyoruz. Masa örtüsü buruşarak kaymaya, sonra doğal olmayan bir şekilde parlamaya başlıyor. Meyveler birbiriyle yarışıyor, hangisine baksak o öne çıkıyor. Bir öğrenci, "Küçücük masanın üstünde bunca elma, armut var ama hiç biri düşmüyor!" diyor. Başka bir öğrenci şöyle diyor: "İlk oturduğumuzda meyveler yeşildi ve çekici değildi, ama biz buraya oturduğumuzdan beri, sanırım olgunlaşıyorlar." Ardından zencefil kavanozu dikkatimizi çekiyor ve biri, "Masanın arkasında yükselip havada yüzmeye başladı," diyor. Cézanne'la, sanat eserlerini tek tek deneyimlemekle koleksiyonu bütün olarak deneyimlemek adeta birleşiyor. Sonunda, uzun bir sessizlikten sonra bir öğrenci bu Cézanne eserinin "doğa ile fiziğin birliği, geleneklere karşı çıkış, içe bakış, canlı anılar ve kaybolanlar, yaşam, ölüm ve diriliş, zuhur ediş," olduğunu söylüyor. Böyle bir yorum nasıl izah edilir? Barnes, sanatçıya güvenirdi; sanatçı, "gözlerinizi, yardımsız göremeyeceğiniz şeye açmalı" diyordu.[12] Dewey'in yalın bir şekilde söylediği gibi, "Sanat eseri canlanır."[13] Ve sonunda, Barnes'ın akşam derslerinde büyük sanat eserleriyle ilişki kuran öğrencilerin bu öyküleridir, olağan yaşamın dışındaki deneyimlere, "bir deneyimi bir deneyim yapan; etmenin ve olmanın, çıkan ve giren enerjinin" bir sonucu olan deneyimlere, Barnes ve Dewey'in hayaline kanıt.[14]

Barnes'a gelişini unutan azdır. Bazıları huşu, bazıları hayretten bahseder. Gülmeye başladığını söyleyenler oldu. Barnes çok çılgın ve tuhaf görünüyordu. Pek çok ziyaretçi, resimlerden çok Dr. Barnes'ı düşündüğünü anlatır. Ne çılgın yer. Ne tuhaf adam. Ama sıra dışı resimleri, dünya kültürlerinden gelme nesnelerden oluşan koleksiyonları ile Barnes Vakfı'nın kalbinizi kazanması uzun sürmez. Çoğu ziyaretçi, ayrılırken, hem tekrar tekrar gelenlerin hem çalışanların "Barnes'ın büyüsü" dedikleri şeye bir şekilde dokunmuş hisseder.

---

12 Barnes, *The Art of Painting*, 3 (bkz. dipnot 4).
13 Glass, "Theory and Practice," 103 (bkz. dipnot 3).
14 Dewey, *Art as Experience*, 50 (bkz. dipnot 9).

İlk izlenim, hatta ikinci ve üçüncüsü de, enstalasyonun görünürdeki karmaşasıdır: kişisel, hatta tuhaf ve sıkışık düzeniyle son derece güçlü duygularla yüklü. Madeni parçalar, çoğunlukla anahtarlar ve menteşeler, noktalama işaretleri gibi her galeride asılı durur. Ama Dewey'in bahsettiği o deneyim gelişirken, felsefi bir düşün fiziksel simgeleri gibi işlerler. *Dikkatini sanat eserlerine ver!* derler adeta. *Sırlarını ortaya çıkar, kapılarını aç!* Bir hayal oyunu ve çağrışım hissi, sınırları çizilmiş ama sürekli evrilen bu sanat ve fikirler evreninin içine işlemiştir.

Barnes'ın bir eğitim koleksiyonu idealine adanmışlığı, sanatın herkes için olduğuna duyduğu inançtan doğmuştu. Barnes'taki dersler öğrencilerin disiplinli olmasını ve kendini adamasını gerektirir. Ve Barnes, akşamın tatlı sessizliğinde öğrencileri büyüleyerek karşılık verir. Galeriler birer estetik deneyim mabedidir. Öğrenciler bir ayrıcalık duygusu içindedirler; onlar, kendine özgü bir dili olan bir dünyanın yeni üyeleridir. Barnes ve Dewey demokratik laboratuarlarını burada yaratmıştır. Barnes'a göre, "plastik formlar" evrensel bir dil oluşturur. Bu dili bir kez öğrenen bütün izleyiciler, önceki görme alışkanlıklarından, ele alınan konuyla ve sanat tarihiyle ilgili bilgi gerektirebilen alışkanlıklardan kurtulabilir. Barnes da Dewey de sanata bakmanın aktif, hatta yaratıcı bir süreç olduğunu savunuyordu. Ben de sanata bakarken gözün ve zihnin aktif olmasını savunan Dewey ruhuyla sınıfıma liderlik ettim. Odak noktamız, tıpkı toplulukların kendisi gibi, farklı yönlere, konudan şiirsel uygulamalara, oradan formalizme önceden kestirilemez şekilde hareket ederken sınıfım, katı Barnes yönteminden saptıysa da Dewey'in felsefesine sıkı sıkıya bağlı kaldı.

Öğrencilerimin Barnes'a bağlılığı ilgimi çekiyor ve çalışmak için neden Barnes'a geldiklerini soruyorum. Bir öğrenci şöyle diyor: "Birinci yılın derslerini alınca, biçimin evrensel bir dili olduğunun farkına varmaya başlıyorsun. Bu çok heyecan verici – bu dili her yere uygulamaya başlıyorsun. Sanat eseri topluluklarıyla yapılan dersler, bu fikri genişletip farklı kültürlere taşıma fırsatı veriyor." Başka bir öğrenci Barnes'ın gündelik hayata da haz kattığını söylüyor: "Derse gelmeye kocamla birlikte karar verdik ve bu görme gücü, hayatımızı değiştirdi. Kahvaltı sofrasında oturup göğe karşı duran ağaçlara bakarak biçimler arasındaki ilişki hakkında konuşuyoruz. Bu, yavaşlayıp görsel deneyi-

BİR EĞİTİM YERİ OLARAK BARNES VAKFI | 227

min tadını çıkarmanın bir yolu, böylelikle dünya her gün daha önce hiç olmadığı kadar güzelleşiyor." Barnes'ta sanatı *"bir* deneyim"le görmek gerekiyor. Barnes Koleksiyonu'nun enstalasyonu, belirli bir sanat tarihi görüşünü öne sürmüyor ya da stilistik özelliklerin ardışık bir şekilde belirdiği izlenimini uyandırmıyor. Bir yaratıcı ifadeler bolluğunu, sonsuz referans ve çağrışım olasılığıyla sunuyor. Sanat eserleri tuhaf komşular gibi dip dibe asılmış, yalnız ve devamlı bir diyalog halindeler. İlk kez gelen izleyiciye göre enstalasyon sanatı tüketiyor; adanmış Barnes öğrencisine göreyse sanat eserlerini *özgürleştiriyor.*

Barnes, galerilerinde sanat eserlerinin komşularıyla diyaloğa girdiğini, biçimsel öğelerin yan yana koyulup karşılaştırılmasının anlamı açığa çıkardığını anlamıştı. O hayattayken, bir Cezanne'ı tartışmak isteyen bir öğretmen resmin yanına örneğin bir Afrika heykeli ya da bir Chardin tablosu koyabilirdi. Renkler üzerine bir ders için goblen kaplı bir sandalyeyi El Greco ve Henri Matisse tablolarıyla "bir araya getirebilirdi." Barnes'ta edindiğim deneyimle, bir öğretmenin benimseyebileceği yaklaşımların sayısının sınırsız olduğunu fark ettim. Barnes Vakfı sizden orada duran şey hakkında bilgi sahibi olmanızı, sonra da sonsuz olasılık ve hayal gücü içeren dersleri derlemenizi ve yeniden derlemenizi, eğer yapabilirseniz, yaratmanızı istiyor. Telaşsız bir tempo ve aşkın bir sessizlik içinde büyüleniyor, enerji doluyor, kendimizden geçiyoruz.

Bugün pek çok insan Dewey ve Barnes'ın yola çıkarken paylaştığı hayalin Barnes Vakfı'nda hakikaten gerçekleşip gerçeklemediğini ya da vakfın Dewey'in felsefesine bir şekilde örnek teşkil edip etmediğini merak ediyor. Bazılarına göre bunun yanıtı, hayır. Barnes galerilerinde edindiğim öğretmenlik deneyimi ise bana, eğer amaç *"bir* deneyim" ise, yanıtın evet olduğunu söylüyor. Barnes, belki 20. yüzyıl sonu müzelerinde sanat tarihinin kaçınılmaz hâkimiyetini beklediğinden, Dewey'in olasılığının sonsuza kadar gelişip büyüyebileceği bir dünya yaratmak için uğraştı.

Barnes geleneği, bütün müze eğitmenlerini, kurumlarımızda yeni bir çalışma şekli hayal etmeye zorluyor. Eğitimin şartlarını yerine getirmek amacıyla eğitmenlerin bir koleksiyondaki sanat eserlerini yeni şekillerde yan yana koyup karşıtlıklar önerebilmesini mümkün kılmak, Stephen Deuchar'ın unutulmaz ifadesiyle, "müzedeki küratörlük ruhu"na bizi yaklaştırabilecek, devrim yaratabilecek örnek bir uygulamadır.[15] Barnes'taki öğretmenliğim sona yaklaşırken, neden, diye merak ettim, galeri öğretmenleri derslerinde işledikleri nesnelerin hep küratörlerin hazırladığı enstalasyonlardaki düzenlenişini ve karşılaştırılışını pasif bir şekilde kabul ederek çalışmak zorundadır? Nesnelerin zarar görmemesi ve güvenliğinin sağlanması için gerekli hassasiyet gösterildiğinde, belirli bir galeri programı için nesnelerin geçici olarak bir araya getirilmesini önermemiz neden mümkün olmasın? Örneğin kalıcı koleksiyonun parçası olan bir resim, bir iki saatliğine yanındaki şövaleye konulan başka bir resimle yan yana koyulup karşılaştırılabilir. Normalde depoda duran bir nesne gün ışığına çıkarılıp sergilenen bir nesnenin yanındaki kaideye yerleştirilebilir. Geçici bir serginin küratörü ve bir eğitmen tarafından dikkatle seçilen birkaç nesnenin yerleri sırayla değiştirilerek teşhir süresince verilecek derslerde kışkırtıcı karşıtlıklar oluşturulabilir. Eğer eğitim, sanat müzelerinin misyonunda gerçekten merkezi bir yer tutuyorsa, ki kuruluşundan beri çoğu müze bunu iddia ediyor, nesnelerin özgür bırakılıp küratörün buyruklarıyla sınırlanmadan birbirleriyle diyaloglara girebilmesi için eğitmenlerin küratör ve konservatörlerle işbirliği yapması gerektiğine inanıyorum.

New York'ta, ABD'nin ve dünyanın farklı yerlerinde ders verdiğim, turistlerin ve yerlilerin, yeninin ve eskinin kavuştuğu hareketli 21. yüzyıl agoralarını, şık sergi tasarımlarının ve küratörlerin kışkırtıcı düşüncelerinin yer bulduğu alanları, tarih biliminin kıyısında sanatla ilgili yeni tezlerin daha ileri noktalara taşındığı sanat müzelerini düşünüyorum. Ve Barnes'ı düşünüyorum: kalabalıkların ve moda olan eğilimlerin akışı dışında bir mabet, tıklım tıklım duvarları ve kalabalık vitrinleriyle yorum deneyimi, yaratıcı eğitim ve hayal gücüne dayalı kendi hızında gelişen yorumlar için değişebilir bir laboratuvar. Şüphesiz dünyada ikisine de yer ve hatta ihtiyaç var.

---

15 Stephen Deuchar, "Whose Art History? Curators, Academics, and the Museum Visitor in Britain in the 1980s and 1990s," Charles W. Haxthausen, der., *The Two Art Histories: The Museum and the University* içinde (New Haven: Yale UP, 2002), 3.

Barnes'ın sihri, taşınmayı beklediği Philadelphia şehir merkezinde umarım yaşamaya devam eder. Ve bu arada umarım Barnes Koleksiyonu'nun vizyonu, bizim müze dersi vizyonlarımızı şekillendirir. Galerilerin, temaşanın teşvik edildiği, sanat eserlerinin yeni ve kestirilemez şekillerde düzenlendiği eğitim yerleri olduğu fikrini unutmayalım. Galerileri, içlerindeki sanat eserleri ve öğretmenin bilgi ve yaratıcılığının rehberlik ettiği diyaloglar ve ayrıntılı incelemeler vasıtasıyla, insanların bir sanat eserine anlam vermek için toplandığı yerler olarak görelim. Küçük, büyük, bütün müzelerde sanat eserlerinin yerlerinin, öğretmenlerin isteğiyle, yeni diyaloglar yaratmak, yeni ufuklar açmak için şaşırtıcı karşıtlılar oluşturacak şekilde değiştirilebildiğini hayal edelim. Ve son olarak, galerilerin her zaman *"bir* deneyim," sınırsız özgürlükle bir araya getirilmiş deneyimlerin yeri olduğunu bilelim. Maxine Greene'in dediği gibi, işimiz, "deneyimi, o deneyimin ne olacağını önceden belirlemeden mümkün kılmak."[16] Barnes ve Dewey, Barnes Vakfı'nı bu idealin vücut bulması için kurdu. Dilerim, Barnes Vakfı, sorularımızı daha ileri noktalara taşıyan, özgürlüğü teşvik eden ve sevdiğimiz sanat eserlerine dair hep daha derin anlayışlara ulaşma arayışımıza hizmet eden bir eğitim için yaptığımız araştırmalarda bize esin kaynağı olmaya devam etsin.

Journal of Museum Education'a katkıda bulunmam için beni davet ederek bu makalenin ortaya çıkmasına vesile olan Mark Graham'a teşekkürler.

---

16 Maxine Greene, yazarla sohbetinden, 20 Mayıs 2004.

ONUNCU BÖLÜM
En Büyük Günah: Zirve Deneyimler Yaratmak İçin Ders Vermek
Rika Burnham

Bir seferinde The Metropolitan Museum of Art'ta yeni müze rehberlerinden oluşan bir sınıfı, Petrus Christus'un Lehman Koleksiyonu'ndaki bir resmi önünde topladım. Grup, bir galeride ilk kez bir araya geliyordu. Bir saat sonra, şaşkın ve anlaşılan bir uyanış yaşamış halde, "Vay canına! Bize resimlere nasıl bakılacağını öğrettin!" diyerek çıktılar.

Gerçekten mi, diye merak ettim, tek bir galeri programında? Böyle bir dönüşüm mümkün mü, üstelik bu kadar kısa sürede? Müze eğitmenleri, ister profesyonel ister gönüllü olsun, galeri turlarımızın ardından benzer duyguları dillendiren hevesli ziyaretçilere alışkındır. "Sanata nasıl bakacağımı öğrettiğin için teşekkür ederim!" derler heyecanla. "Sanata bakışım tamamen değişti!" Bu tip yorumlar bazı ziyaretçilerin turlarımız sırasında "nasıl bakmak gerektiği"yle ilgili gerçekten önemli kavrayışlar edindiğini gösteriyor. Öğretmen için bu tip deneyimler elbette çok tatmin edicidir; hatta o kadar doyurucudur ki pek çoğumuz "bakmayı öğrenmek" ve "dönüştürücü deneyim"i, pratiğimizin resmi, bilinçli hedefi yapmanın o tehlikeli baştan çıkarıcılığını hissederiz. Ben bunun gerçekten güvenilmez bir zemin olduğuna inanıyorum.

Elliott Kai-Kee ile birlikte bu kitapta önerdiğimiz türden bir diyalojik yaklaşım, galeri dersinde bu tür hedefler benimsenmesine bilhassa müsait görünebilir. Galeri diyaloglarında bireyler geçici yorumlayıcı toplulukların birer parçası haline gelir ve bu toplulukların üyeleri birlikte izledikleri eserlere dair birbirlerinin anlayışlarına katkıda bulunurlar.

Sordukları sorular, verdikleri bilgiler, önerdikleri benzetimler, buldukları açıklamalar, hepsi de, sanat eserlerine farklı yollardan yaklaşmanın mümkün olduğunun farkına varmalarını sağlar. Bir diyalog ilerlerken her biri kimin neye önem verdiğini ve gelişmekte olan kolektif yorum sürecinde kendi rolünün ne olduğunu öğrenir.[1] Düşünür Ruth Lorand'ın dediği gibi, "İyi bir yorum, tek bir gözlemcinin sınırlarını aşmalı ve pek çok başka insan için ortak ve temel bir şeye dokunmalıdır. Bir nesne içinde saklı olan, ama başkalarının görmesi için de orada olan katmanları fark edebilmek, dikkatli gözleri ve hayal gücü kuvvetli bir zihni gerektirir. Aslında, pek çok zaman, saklı katmanlar başkalarının yorumlarıyla gözlerimize açılır."[2] Müze ziyaretçileri aydınlanmalarının ana kaynağı olarak genellikle öğretmeni görse de, aslında galerilerde liderlik ettiğimiz öğrencilerin bazen farkına bile varmadan hem bize hem birbirlerine bir şeyler öğrettiklerini bilir ve kabul ederiz. Bununla birlikte katılımcılar genellikle arkadaşlarının katkılarının değerini görür ve teşekkürlerini "Vay canına, kırk yıl düşünsem aklıma gelmezdi!" gibi bir cümleyle ifade eder. Geçmişte liderlik ettiğim bir grubun katılımcılarından birinin son derece zarif bir şekilde ifade ettiği gibi, "Hepimiz birbirimizin gözlerini ödünç alıyoruz."

The Metropolitan Museum of Art, Nisan 2008

The Metropolitan Museum of Art'ta akşamları düzenlenen bir galeri programı olan Gören Gözler'e [The Observant Eye] kayıt yaptırmış yirmi kişilik bir grup, ellerinde tabureleri, Avrupa resimlerinin sergilendiği galerilere çıkan merdivenleri çıkıp özel bir sergi olan "Poussin ve Doğa"ya giriyor. Poussin'in, Louvre'dan ödünç alınan, *Orpheus ve Eurydice ile Manzara*'sı önünde duruyorlar (bkz. Resim 1). Herkese hoş geldiniz deyip, geldikleri için teşekkür ediyor ve tablonun önünde bir yere oturmalarını rica ediyorum. Yerleşiyor ve birlikte bakmaya başlıyorlar.

---

1 Bkz. Marcia Eaton, *Merit, Aesthetic and Ethical* (New York: Oxford UP, 2001), 3-19.

2 Ruth Roland, "A Portrait of Interpretation," Peter McCormic, der., *Canadian Aesthetics Journal/Revue canadienne d'esthétique* 2 içinde (Kış 1998); ayrıca, http://uqtr.ca/AE/vol_2/lorand.html adresinden edinilebilir.

EN BÜYÜK GÜNAH: ZİRVE DENEYİMLER YARATMAK İÇİN DERS VERMEK | 233

Uzun bir sessizlikten sonra genç bir kadın çekinerek, "Kaleden büyük dalgalar halinde duman çıkıyor, kara bulutlara karışıyor," diyor.[3] Arkadaşı ekliyor: "Ama sanki kimse fark etmiyor. Özellikle de sağda, önde duran adam, öylece şarkı söyleyip duruyor; tehlikeden tamamen habersiz."

"Sanki bambaşka şeylerle uğraşan insan grupları var," diyor arkalardan bir adam. "Birbirlerinden çok uzak görünmüyorlar, ama tuhaftır, birbirlerini fark etmiyorlar."

"Ama bir balıkçı var, epey şaşırmış görünüyor, başını bize çevirmiş," diyor bir başkası. "Oltası resimde her şeyin karanlık olduğu kısma işaret ediyor sanki."

"Ağaçta asılı tuhaf kırmızı kumaştan gözlerimi alamıyorum," diyor başka biri. "İnsanın dikkatini dağıtıyor!"

"Ressam bizi açıkça öndeki serin, karanlık, gölgelik yere yerleştiriyor," diyor ilk konuşan genç kadın. "Bize en yakın figürler yarı gölge, yarı aydınlıkta, sanki bizim dünyamızla, baktığımız, diğer iki figürün bulunduğu tuhaf, uğursuz sahne arasında bir köprü kuruyorlar."

Resme yakın oturan biri şöyle diyor: "Bakın, otların içinde kıvrılan, küçük, pis bir yılan var. Kadın yılanı görüp korkuyor ve sepetini düşürüyor."

"Bu kadar duman var, ama görünen bir ateş yok," diyor başka biri. "Bu gittikçe tuhaflaşan bir sahne, güzel ama giderek bir kâbusa daha çok benziyor."

Başka bir grup, önce tuvalin genel atmosferine ya da resmin nasıl düzenlendiğine dair konuşabilir veya doğrudan, konusuna dair görüşlerinden bahsetmeye başlayabilirdi, ama bu grubun üyelerinin, ilgilerini çeken ya da meraklarını cezbeden *ayrıntıların* peşine düştüğünü fark ediyorum: kaleden yükselen duman, ağaçta asılı tuhaf kırmızı kumaş, çimenlerin arasında kıvrılan küçük yılan. Bazıları insan figürlerinin bir

---

3 Sözleri bu makalede aktarılan iki öğrenci, Ryder O'Dell ve Alexandra Lotero'ya özellikle teşekkür etmek isterim. Ayrıca, Harvard Üniversitesi'nin araştırma grubu Project Zero'dan Steve Seidel'e, Metropolitan'daki derslere katılan öğrencilerin sanat eserleriyle olan deneyimleriyle ilgili yaptığı kapsamlı ve son derece titiz görüşmeler için teşekkür ederim.

anlatıya işaret eden hareketleriyle ilgili bir şeyler söylüyor: Önde, şarkı söyleyen adam ve sepetini düşüren kadın; arkada, öndeki hareketli olaylar dizisinden tamamen habersiz görünen, kendi işleriyle meşgul insan grupları. Diğer katılımcılar ortamdan ve hava koşullarının etkisinden bahsediyor: ışık ve gölgeyle manzarayı iki farklı dünyaya ayıran, zıtlık ifade eden yapılar. Grup, yeni kavrayışlar bulmak için bir hipotezi bir başkasına uyarlıyor, bütüne bir anlam vermelerine yardım edecek bir öykü arıyor.

"Ressam, Nicolas Poussin," diye açıklıyorum. "Bu tabloyu 1650 civarında yaptığını düşünüyoruz. Orpheus ve Eurydice'in öyküsünden bir sahneyi gösteriyor. Bu dokunaklı öykü, genellikle, Orpheus'un Eurydice'i ölüler diyarından kurtarmaya çalışmasına odaklanır. Bu resimde Orpheus'un kim olduğundan az çok emin olabiliyoruz çünkü Poussin onu liriyle, yüzü yukarı dönük, şarkı söylerken resmediyor. Poussin, öykünün en başını, Orpheus'un şarkılar söyleyerek düğününü kutlayışını anlatıyor gibi görünüyor. Ama kehanet iyi çıkmıyor. Ovidius şöyle yazıyor: "Vardı yüzünde, ne de mutluluk taşıyan bir belirti. / Gözleri yaşartan sisler yayan, sağ elinde tuttuğu / Yalımlanmayan, boyuna tıslayan ışıldaktan. / Üstün gelmiş sonunda tansık, Naiadlar topluluğu / İçinde geçen bu yeşil gezide kısa bir evlilik; Ölümle yüzyüze, topuğunu ısıran yılan dişiyle."[4]

Bir süre sessizlikten sonra katılımcılar düşüncelerini paylaşıyor.

"Orpheus'u biliyoruz, ama hangisi Eurydice?"

"Diz çöken kadın olması lazım – çok güzel ve ışıltılı sarı bir elbise giymiş."

"Bence korkmuş görünüyor, ama yılana bakın. Bu kadar büyük bir trajedi için ne kadar küçük. Yılan geliyor mu, gidiyor mu, kadını ısırmış da kadın ölüler diyarına gömülüyor mu, yoksa ısırmak üzere mi, anlamak zor."

"Beyazlara sarınmış, ayakta duran kişi bir gelin tacı takmış. Gerçi daha çok erkeğe benziyor, ama Eurydice de olabilir?"

---

4 Ovid, *Metamorphoses* 10.5-15, çev. Charles Martin (New York, Norton, 2004) [Ovidius, *Dönüşümler*, çev. İsmet Zeki Eyüboğlu, Payel, 1994, s. 233].

Bu resmi yorumlayanların çoğunun, ayaktaki kişinin düğün tanrısı, sarı elbiseli kadının Eurydice olduğunu düşündüğünü söyleyerek yanıt veriyorum. "Ama herkes aynı fikirde değil. Ben de emin değilim," diye ekliyorum. "Uzak sahildeki bütün o insanlara bakıp duruyorum," diyor başka biri. "Önde olup bitenler çok önemli, çok gerilimli; arkada herkes günlük yaşamına öylece devam ediyor." "Zaman aniden sona mı eriyor? Doğa ne olursa olsun aşkın mıdır?" Poussin'in resmettiği olay gerilimli, gizemli ve açıklama gerektiriyor. Öykünün Ovidius tarafından anlatılan ana hatları sahnenin karmaşıklığını –yanan binaları, arka plandaki çoğu çıplak figürlerden oluşan grupları– açıklamıyor. Biri şöyle diyor: "Poussin'in Orpheus ve Eurydice'ine bakmak, Dostoevsky'nin *Suç ve Ceza*'sını okumak gibi. Önce her şey öyküden ibaret sanıyorsun, sonra öykünün sadece bir vesile olduğunu fark ediyorsun. Kitap aslında, bir insanın hayatı bağlamında, bir vicdan sorgulamasıyla ilgili ve Orpheus'la Eurydice konusunda henüz emin değilim, ama sanırım bu da daha büyük öykülerle ilgili: kader ve talih, yaşam ve ölümle ilgili."

Grup bu öneriyi değerlendiriyor ve başka olasılıklar arıyor. Biri sohbete giriyor: "Belki gördüğümüz aslında ölüler diyarıdır: su, Sytix ırmağıdır, balıkçılar, sandalcılar ve yüzücüler de yeryüzündeki ölmüş, ölüler diyarına doğru yola çıkmış olanlardır. Giysilerini o yüzden kıyıda bırakmışlar, gittikleri yerde giysiye ihtiyaçları yok."

Grubun işi henüz bitmedi. Katılımcılar tuvale daha da yaklaşıyor. İçlerinden biri, "Resmin sağ alt köşesindeki üç figür şimdi biraz uzak görünüyor, belki de öyküyü anlatan ve dinleyen rolündeler," diyor. Hangi figürün Eurydice olduğunu merak eden grubun üzerine yine sessizlik çöküyor. Kesin olarak tespit edebildiğimiz tek figür olan ve Eurydice'in vaziyetinden habersiz, lirini çalıp şarkılar söyleyen Orpheus'a hayretle bakıyorlar; aşk sarhoşu mu, yoksa tanrılardan mutluluk mu diliyor?

"Bu tuhaf ışığın bir büyüsü var, bu dünyaya ait değil gibi – gök gürültüsünden hemen önceki ışık ya da ay ışığının titremesi," diyor biri.

"Ters dönmüş çiçek saksısı çiftin talihinin tersine döndüğünü simgeliyor olabilir. Neden kimse yükselen, uğursuz dumandan endişe etmiyor?"

"Sarılı ve beyazlı iki figüre baktıkça aslında Orpheus ve Eurydice oldukları yönündeki düşüncem güçleniyor. Öykünün aynı anda iki farklı kısmını birden görüyoruz. Önce, sarı elbiseli Eurydice, düğün gününde, yılan tarafından ısırılıyor. Ayaktaki figür Orpheus. Düğün için gelmişler buraya; birleşmek istiyorlar, o yüzden Orpheus aşkının bir simgesi olarak gelin tacını takıyor. Ama tekrar bakılırsa, Eurydice, Orpheus'u izleyerek ölüler diyarından dönmüş de olabilir! Orpheus, arkasından gelen Eurydice'i görmeye çalışıyor. Gözüne bakın, gözünün kenarıyla bakmaya çalıştığını görebilirsiniz. Ve Eurydice'i tekrar ölüler diyarına düşerken görüyoruz. Biliyorum, bu ilk başta düşündüğümüzden daha karmaşık; Eurydice iki kere ölüyor ve Orpheus aşkını iki kez kaybediyor."

"Yani Poussin bütün öyküyü anlatmanın bir yolunu bulmuş. Bunu yapmak için zamanla oynamış. Sağa doğru dairesel bir hareket var, suyun kıyısına doğru. Bence harp çalan figür Orpheus, öncesinde, sırasında ve sonrasında – dünyada bir başına şarkı söylüyor ve ağlıyor ve şarkı söylüyor."

Gruba Poussin'in "kaderin oyunu" dediği şeyle, masum insanların başına gelen, yaşamlarımızı bir anda değiştiren feci olaylarla derinden ilgilendiğini söylüyorum. Bir katılımcı araya girerek, "Mutluluk çok kırılgan. Kaşla göz arasında kaybetmek mümkün," diyor. Bu düşünceyle birlikte bir saat geride kalıyor. Hep beraber mutluluğun kırılganlığını düşünürken, grup adeta gönül rahatlığıyla bir nefes veriyor, zira bu anlaşılması zor resim üzerindeki incelememizi en azından şimdilik sonuca ulaştıran bir noktadayız.

Galeri dersinin amacı, Elliott Kai-Kee ve benim anladığımız kadarıyla Dewey'in bahsettiği türden deneyimlerdir. Bu deneyimlerin ortak noktası sanat eserine derinlikli bir odaklanma olsa da, gündelik yaşamın akıcılığı içinde bunlar ayrı birer olaydır. Katılımcılar sanat aracılığıyla bütün varlıklarıyla bu deneyimlere dahil oluyorlar. Ama deneyimin içine girerken bile dışına düşüyorlar ve böylelikle bir an için deneyimin kendisine bakmış oluyorlar. Ressam Willem De Kooning, eserlerin içine dalıp aynı zamanda dışında durduğu hissini tarif ederken, kolay akılda kalan bir ifadeyi, "bakıp çıkan" deyişini kullanıyordu. Bu ifade buraya tuhaf şekilde uygun görünüyor. Galeri diyaloglarımıza katılan insanlar gerçekten de, deneyimlerine bir özbilinç olmaksızın bir dalıp bir çıkan, kendi düşünce süreçlerinin ve grubun kolektif ilerleyişinin anlık görünümlerini üstbilişsel olarak yakalayan "bakıp çıkan"lardır. Kimi zaman bir anlığına diyaloğun dışına ilişip gözlemler, düşünür, kimi zaman yorumlama süreçlerinin kendisiyle ilgili hayret verici gözlemlerde bulunurlar. Örneğin yukarıda tarif edilen diyaloğa katılanlardan biri sohbet sona erdikten sonra hemen ayrılmadı. "Bu tabloyu çok sevdim. Çok güzel," dedi. "Bir sonraki sefer de keşke aynı tabloya bakabilsek. Başka gruplar neler diyor acaba. Eminin farklı şeyler çıkıyordur." Bu sahiden de üstbilişsel bir kavrayıştı. İzleyici açık, diyalojik yorumlamanın oyunbazlığını bir an için eksiksiz görmüştü.

Lise öğrencileri genellikle onlara verilen eğitimin izlediği çeşitli yolların farkındadır. Metropolitan'da lise öğrencileri için düzenlenen bir okul sonrası programının katılımcılarından biri, Steve Seidel'in Harvard Project Zero için yaptığı bir röportajda, burada aldığı dersi kavrayışı yüksek bir şekilde şöyle tarif ediyordu: "Yani grup halinde çalışıyoruz, farklı insanlar aynı şeyle ilgili fikirlerini söylüyor. Resimde ne olduğunu anlamak için hepimiz birlikte çalışıyoruz. Yani daha çok öğrenciler sorumlu oluyor, fikirlerini söylüyor, okuldaki öğretmenler gibi değil, onlar, bu bir gerçek, bu bir gerçek, deyip sonra sana bir şey soruyor. Burada, Met'te, *Sen* ne düşünüyorsun? diye soruyorlar. Bence belli bir yöne doğru götürülmüyoruz. Doğru yolu bizim bulmamız gerekiyor ve buldukça yol bizi götürüyor [...] nereye götürecekse."[5]

Bazı durumlarda bu tip üstbilişsel kavrayışlar insanları dönüştürür. Yukarıda tartışılan resimle ilk deneyimi hakkında düşünen başka bir lise öğrencisi, bir galeri öğretmeni olarak benim, "kendi başıma olsam muhtemelen yanından geçip gideceğim" dediği bir resmin önüne grubu oturtup resme "bakma[larını] söyledi"ğimi anlattı ve şöyle devam etti:

---

5 Steve Seidel, Shari Tishman, Ellen Winner, Lois Hetland ve Patricia Palmer, *The Qualities of Quality, Undestanding Excellence in Arts Education* (Cambridge, MA: Project Zero, 2009).

"Bu kadının bize resmin tarihi ve önemi hakkında ders anlatmasını bekledim. Ama o, tartışmayı bizim yönetmemize izin verdi." Bir saati aşan diyalogla ilgili şunları belirtiyordu: "Eserin adı söylendiğinde, yaptığım bütün yorumların yanlış olduğu ortaya çıktı, ama bunun hiç bir önemi yoktu. Benim gördüklerim de açığa çıkanlar kadar doğruydu çünkü kendi deneyimlerimden geliyordu ve benim hakikatimdi. O gün ayrılırken en büyük isteğim, o müzedeki diğer bütün eserleri görmek ve aynı çalışmayı yapmaktı. O günden beri bağımlısıyım."

Başka bir lise öğrencisi, deneyimini daha genel, daha şiirsel bir dille tarif ederek, sanat deneyiminin kısa ömürlülüğünü ve yaşamında devam eden etkilerini anlatıyordu: "Sanat eserleri burada 'yaşıyor'. Bir süre yanında kalıyor, içinde bir zaman boyunca yürüyor, sonra hoşça kal diyoruz. Sanat tarihi bana bu eserin *bir tarih anlatısı* olduğunu öğretirdi; geçirdiğim bir buçuk saat, resmin içine girmeyi, resim olmayı, resmi yaşamayı, tekrar dışına çıkmayı öğretti ve kısacık bir an için, bölük pörçük, sürekli parçalanan dünyamı bütün yaptı."

Bu ifadeler ışığında, galeri öğretmenliğini bu tip tatmin edici tepkiler üretme ya da en azından bu tepkileri kaçınılmaz hale getiren koşulları yaratma amacıyla yönlendirmek, dersin amacını, insanların sanata bakmakla ilgili fikirlerini veya hatta yaşamlarını dönüştürmek olarak tasavvur etmek, baştan çıkarıcıdır. Bu, bana Florian Henckel von Donnersmarck'ın yazıp yönettiği *Das Leben der Anderen*'i; [Başkalarının Hayatı] (2006) anımsatıyor. Bu filmde, ilk karşılaştığımızda ahlaken yansız, duyguya kapalı, empatiden yoksun görünen, Doğu Alman Gizli Polis Örgütü'nden bir yüzbaşı, şiir ve müzikle yaşadığı deneyimler sonucunda dönüşüme uğrar. Karşıt görüşlü bir oyun yazarını ve çevresindekileri izlemekte olan ajan, piyanoda çalınan bir parçayı, "Sonata for a Good Man"i duyar. Ardından, Bertolt Brecht'in eserlerinin yer aldığı bir kitabı oyun yazarının masasından çalar ve okur.[6] Yüzbaşının ruhu, zarafetle, yavaşça, dışarıdan neredeyse hiç anlaşılmayan bir şekilde açılır. Bu insanın içine işleyen etkileyici filmi izlerken, kendi galeri dersi deneyimimdeki ve resim, müzik, edebiyatla, hatta bu filmle

---

6   Piyano için yazılmış olan bu parça Gabriel Yared tarafından film için bestelenmiştir. Çalınan kitapta Brecht'in "Erinnerungen an Marie A"sı [Marie A'nın Anısına] da yer almaktadır ve bu şiir filmde dış ses tarafından seslendirilir.

EN BÜYÜK GÜNAH: ZİRVE DENEYİMLER YARATMAK İÇİN DERS VERMEK | 239

yaşadığım deneyimlerdeki mutlu zirve anlarını hatırlamaktan kendimi alamadım. Müze derslerimiz her zaman böyle mucizeler yaratsa harika olmaz mıydı? Dönüştürücü deneyimler için ders vermenin baştan çıkarıcılığı çok büyüktür.

Ancak benim görüşüme göre, üstbiliş ve dönüştürücü öğrenme, asıl amacı sanat eserleriyle derin deneyimleri kolaylaştırmak olan ve bu tip deneyimlerin kalıcı etkisinin deneyimin derinliğine ve ikna ediciliğine bağlı olduğunu kabul eden bir pratiğin yan ürünleri olarak meydana gelmelidir. Öğrencilerimizin derslerde işlediğimiz sanat eserleriyle karşılaşmalarının *içeriğini* önceden belirlemenin baştan çıkarıcılığına karşı nasıl uyanık olmamız gerekiyorsa, bu karşılaşmaların *değerini*, gayri ihtiyari bir şekilde bile olsa, önceden belirlemenin baştan çıkarıcılığına karşı da eşit derecede uyanık olmalıyız. Her anlamda hiçbir beklenti duymadan ders verme cesaretine sahip olmalıyız. Yukarıda ana hatları verilen diyalogda, bakma süreciyle ilgili üstbilişsel kavrayışlara ulaşan ziyaretçi ve öğrenciler bunu, ders pratiğinin amacı bu kavrayışlara ulaştırmak olduğu için değil, *Orpheus ve Eurydice* ile deneyimleri çok güçlü olduğu ve bu sebeple de, belki hayret içinde, bu deneyimi mümkün kılan süreci görmek ve düşünmek üzere deneyimlerinin akışı dışına çekildikleri için başardılar. Dönüşüme uğramış hissedenler, yaşamı boyunca bunu ancak bir ya da iki kere söyleyebilecek talihliler arasına katılmış oldular.

Müze eğitmenleri olarak pek çoğumuz, neyi nasıl öğrettiğimiz sorulduğunda uzun bir amaçlar listesini ezbere tekrar edebiliriz. Listenin en başında, bakmayı öğrenmek gelir. Ama aynı zamanda sanat tarihi, kültürel farkındalık, görsel okuryazarlık, eleştirel ve analitik düşünme becerileri, empati, sosyal, politik, ahlaki değerleri ve ötesini öğrettiğimizi iddia ediyor ve hatta çoğu zaman öğretmeye zorlanıyoruz. Fakat bu tür iddialar, sanat eserini, olması gerektiği gibi, dikkatimizin ve çalışmamızın merkezine değil, bu ideallere ulaşmayı sağlayan şey konumuna yerleştirme tehlikesine işaret ediyor. Programlarımıza katılanların sanat eserleriyle ilişki kurmanın *sonucunda* bütün bu alanlarda ya da herhangi birinde biraz bilgi edinebileceğini kabul ediyoruz. Ama biz eğitmenler, sanat eserinin kendisini her zaman dersimizin kökeni, aracı ve sonucu olarak tutmayı başaramazsak, bilgilerinin sağlamlığı aslında kısıtlı olacaktır.

Deneyimin kendisi değil, yan ürünleri için ders vermekten sakınmamız gerekir. Bu, nihayetinde inandığımız her şeyi küçültme ve tehlikeye atma riski doğuran bir günahtır. Ve eğer dürüst olursak, en yetenekli, en deneyimli, en başarılı olanlarımız bile bu en büyük günahın cazibesini hissettiğini itiraf edecektir. Orpheus zaten bildiği bir şeyden emin olmak, sevgili Eurydice'inin gerçekten ardından gelip gelmediğini görmek için dönüp arkasına bakma arzusuna boyun eğip *onu* en fazla cezbeden günahın çağrısına teslim olduğunda, değer verdiği ve sevdiği her şeyi kaybeder. Eğer biz müze öğretmenleri en çok değer verdiğimiz şeyi korumak istiyorsak, *bizi* en fazla cezbeden günahın çağrısına başarıyla direnmeliyiz.

Sanat eserini hedefe koyarak ders vermek dönüştürücü deneyimleri mümkün kılar, ama bu tür deneyimleri yaratmak için ders vermek, amacımız olmamalıdır. Bu tür deneyimlerin kırılganlığını ve kolaylıkla yıkılabildiğini kendimize hatırlatırız. Bir uçurumun kıyısındaymışçasına denge kurarız: Dersimiz başarısız olursa, biz düşeriz. Ama başarılı olursa, zaman ve mekân içinde askıda kalır, yükseliriz. Bu büyülenme, bu lütuf anları, zorunlu tutulamaz, olsa olsa meydana geldiğinde, biz kısa bir süre için dünyayla cennet arasında süzülürken, gerçekliği kabul edilir.

ON BİRİNCİ BÖLÜM
Sanat Müzesinde Eğitimin Geleceği
Rika Burnham ve Elliott Kai-Kee

İlerlerken arayacağımız şey şudur: başkalarının mevcudiyetinde kendine bir alan açmak için eylemde bulunan insanların geliştirdiği özgürlük; alternatiflere, umursamayı ve toplumu içeren alternatiflere hazır durumdaki "meydan okuyan" insanlar. Ve yol alırken, hem kendinin hem birbirinin sorumluluğunu almaya gönüllü olanların, yine buna gönüllü olanlar için yürüttüğü özgürleştirici bir eğitimin içerimleri için çabalayacağız. İnsanlara, kendi çoklukları içinde, farklı olabilecekleri, içinde büyüyebilecekleri alanlar açmanın yollarını keşfetmek istiyoruz.

Maxine Greene[1]

Geleceğin sanat müzesinde, sohbetin uğultusuyla kaplı bir galeriye giriyoruz. Küçük bir ziyaretçi grubu bir sanat eseri etrafında toplanmış, gözlemlerini paylaşıyor, bakışları bir müze eğitmeni tarafından sessizce yönetiliyor. Grup, ziyaretçilerin eğitmenle, birbiriyle ve hepsinden öte, sanat eseriyle diyalog kurmaya davet edildiği bir program için toplanmış. Grup, diyaloğunu tamamladığında diğer gruplar yerini alacak, başka sanat eserlerine dikkatle bakacak, onları farklı şekillerde açığa çıkaracak.

David Carrier'in, kaynağını Aydınlanma Dönemi'nden alan hayalinde kök salmış bir geleceğin müzesi vizyonunu biz de paylaşıyoruz. Bu hayalde tüm yurttaşlara açık bir sohbet alanı, "görsel sanatlarla ilgili demokratik konuşmalara sahiden adanmış" bir kamusal müze alanı

---

1 Maxene Greene, *The Dialectic of Freedom* (New York: Teachers College Press, 1988) 56.

var.² Böyle bir müzede galeriler, öncelikli olarak sanat tarihi bilgisinin aktarıldığı yerler olarak görülmez. Sanat eserleri etrafında diyalogların gerçekleştiği, yorumlama projesinin sürekli hayata geçirildiği yerler olarak yeniden tanımlanmıştır.

Bu diyaloglardan sorumlu eğitmenler, geleceğin müzesinde merkezi bir yere sahiptir. Eskiden küratörlerin yorumlarını halka tercüme etmekle görevli eğitmenler, artık sanat eserlerinin tercümesine herkesi dahil etmekle görevlidir. Koleksiyonlar hakkında bilgiye, izleyicilerle ilgili deneyime sahip bu insanlar, sanat eserleriyle insanları değerlendirme ve inceleme için bir araya getirir. Sanat eserleriyle ilgili düşünce ve gözlem alışverişine dahil olmuş, sanat eserleriyle ilgili diyaloğun ileri geri akışına kapılmış ziyaretçiler, izlenimleri sanılara ve ideal olarak bir anlayışa ve yoruma tercüme eder.

Ziyaretçiler müzeye galeri diyalogları vasıtasıyla sanat hakkında bir şeyler öğrenmek için gelirler. Bu diyaloglar sırasında, insanların baktığı ve hakkında konuştuğu sanat eserlerini canlandıran ve bir anlamda, icra eden bir yorumlama oyununa aktif şekilde katılırlar. Oyun başarılı olduğunda enerji ve tutku doludur. Müze galerileri fikirlerin özgürce paylaşıldığı, yorumlamada doğaçlamanın ve deneylerin teşvik edilip değer gördüğü aktif yerler haline gelir.

Sürekli tekrarlanan oyun sanatı, müzeyi pek çok bakış açısına ve birden fazla yorum olasılığına açık bir yorum özgürlüğü alanı yapar. Eğitmen de ziyaretçi de sanat eserlerine dair anlayışlarının hiçbir zaman eksiksiz olmadığını fark eder, her diyaloğun sanat eserlerini yeni anlam ve yorum olasılıklarına açtığını bilir.

Geleceğin müzesinde, ziyaretçilere böyle özel deneyimler sunma misyonu, müzenin koleksiyonundaki nesnelerin bakımını üstlenmeyi içeren geleneksel görevinden ayrı değildir. Çünkü sadece ziyaretçiler dikkatle baktığında ve yorumladığında sanat eserleri hayat bulur. John Dewey'in neredeyse yüz yıl önce söylediği gibi, sanat eseri izleyicinin deneyiminde hayat bulur. Dikkatli bir incelemeyle sanat eserine hayat verme sürecinde her biri kendi üstüne düşen rolü oynayarak, yorumla-

---

2 David Carrier, *Museum Scepticism: A History of the Display of Art in Public Galleries* (Dornham, North Carolina: Duke UP, 2006), 211.

SANAT MÜZESİNDE EĞİTİMİN GELECEĞİ | 243

yarak ve yeniden yorumlayarak eseri canlı tutan ziyaretçi, eğitmen ve küratörler, sanat eserine anlam verme çalışmasını paylaşırlar.

Ziyaretçilerin sanat müzelerinde edindiği en derin ve en etkileyici deneyimler, sanat eserlerinin anlamının geliştirilmesine, çözülmesine ve tercümesine katıldıkları deneyimlerdir. Geleceğin müzesinde bu tür diyaloglara herkes davetlidir. Her insan, nesnelerin etrafında dans eden yorum oyununda rol aldıkça, burada sergilenen nesnelerin yaşamında önemli bir katılımcı olduğunu anlar.

Müzeler en başta insanlar içindir. İnsanların sanat eserlerinin anlamıyla ilgili anlayışlarını, kendi düşünceleri, duyguları ve sesleriyle ifade edebildiği kamusal alanlardır. Müzelerin sadece insanların anlam inşa etme edimlerine katılabildiği yerler değil, aynı zamanda ziyaretçileri de yeniden tanımladığımız, bilgi değil, deneyim, derin düşünme ve hayal gücü peşinde insanlar olarak gördüğümüz yerler olmasını istiyoruz. 21. yüzyılda müze programları, müze galerilerini insanların sanat eserlerine hayat verdiği ve bu süreçte kendi yaşamlarının da aydınlandığı yerlere dönüştürecek. İster yalnız, ister başkalarıyla diyalog halinde olsun, bir ziyaretçi, David Carr'ın yazdığı gibi, "kendini yenileme ve buluş"a doğru ilerleyen ve "yeni yollar ve taze bağlantılar yaratan bir yaratıcı," "bir araştırıcı"dır.[3] Maxine Greene'in tarifiyle, insanın yaşam gerçekliği, "başka perspektifler alınıp başka metinler açıldıkça, başka arkadaşlıklar kuruldukça çoğullanan, daimi bir öngörülemeyen"dir.[4]

21. yüzyılda sanat tarihi müzeleri yok olmuyor. Binalar ve galeriler hâlâ sanat tarihinden kavramları yansıtıyor ve sanat tarihi bilgisi konferanslardan, yayınlardan, elektronik kaynaklardan elde edilebiliyor. Küratör araştırmaları müze eğitiminin en önemli temeli olmayı sürdürüyor. Ama geleceğin müzesinde eğitmenler çevreden merkeze taşınıyor. Yeni müzedeki sürekli devam eden anlam tercümelerinden sorumlu olan ve ders veren eğitmenler, eğitim bölümünün en marifetli üyeleri, müze programlarını şekillendirmede ve onlara can vermede en ehil insanlardır. Eğitim bölümünü yönetiyor, felsefesini ve misyonunu

---

3 David Carr, *The Promise of Cultural Institutions* (Lanham, MD: AltaMira, 2003), xiv.
4 Greene, *The Dialectic of Freedom*, 23 (bkz. dipnot 1).

tanımlıyor ve ders vermenin tarihsel tanımını az önemde, gönüllü ya da başlangıç düzeyinde bir etkinlik olmaktan çıkarıyorlar. Galeriler, ziyaretçilerin kurumsal sesin altında ezilmediği, sanatı inceleme ve yorumlama girişimine dahil olmuş, araştıran ve düşünen değerli topluluklar olarak bir araya geldikleri bir özgürlük alanı olarak yeniden tanımlanıyor.

Sanat Müzesinin Geleceği: Küratörlük ve Eğitim Perspektifleri sempozyumuna yaptığı davetle bu makalenin ortaya çıkmasını sağlayan *Journal of Aesthetic Education*'ın editörü Pradeep Dhillon'a teşekkürler.

Yazarlar Hakkında

Rika Burnham: New York, Frick Koleksiyonu'nun Eğitim Bölümü'nün başkanıdır. 1985-2008 yılları arasında The Metropolitan Museum of Art'ta müze eğitmeni olarak çalışmıştır. 2001'de National Art Education Association [Ulusal Sanat Eğitimi Birliği] tarafından müze eğitiminde sürekli başarı ödülüne layık görülmüş, 2002'de J. Paul Getty Museum Araştırmacısı olarak atanmış ve 2003'te James D. Burke Sanatta Başarı Ödülü'nü alan ilk müze eğitmeni olmuştur. 2005 yılında School Art League of New York'tan Charles Robertson Ödülü'nü almış ve 2006'da Londra'daki Kraliyet Koleksiyonu Araştırmaları Programı'na Attingham Trust Araştırmacısı olarak katılmıştır. 1989'dan beri bütün ABD'deki sanat müzelerinde misafir öğretmenlik yapmakta ve atölyeler düzenlemektedir. Summer Teacher Institute of Contemporary Art'ta (TICA) misafir müze eğitmeni ve Teaching Institute for Museum Educators'ta (TIME) proje müdürü olarak çalışmaktadır. TICA da TIME de Chicago Sanat Enstitüsü içinde yer almaktadır. Ayrıca, Columbia Üniversitesi Öğretmenlik Fakültesi'nde sanat ve sanat eğitimi dallarında geçici öğretim üyesidir. Burnham, Harvard College Sanat Tarihi Bölümü'nden mezun olmuş, Rockefeller Bursu ile geldiği Metropolitan'da Müze Eğitmenliği Sertifikası'nı almaya hak kazanmıştır. Müze eğitimi üzerine makaleler yazmış, editörlüğünü Dita Amory'nin yaptığı *Pierre Bonnard: The Late Still Lifes and Interiors* (New York: The Metropolitan Museum of Art, 2009) başlıklı kataloğa bir makaleyle katkıda bulunmuştur.

Elliott Kai-Kee: 1996 yılından beri Los Angeles'taki J. Paul Getty Museum'da eğitim uzmanı olarak çalışmakta, halen Eğitim Bölümü'nün galeri öğretmeni kadrosunu yönetmektedir. Stanford Üniversitesi Tarih Bölümü'nden mezun olmuş, Chicago Üniversitesi'nde tarih alanında yüksek lisansını tamamlamış, Berkeley'deki Kaliforniya Üniversitesi'nde

Avrupa Tarihi üzerine doktora yapmış ve müze eğitimi alanına girmeden önce üniversitede tarih dersleri vermiştir. Getty Museum Eğitim Bölümü'nde, okul programları, öğretmen eğitimi programları, öğrenci ve mezun stajyerler için düzenlenen programlarda pek çok farklı görevde bulunmuştur. 2007'de Rika Burnham ile birlikte, Meksika'daki müze eğitmenleri için düzenlenen bir mesleki gelişim programı olan TIMEMexico'yu yaratmıştır.

Dizin

A

akademisyen 22, 42, 48, 126, 128, 132
Allen, Denise 13-4, 124
anlam 18, 38, 41-3, 48, 50, 107, 101-2, 106-7, 109, 117-8, 128, 134-6, 140, 149, 177, 182, 185, 199, 203, 208, 212, 220, 229, 234, 242-3
Armstrong, Carmen, 165
Armstrong, Nolan 165

B

bağlam 91, 111, 128, 177, 185
Baranowski, Phil 24
Barnes, Albert 31, 61-2, 217-29
Barnes yöntemi 31, 219
Barthes, Roland 102
beklenti 38, 159, 93, 239
Bell, Clive 60-1
Bellini, Giovanni 11, 122-6, 128-30, 132-4, 136-7
bilgi 22-3, 30, 39, 41-6, 50-3, 57-8, 62, 68, 73-5, 87-8, 90, 92, 94, 96-9, 101-6, 109, 111, 113, 140, 145-6, 158, 162, 164, 171-2, 174, 177-8, 183, 185, 189-192, 202-4, 207-8, 226-7, 229, 239, 243
bilinç 18, 210
bilişsel öğrenme becerileri 782
bir deneyim 38, 48, 117, 119, 121, 160, 214, 219, 225, 227, 229
Bloom, Benjamin 84, 164-6
Bloom taksonomisi 164
Borch, Gerard ter 170
Borden, Garrick M. 51-2
Brecht, Bertolt 238
Brenner, Marcella 89
Brown, Claudine 29
Brown, Everald 174, 176-8
Brown, H. H. 190-1
Buckley, Barbara 224

C-Ç

Caillois, Roger 207, 210
Campbell, Thomas 11, 14, 187, 189, 192, 201-4
Caravaggio, Michelangelo Merisi da 205-12, 215
Carr, David 243

Carrier, David 241-2
Cézanne, Paul 63, 223-5
Chapman, Laura 89
Chardin, Jean-Baptiste-Siméon 223, 227
Chinard, Joseph 35
Christus, Petrus 130, 231
Coolidge, J. Randolph, Jr. 51
Courbet, Gustave 63, 223
Culler, George D. 79
Cuno, James 11, 28, 119
çocuk programları 64

D

D'Amico, Victor 84
Davis, Robert Tyler 78-9, 105, 164, 173
de Forest, Robert W. 55-6, 59
deneyim 22, 31, 37-40, 45-8, 57-70, 73, 95, 99, 104, 115-9, 121-2, 126-7, 131, 135, 159-60, 166, 184, 193, 202, 214, 218-9, 225-7, 229, 231, 243
Dewey, John 12, 31, 38, 47, 49, 64, 116-9, 121, 153-4, 160, 183, 210-2, 214, 218-9, 221, 225-7, 229, 236, 242
Dhillon, Pradeep 14, 244
dil 87, 111, 115, 226
disiplin 94-6, 103, 111, 190
disiplin temelli sanat eğitimi (DTSE) 95-8
diyalog 25, 42, 44, 46, 92, 110, 114, 116, 140-1, 150-1, 155, 158-9, 162, 182, 189, 202-3, 208, 210, 227, 232, 241, 243
Dobbs, Stephen 84, 92-3, 98
Dow, Arthur Wesley 60-1

E

edebiyat kuramı 101, 157
eğitim 13-4, 21-2, 28-32, 36-7, 51, 53-6, 62-4, 66, 69-87, 89, 91, 93-6, 105-6, 116, 164-6, 171, 179, 189-190, 207, 213, 218-9, 226, 228-9, 243, 245
eğitmen 14, 23-4, 31-2, 35, 50, 57, 63, 93, 103-4, 121, 183, 191, 202, 204, 228, 243
Eisner, Elliot 61, 92-3, 98
eleştirel düşünme 164, 172, 174
eleştirmen 50, 53, 60, 86-9, 91, 97, 101, 107, 123, 118, 143
Elkins, James 116, 121, 124, 137
el kitabı 166
estetik deneyim 57, 59, 95-6, 99, 226
estetik duygular 18, 60
estetik eğitimi 53, 95
estetik eleştiri 96
Estetik Hareket 53, 60
ev sahibi, müze rehberi 58
eylem, Dewey 37, 47, 177

F

Fansler, Roberta 76-8, 80
Feldman, Edmund 165
Félibien, André 187, 201
Fenton, Marlon E. 142

Fines, John 91
Flint, Leroy 72-3
formalist 61, 102, 191
formalizm 60-1
Franklin, Benjamin 143
Fry, Roger 60

G
Gadamer, Hans-Georg 111-3, 115, 119, 151, 162, 167, 183, 207-8, 211, 213
galeri dersi 14, 21, 33, 50, 119, 139-40, 205, 238
galeri sohbetleri 37, 63, 73, 78-80, 143-4, 192-3, 202, 204
galeri konuşmaları 157, 167, 189, 191-2, 199, 203-4
Gall, Meredith 164-5
Gardner, Paul 71
gerçek(ler) 18-9, 52, 55, 57-8, 60, 88, 106, 134, 142-3, 158, 160, 169, 171, 178, 181, 191-2, 201, 203, 237
gönüllü 12, 24, 27, 33, 36, 46, 52, 72, 74, 81, 106, 135, 231, 241, 244
gönüllülük 69, 197
görme(k) 28, 39, 43, 85-7, 121, 123, 126, 103, 151, 157, 189, 193-4, 199, 214, 218, 226-7 238-40
görsel düşünme becerileri 182
görsel düşünme stratejileri (GDS) 174-8

H
hamleci, diyalogda 152-3, 155, 213
Harris, Neil 100
hayal gücü 17-8, 33, 72, 118, 205, 227, 232, 243
hazırlık çalışması 43
Howe, Winifred 56, 65, 68-9
Huizinga, Johan 207, 209, 211

İ
ikonografi 130-1, 176
inşacılık 101, 103
internet 33, 142, 174, 178

K-L
Kantor, David 152
katılım 64, 74, 78
Kelly, Ellsworth 174
keşif 23, 41, 48, 75, 117, 151, 163, 164
konu anlatımları 80
kutsal sohbet (*sacra conversazione*) 125
lise programları 87, 208, 237-8

M
Matisse, Henri 217, 227
Mayer, Susan 89, 141
McClea, Robin 219
McGrath, Kyran 82
Medici, Cosimo III de' 188, 194
Miller, David 135, 143, 211
Miller, Eliza 135, 143, 211

Montaigne, Michel de 141
muhalif, diyalogda 155, 213
Munro, Thomas 63, 68, 70
müfredat 32, 63, 105, 219
müze oyunu 74
müze rehber(ler)i 13, 31, 33, 36, 50-4, 55, 66, 69, 71-2, 90, 92, 106, 154, 159, 170

N
Neuman, Carl 59
niyet 224

O
odak, deneyimde 45, 100, 106, 110, 144
okul 12, 63-71, 73-4, 85, 92, 105, 147, 152, 155, 162-4, 166, 172, 217, 221, 237, 246
olasılık 31, 37, 50, 113, 207, 227, 235
Osborne, Harold 99
Osmundson, Linda 170
otorite, öğretmen 110, 158
Ott, Robert W. 89
oyma 122

Ö
öğretmen 22-3, 31, 33, 36, 40-4, 46, 54, 56, 66-7, 74, 76, 78-9, 91, 94, 114, 142, 147, 150-3, 155, 158-9, 161, 163, 168-72, 174, 176, 179-81, 184, 206, 208, 211, 213, 215, 219-20, 227, 246
önceden hazırlanmış sorular 92

P
Pach, Walter 75-6
Panofsky, Erwin 58-9, 70
Parker, Harry J. 15, 86-8
Pater, Walter 53
pedagojik gündem 170, 172
Piaget, Jean 105
plastik form 218, 226
plastik öğeler 218, 222
Pollock, Jackson 141, 144, 147-50, 156-8
postmodernizm 100-1
Poussin, Nicolas 232, 234-6
propaganda 176-7, 188, 197, 202

R
Rice, Danielle 15, 97-102, 104, 106-7, 110
Ritchie, Andrew C. 89
Robinson, Edward 52
Robinson, Rick 99
Rose, Barbara 85
Ross, Denman 60-1
Rowe, Louis Earle 52, 54-6
Rubens, Peter Paul 147, 170, 188

S
Sakofs, Mitchell 91-2
sanat eğitimi 58, 71, 89, 92, 95-6, 245
sanat eleştirisi 23, 96-7, 113, 165-6
sanat tarihi 23, 30, 32, 43, 51, 58-9, 69-70, 76-7, 80, 83, 85, 87-8,

95-9, 108, 113, 126, 147, 157,
161, 190-2, 201-2, 206, 227,
239, 242-3

Schopenhauer, Arthur 57

seyirci, diyalogda 154, 213

sınıf 35-6, 43, 59, 70, 86, 136,
163-4, 168, 178, 184

Silverman, Lois 15, 101-4, 107, 167

Slatkin, Charles 69-70, 74

Smith, Ralph A. 15, 95-6

sohbet(ler) 22, 32, 35, 41, 54, 63-4,
67, 77, 92, 111, 125, 140-3,
145, 150-1, 159-60, 178, 221,
237, 241

Sontag, Susan 115

sorular 22-3, 44, 49, 74, 78, 92, 104,
110, 142, 146-7, 150, 158,
163-5, 167-74, 178-80, 183-5,
203, 221, 232

Staël, Madame de 143

Stites, Raymond 72

T

takipçi, diyalogda 153, 155, 213

tamamlanma 118, 214

tartışma 23, 45, 56, 64, 67-9, 74,
77-9, 92, 94-5, 105, 140-1,
145-7, 151, 159-60, 206

Taylor, Frances Henry 76-7

Taylor, Joshua 61

U-Ü

usta öğretmen 94-5

üstbiliş 154, 237, 239

V

Vaughn, Agnes 58, 190

Vermeer, Johannes 59, 173, 184

Virgil 198

W

Whitmore, Elizabeth 57-8, 190

Williams, Patterson B. 14-5, 87-8,
90-1, 94, 99, 166

Wittmann, Otto 72

Wolins, Inez 90, 102, 167

Wollheim, Richard 123

Wu, Nancy 14, 140

Y

Yenawine, Philip 15, 87-8, 103-6,
110

yetişkin eğitimi 64, 68-9, 78

yorum 19, 27, 41, 45, 48, 50, 55, 60,
74, 101-2, 107-8, 114-5, 126,
131, 133, 135, 137, 145, 162,
172, 176, 182-3, 198, 204,
207-8, 211-3, 225, 228, 232,
242-3

yorumbilgisi 111, 116

Z

zaman öğesi 38

Zeus 35, 45-6, 198

Zolberg, Vera 81-2

www.ingramcontent.com/pod-product-compliance
Lightning Source LLC
Chambersburg PA
CBHW050052230526
45470CB00004B/1489